CHILDHOOD
STRESS
IN
CONTEMPORARY
SOCIETY

現代社会に
おける
子どもの
ストレス

ジェームス H. ハンフレィ 著
James H Humphrey

小林 芳郎 訳
Yoshiro Kobayashi

ふくろう出版

CHILDHOOD STRESS IN CONTEMPORARY SOCIETY

James H Humphrey

First published in 2004
by Routledge

©James H Humphrey 2004
All rights reserved. Authorized translation from the English language edition published by
Routledge, an imprint of the Taylor & Francis Group LLC.

Japanese edition published by arrangement through The Sakai Agency

まえがき

　これまでの多くの統計的な調査によると、この10年近くの間に、ストレスが日常の生活でしだいに強まってきていることが分かります。アメリカの大人の場合、ストレスの最も大きな原因として仕事の重圧が挙げられています。他の年齢層の人達も、いろいろな問題に加え、仕事上のストレスに影響されてきていると言われています。中年を過ぎた人達では、社会的な孤立や、精神的、身体的な能力が弱まってくるような問題が、はっきりと現れて来ます。

　しかし、子どもの場合は事情が違います。相互に関連し合う多くの問題に影響されているのです。大人の場合と比べると、これらの問題は、外から捉えがたいことも多く、複雑で潜在しているものが少なくありません。さらに、子どもは他の年齢層の者と異なり、自分がストレスが関連している症状に罹っていることに気が付いておらず、自分の困っている状態について、大人と同じようにうまく言うことができません。子どもは、そのような状態をまとまりつけて捉えていないからです。

　今では、ストレスは、子ども達の間でも全国的な規模の問題となり、注目されています。それは、子どもの教育や養育の方法が、従来と比べ、かなり変わっていることによるところが大きいからだと言えます。

　テレビ放送の番組には、暴力や犯罪を内容としたものがかなり取り入れられ、時には讃美さえされており、マスメディアを介しての影響力は、広汎にわたるまでになってきています。

　現在では、40パーセントの家庭に、テレビが３台あるいはそれ以上あります。また、昨年あたりでは、400,000個を超える"可動式ビデオ・ユニット"が車に取り付けられるようになりましたが、特に、SUV（パジェロやランドクルーザーなど）やミニバンの中には２セットさえも備えているものもあります。

現在、アメリカでは、1歳児は平均して週に6時間ほどテレビ番組を視ています。青少年がテレビを視聴している時間は、学校生活で費やされる週100時間ほどを超えるまでになっています。このような訳で、子ども達は、13歳までに、テレビ放送の番組を通して、52,000を超える場面で殺人、強姦、武装強盗、暴行を目撃するようになると思われます。そのような場面の数は、ケーブルやサテライトによる受信では、75,000までに達しています。

　いくつかの研究によれば、アメリカでテレビ放送されている殺人の番組の半数以上の内容が、暴力が原因となっているとされています。南アフリカで、1945年と1975年の間にテレビ放送を禁止した後では、殺人行為が7パーセント減少しています。一方、そのような禁止をしなかった他の国々では殺人行為が増加しています。しかし、テレビ放送が再び公認された後には、殺人行為が12年の間に130パーセントも急増したのです。

　また、テレビ放送の番組では、通常身近によく見聞きする仕事のモデルがそれを憧れる子ども達もいる、非現実的な英雄や職業で歪められ描かれています。例えばターミネーター、バットマン、ゴーストバスターズなどがあります。

　テレビをあまり視聴し過ぎると、ファーストフードを軽い気持ちで早食いしたり、ストレスに関連しているホルモンの分泌が増すことにもなります。その結果、テレビを長い時間視続けることは、現在子ども達の間で多くなっている肥満でも見過ごせない原因であると考えられています。また、大人に発症するタイプⅡ（註インスリン非依存型：遺傳的素因の他、肥満、過食、運動不足、ライフストレスなどの環境因子が成因とされています）の糖尿病の重要な要因になるとさえ言われています。

　2003年2月18日付けのフロリダ新聞では、次のような内容の記事が報道されています。1977年に発生した刑事事件ですが、押し込みに失敗し、一人住いの83歳の女性を殺した15歳の少年が、その罪を問われ拘置

刑に処せられました。刑務所内の生活で更生ぶりを認められ、2012年までの刑期を早め、2005年に釈放されることとなっています。

　この事例は、全国的な注目を引くところとなりました。それは、法廷へのカメラの持ち込みが認められ、"テレビ放送の番組の内容に陶酔しきっていたから"という、きわめて独自とも言える弁護が、陪審員団の判断には有効でないことが放送された最初の事例であったからです。

　その少年の弁護を担当した弁護士は、被告は、"テレビ放送で、暴力番組を多年にわたり視ていたため、番組の内容に洗脳されていた状況"にあったので、殺人の犯行時には、法律的に見れば精神が異常な状態に陥っていた、と主張しています。そのような人気のあるテレビ放送の番組みの例としては、刑事コジャック、ロックフォードの事件メモ、サンフランシスコ捜査線など他があります。現在では、テレビ視聴者は、殺人事件で、血液型まで調べる検死から犯行者の足跡を探り、その犯罪を暴く内容が描かれているような、架空の殺人者や刑事の生々しい姿をいつも目にすることができる状態になっているのです。

　科学的な技術を取り入れた新しいエンターテインメントでは、暴力を内容としたビデオゲームが暴発的な売れ行きを見せるまでになっています。最も衝撃的なものとしては、野球のバットで撲殺する主人公を描いた内容まである始末です。このようなビデオゲームで最も人気のあるゲームの一つは、200億ドルの業績を上げる世界的な規模の事業を生み出すまでになっています。

　子ども達には、テレビ番組で視たことをまねる傾向があります。そして、その放送番組が暴力的な内容でない時でさえ、悲惨な結果をもたらしてしまうこともあるのです。例えば、すでに紹介しました2003年2月18日付けの新聞報道では、"非常に優れた泳ぎ手とされていた13歳の少年が、その子どもや遊び友達が'ミッション'と称する我慢ゲームに興じている間に溺死した"と報じています。

　このゲームは、映画ブルー・クラッシュの一場面をまねています。映

画は女の子のサーフィン競技を描いています。海で大きな石を抱えて水底を走り、それから空気で呼吸するため、水面に顔を出し泳ぐ動作を繰り返すという、激しい訓練を受けている一人の女の子の姿が描かれていました。

　その13歳の少年が海の水底から引き上げられた時には、"胸と腰の回りには、三重に鎖りが巻き付けられたままだったのです。"この少年の近所の子ども達の場合、一人の９歳の子どもが、折りたたみ式のベビーカー以外のものは持たされずに、訓練と称して海を泳がされてもいるのです。

　以前に、フロリダで、自閉症の５歳児が溺死した例は、プロレスのテレビ番組である"ロック（ドウェイン　ジョンソン）をまねしていた"17歳の少年に責められた結果でした。子どもが死亡した痛ましい出来事を目撃した９歳と10歳の子どもは、遊びで犠牲になった子どもと、自分達が一緒に、ロックを描いているテレビ番組を、以前に２日見たことがあること、被告少年が死亡させてしまうことになった子どもを水路の中へ突き落した後も、その子どもが水の中で踠いているのを、"ただ笑って眺め、そのままさせていた"ということを、公判で証言しています。

　この事件を担当した検事は、"年少の男の子ども達が、テレビ番組で見たことをまねしたり、もし、そのレスリング番組を見ていなければ、このような事件は何も起こっていなかったと思う"と、自分の見解を強調しています。そして、被告少年は30年の拘置刑に処することができても、残りの二人の年少の子ども達は、この証言から罰を免除する、としています。

　昨年、フロリダにおける他の公判で、プロレスの番組の問題が取り上げられましたが、この場合は、14歳の少年が16歳の遊び友達を殺害したことを問われ、刑務所拘置の判決を受けています。この少年の弁護士は、当時例の16歳児の死亡は事故であり、被告の少年は、子ども達が視ているテレビ放送の番組でレスリングの映画を目にし、それを単に試し

てみたのに過ぎない、と弁護しています。

　子どもの時代は、これまでにも分かっていますように、事実、この時代の特徴が後になるほどしだいに薄れてきています。他の子ども達と遊び、友情を培い、ソーシャルスキルを学ぶのに役立つ余暇の時間が、だんだん減ってきています。絵の具で絵を描いたり、組み立てセットや丸太などを使って、ものを作ったりすることは、今では時代遅れとなり、かりにそうすることがあったりしても、その痕跡が残っているような程度のようだと言えるしだいです。

　現在では、す速さが求められ、ストレスが多い、競争心を煽る、いろいろなビデオゲームが、従来の遊びにとって替わるほどの勢いがあります。これらのゲームでは、最も短い時間に、できるだけ多くの争い相手を殺すというような破壊的な行為が、内容で文字通り多くを占めています。

　また、子ども達にタイプＡの行動が見られるのも、さほど異常でなくなってきています。すでに、保育所や幼稚園の子ども達の間に、激しい競争心、攻撃性、時間的な切迫感やその他の徴候が見受けられます。９歳ぐらいで不安行動に陥り、12歳以下の子どもで潰瘍性の疾病に罹る場合もあるのです。

　このような現実には、傳統的な家族生活が崩壊してきていることや、しっかりした社会的な支援システムがないため、ストレス状況を有効に防ぐ対策が得られないことが、反映していると言えます。

　今日では、アメリカ人の結婚生活は、半数を超える場合が離婚に終っていると言われますが、百万人以上の子ども達に悲惨な影響をもたらす結果にもなっています。白人のアメリカ人の半数以上、アフリカ系のアメリカ人の４人のうち３人の割合で、18歳未満の子ども達は、片親家庭の生活を送ることになるのです。そのうち、40パーセントの子ども達は母子家庭に生まれており、ほぼ同数の子ども達は、健康、つまり、身体的、精神的ならびに社会的に良好な状態を保証されず、６歳以下のほぼ

半数の子ども達は、最低の生活水準を下回る生活を余儀なくされています。

多くの人達は、家族崩壊が進んでいること、親が子どもを虐待すること、テレビ放送の番組に子ども達によい友達ができるのを妨げている内容のものがあることなどの要因が、アメリカの西欧社会で、10代の妊娠率が最も高い現実の重大な理由だと、考えています。過去30年間にわたり、10代の子ども達による自殺や他殺の割合が3倍近くに達している理由は、このような事実で説明できるとしてよいかと思います。

ピストル、ライフル、ショットガン、マシンガンなどの小火器による殺人行為は、アフリカ系アメリカ人の15歳から19歳にわたる年齢層の子ども達が犯している死亡事例のトップにあります。同じ年齢層の白人の子ども達では、自動車事故による死亡と自殺が殺人を上回る結果となっています。後天性免疫不全症候群（エイズ：AIDS）も、同じ年齢層の一部で急激に拡がっていますが、同様な傾向は、アルコール乱用、アルコール中毒、薬物中毒についても言えます。

これらの問題の根本的な原因の大半は、社会的な孤立による、あるいは教育的な欠陥から人と感情と理解を伝え合うコミュニケーションの能力が欠けていることによる、孤独感にあると思われます。ジェームスリンチ（James Lynch）氏が『聞こえない声（2000）』で、指摘しているように、子ども時代に孤独感に陥ると、成人してから重大な疾病が発症したり、早死するような、非常に好ましくない影響が生ずることにもなりかねません。

学校の授業で、失敗を重ねると、この孤独に苦しむ問題の大きな原因にもなります。孤独になっている子ども達は、社会的にも一層孤立し、この孤立を克服する上で役に立つコミュニケーションスキルに欠けるところができてくるからです。このようなことは、ハイスクールで中途退学者が多く、より厳しい社会的な孤立や孤独に陥る者が少なくない少数派の場合、特によく当てはまります。言葉の能力に欠けるところがある

と、人はお互いによく分かり合える効果的なコミュニケーションが妨げられるからです。

　追跡研究に拠ると、孤独に陥る人達は、冠動脈心疾患だけではなく、癌やアルツハイマー病から結核や精神疾患に至るまでの障害に罹る率が、ここ10年来高くなっていることが明らかにされています。

　私はこれまでに機会を替えて述べてきていますし、リンチ氏も同じように分かりやすく説明しているように、コミュニケーションの欠損で生ずる孤独は、治療に薬が使われやすいコミュニケーション疾患と比べると、かなり致命的と言えるほどの問題だということを、しっかり認識しておく必要があります。

　これらのいわば社会的な病気を、簡単に早く解決し、改善する方法はありません。しかし、親、家族、教師、良心的なカウンセラーや、その他、子どもの心身の発達に関わる人達に対し、子どもの時代のストレスが原因となり、後ほど重大な結果をもたらすことに気付いていただきたいものだと願っています。子ども達の間に生じているストレスの早期における予兆について教育し、そのストレスのレベルを適度に低める手段があることに関して、助言、指導することにより、これらの問題が生ずることを減らし、防ぐことはできるのです。

　ハンフレィ（Humphrey）博士は、この分野では広範にわたる経験を持っています。本書は、子どもの時代のストレスの問題を理論と実際から明らかにするという、時代の要望に応えるためにふさわしい、長年にわたる成果が著わされた書です。

ポール J. ロシュ（Paul J. Rosch）MD, FACP

アメリカストレス研究所々長

ニューヨーク医科大学

医学・精神医学科臨床教授

はじめに

　過去数年間にわたり、ストレスのさまざまな側面を取り上げた、いろいろな文献が数多く出版されてきています。ここに、人間の健康についての関心は、現代において最も重要なものの一つであることが、明確に示されていると言えましょう。しかし、このような夥しい数の文献が、本質的には、大人に関連している事実は、研究と実際の視点からも実に興味深いところです。つまり、ストレスは、主に大人に影響している問題だと、一般的に思われてきている向きがあると言えるからです。

　大人のストレスは、実は、子どもの時代のストレスと深い関連があることが、明らかにされてきた経緯から、現在では、子どものストレスを取り上げることが、以前にまして注目されています。私のよき友であった故ハンス セリエ（Hans Selye）は一般に "ストレスの研究の父" として、広く知られていますが、子どもの時代のストレスに関する共同研究を進めていた際に、私に次のように語っていました。"ストレスについての考え方を、かなり早い年齢から子ども達に教えることは、きわめて大事だと思うのだが、どうだろう。なぜかと言えば、幼い時期の子ども達に、生活習慣がよく形成されていれば、そのような行動の習慣はすべて子ども達にしっかりと根付くからね"（1980）。

　20年ほど前になりますが、ストレスに関する3,000を超える文献の項目を調べたところ、その10〜12パーセントぐらいだけが、子どもの時代のストレスを取り上げていたに過ぎませんでした。同じような調査を昨年行ってみたところ、今では、そのような文献の20〜25パーセントが、子どものストレスに関連したものであることが分かりました。

　子どものストレスが、さらに重要視されるようになってきているのは、ストレスに悩んでいる大人と関わる子ども達は、自分自身がストレスに苦しみやすくなることが、現在でははっきりしているからです。本

書が重要と思われる訳は、ここにあります。そこで、本書では、大人が
どのようにしたら自分自身のストレスに対処できるか、大人が子ども達
のストレスをどのように取り扱うのがよいかについて、大人に分かって
もらうことを目的としています。

　本書は、何らかの点で子ども達と関わっている人々——親、教師、カ
ウンセラー、その他これらの人々と親しい友人——に目を通していただ
くことを目指しています。また、この目的は、大人が自分自身を理解す
るのに役立つこと、子ども達がストレスとその制御の仕方が分かるのを
支援する上で役立つことを期待しているところにあります。

　すでに述べたように、私達は、主に大人の人々と関わる場合には、ス
トレスを望ましくないものと考える傾向がありますが、ストレスは、成
長している子ども達に対し衝撃的と言ってもよいほどの強い影響を与え
ているのです。子ども達と関わる大人が、ストレスにつき適切な情報を
得ることができれば、ストレスを理解する心構えがより一層よく育つば
かりではなく、子ども達がストレスをうまく処理するのを助けることに
なるものと思われます。

　この種の特質を備えている著書が必要なのは、ストレスにうまく対処
していない大人に指導・管理されている子ども達も、ストレスに対処す
る上で困難を感じていることが実証される場合が、近年多くなってきて
いることでも明らかなのです。さらに、このような大人の人々が、スト
レスを制御する力を改善できれば、それは子ども達に伝えられることが
見いだされてきてもいます。

　後に触れることにもなりますが、ストレスには多くの原因があります。日常の生活で生ずる物事は、大抵ある程度ストレスを私達にもたら
します。マスメディア（特に、日々のニュース、それに、日常人々を攻
め立てるように押し寄せる数知れない情報の波）、都会の混雑、汚染空
気と騒音、毎日の"生存のために精を出し過ぎる"生活に溢れている、
現代の高度文明社会のさまざまな要因は、私達の生活に何らかの欲求不

満の経験をもたらすのです。大人と子ども、つまり、私達はすべて、すでに紹介してきた種類の条件による、潜在的とも言えるストレスの犠牲者なのです。

　大抵の子どもは、複雑な現代社会で、かなりのストレスの波を浴びて生活しています。子どもにおけるストレスで問題となる点は、子どもは大人と同様にストレスにうまく対処しがたいところです。その理由の一つとして、ストレスに直面した時に、大人には備わっていると思われる考えを、子ども達は持ち合わせていないことが挙げられます。事実、名のある児童心理学者達は、ストレスに対処している時に、子どもと大人を区別する上で役立つ、次のような比較をしています。

1．怒りをあからさまに表すことは、子ども達には受け容れがたいと思われています。例えば、教師は生徒に対し怒ることができても、生徒が教師に怒りを向ける上で全く同様な権利を持っていないのです。

2．大人は、通常、物事を撤回したり、引き下げたりすることができますが、子どもには、大人と同様に物事を選択する自由は、通常、備わっていません。

3．大人は医師から"神経過敏"に対する処方を、一般に、求めればいろいろ得ることができます。——子どもの場合には、子どもであるがために、その他の処方を与える自由は少なくなります。処方の仕方が限られています。

4．子どもは、大人には好ましいと受け入れられているストレスコーピングの技術と同じ種類のもののうち、いくつかは使用すると罰せられる場合が少なくありません。かなりあるのです。大人の場合は、子ども達には社会的に受け入れがたいと考えられている技術が、その多くをほとんど占めています。

これらの点で、本書が、主として関心の対象としている年齢層につき
はっきりさせておく必要があると思います。つまり、**子ども達**という用
語で意味されているところは、特に、年齢の範囲ではどう捉えている
か、ということです。この面に関しては、基本的には、ほぼ２歳から12
歳、あるいは就学前から小学校を了える時期の子ども達だということに
なります。

　ここで、ストレスは２歳より前にも生じ得るということも述べておき
たいと思います。例えば、乳児は自己と物的・人的環境の違いに気付い
ていないと、一般的には考えられています。子どもの発達に関する多く
の専門家達は、２歳までの乳児と幼児にとり最も重要な課題は、外界の
人物と物体についての内的なイメージをしっかり作り上げることだ、と
考えています。そのようなイメージを作り上げる過程で、この年齢範囲
の子ども達には、生活が不快になる経験もあり、その結果、子ども達は
ストレスの多い生活を送ることになるのです。

　子どもの時代におけるストレスを取り扱うために、だれでも行動療法
の専門家にならなければないことはありません。ただ、多くの大人は、
ストレスを制御するのに役立つ、いくつかの原理（^註行動療法の原理も含め
て）を、保育や教育に応用できます。これらの原理のいくつかについて
は、本書の内容をよりよく理解できるように、順次ここに述べておきま
す。

1. 個人の健康の習慣をよく観察すること

　これは受け止めるにはやさしい原理です。しかし、それを行動に
移すには、必ずしもやさしいとは言えません。健康の習慣に逆らう
人はだれもいませんが、健康の適切なレベルを継持するのに役立つ
習慣で健康を守ることは、だれにでもできる訳ではありません。特
に、親は、子どもの健康に関する責任で主な点を受け入れなければ
なりません。そうすることで、ストレスに関係するような健康上望

ましくない行動を、子どもから除くのに役立ちます。

2．自分自身に関心を持つことに続けて心がけること

自分の活動に、日頃関心を払う習慣を身に付ければ、多くの問題を生活に支障がないよう最小限にくい止めるのに役立ちます。日々生じている出来事と、その出来事に対する行動を評価するのに、毎日の終わりにわずかな時間を割けば、このような習慣は形成できます。大人は、このような習慣を重要視し、子ども達を、その日の間に生じた出来事で心身が不調となるかも知れない理由が分かるように仕向けるようにします。

3．自分自身が達成した成果を認めることを学ぶこと

自分自身の成果を認めても、他者から賞賛が得られないなら、自ら自分を褒めることを学ぶことです。"肩にやさしく触れる"とか"肩を心を込めて軽く叩く"というようなことは、一般的に知られています。この方法を習慣とすれば、大人は、自分自身の達成に対する積極的な態度を、あるいは、その成果に関しこれでよしという信念を子ども達に育むことができ、その結果子ども達のストレスは減少します。

4．一時に一つのことを取り上げることを学ぶこと

この原理は、時間を割り当てる・時間を引き延ばすことに関わっています。ときには、大人も子どもも、物事にかける時間を引き延ばしがちですが、その結果、欲求不満は課題が増すにつれ強まります。人は本来、これらの課題を重要さの順で処理し、一時に一つのことに対処しようとするものです。時間を適切に割り当てれば、時間が切迫していると懸念する気持ちや、手がける物事が多過ぎてそれをこなすのに十分時間がないという感情を、除くのに有効です。

5．物事にあまり深刻に取り組まないことを学ぶこと

これを、子を育てる・生徒を教えることのような、大人に責任のある仕事にあまり慎重に取り組まなくてもよいということを意味し

ていると取られるのでは困ります。

　人は、特定の出来事を振り返ってみる時、ときには、どうしてそんなに興奮したのだろうと訝ることもあるものです。生活のユーモラスな側面を見ることのできる人は、ストレスの多い場面でも、その時の気分に流されず、物事を客観的に捉える傾向があります。その結果、その場のストレスのレベルを低めるのに役立てています。大事なのは、このような態度は子ども達に伝えられるものだということです。

6．物事を他の人達のためにすること

　私達は、ときには、他の人達のために何か物事をすることを申し出ることで、自分自身のストレスの多い状況を取り去ることができます。子ども達が人生の早い時期から、このような考え方を身に付けるよう教えられるのは望ましいと言えましょう。人は、他の人をストレスの多い状況から救おうとして役立っていると思える時に、一転して、自分自身がストレスから解放されやすいものです。

　多くの研究によれば、進んで他の人を助ける人は、このような自分の行いで、その相手の人が受けるのと同じ程度の恩恵を得ることが少なくない、ということが明らかにされています。例えば、この点に関しては、読みに問題のある子どもが、同じ問題を抱えている年少の子どもの手助けをする時に、その自分の問題に改善を示している、ということが認められています。

7．他の人と物事について話し合うこと

　人の中には、物事について他の人とあまり話さず、自分自身に留めておく傾向のある人がいます。すると、その同じ物事で他の人が不安になっていても、それに気付かないかも知れません。ときには、友達やつれ合いなどと話し合いをすれば、いろいろ多くの見方や考え方に照らし、物事を捉えるのに役立つでしょう。子ども達も、親、教師や他の大人や友達が話し合っていると同じように、物

事について互いに話し合うよう励ましたいものです。

8. ストレスを物事に対する挑戦と混同しないこと

　　ストレスが生活で生ずる自然な現象であることを知れば、それが
ストレスに対処する最初で、最も重要なステップの一つであること
が間違いなく分かります。これは、大人が、早期の年齢段階の子ど
も達に発達を促すように努める、大切な一つの考え方・見方なので
す。

　読者の皆さんが、本書に示した情報を読み取られることについては、
子ども達のストレスに対し、皆さんが対応に努められる上で方向付けと
なる根本的なガイドラインであり、一般的な原理だとみなしていただく
ことをお勧めします。

　最近、子どもの時代のストレスが注目を浴びるようになってきている
のに伴い、子ども達のストレスを測定・評価するための、さまざまなテ
クニックが開発され、活用されるようになっています。例えば、行動観
察、生理的な測定、行動評定尺度、自己報告インベントリーがありま
す。

　本書のため、重要な資料を得るのに私自身が使用している方法には、
多数の親、教師、カウンセラー、それ以外の大人を対象として、広範囲
にわたる調査や面接を行うものがあります。これらの方法は、子ども達
自身に対しても、基本的には同様に行う方法です。

　ここで、本書のために、実際的で豊富なデータ・ベースとして役立つ
情報を提供する上で、貴重な時間を惜しみなく提供して下さった方に対
して厚くお礼申し上げたく思います。

　最後になりましたが、アメリカストレス研究所々長、ポール J. ロ
シュ（Paul J. Rosch）医学博士に、心より感謝の気持ちを表します。博
士には、明快にかつ誠意を込め、本書の原稿につき批評、評価していた
だきました。重ねてお礼申し上げます。

目　　次

まえがき ———————————————————（ポール J. ロシュ）　*i*

はじめに ——————————————————————————— *viii*

1章　ストレスと関連用語 ……………………………………… *1*

ストレスとは —————————————————————— *3*

緊張とは ——————————————————————————— *4*

情動とは ——————————————————————————— *6*

不安とは ——————————————————————————— *7*

バーンアウトとは ——————————————————————— *8*

抑うつとは ————————————————————————— *9*

2章　ストレスについて ……………………………………… *11*

ストレスへの反応 ——————————————————————— *14*

ストレスの分類 ———————————————————————— *17*

ストレスの原因 ———————————————————————— *24*

ストレスの影響 ———————————————————————— *28*

3章　子どもの情動について ……………………………… *31*

情動の発達に関する要因 ———————————————————— *34*

子どもの情動的な要求 ————————————————————— *46*

子どもの情動の発達に対するガイドライン ——————————— *51*

さまざまな環境における情動の発達のための機会 ———————— *53*

情動の発達に対する環境の影響の評価 ————————————— *55*

子どもの情動についての大人の観察 —————————————— *58*

4章　子ども自身の理解を助ける 61

子どもの発達を理解する _____ 64

子どもの要求を満たす _____ 76

子どもの自己の理解について _____ 81

5章　家庭と学校環境におけるストレス 93

家庭と家族のストレス _____ 93

学校におけるストレス _____ 100

6章　ストレスと子どもの困難 110

ストレスと疾病がある子ども _____ 110

ストレスと発達障害のある子ども _____ 114

ストレスと学習遅滞のある子ども _____ 117

心的な外傷から生ずるストレス _____ 121

7章　栄養の摂取・ダイエットとストレス 127

栄養の摂取 _____ 128

ダイエット _____ 144

子どもの食習慣 _____ 148

子どもの肥満 _____ 150

8章　身体活動・実行とストレス 153

パーソナリティの身体的な側面 _____ 153

身体的適切性の適切なレベルの維持 _____ 155

身体の型と身体各部の型と身体的適切性 _____ 158

実行の型 _____ 162

活動性のプログラムの発達 _____ 166

ストレスの減少における身体的な実行の重要性 _____ 168

子どものための身体活動 _____ 170

目　次 | xvii

9章　身体の回復とストレス 177

疲労について 177

休息について 179

睡眠について 179

子どもの睡眠の習慣 186

10章　リラクセーションによるストレスの減少 189

リラクセーションの意味と関連した用語 189

漸進的なリラクセーション 193

子どもにおけるリラクセーションの使用 198

11章　黙想によるストレスの減少 208

いろいろな黙想の型 210

黙想の仕方 214

子どもにおける黙想の使用 217

12章　バイオフィードバックによるストレスの減少 222

バイオフィードバックの意味 222

バイオフィードバックの器具 224

子どもにおけるバイオフィードバックの使用 228

原著の注 235

訳者あとがき 242

事項・人名索引 249

1章

ストレスと関連用語

　ストレスとストレスに関連した用語の意味については、驚くほど多くの混同があります。そこで、まず、これらの用語のいくつかについて操作的な定義と説明をしておきます。このような試みがうまくできれば、ストレスに関して語る場合、話がとても分かりやすくなります。本章の導入の部分として1章を設けたのは、ストレスとそれに関わる分野で話を進める上で理解に役立つ情報を、まず提供しておきたいと思ったからです。

　どのような話題でも、用いる用語、言い換えると、一定の話題で話し合う際に用いる言葉とその用語の使用範囲につき、まず適切に理解しておけば、実りの多い話し合いができます。ストレスについて語る著書では、このような一般的な考え方をしっかり作っておいて始めなければならないことに、特に、いくつかの大切な理由があります。

　そのうちで、最も重要な理由は、ストレスに関連している数多くの文献を概観すると、多くの、ときには矛盾した混同さえ生まれてくることが、明らかになる点です。いろいろな意味のある用語が、取り代えられがちであることは、意外と多いものです。当面の課題について話し合う際に、同じ用語が、いろいろ異なった意味を表すのに、さまざまな状況で用いられているかも知れません。それでは、読者が話題について読まれる場合に、混同が生じても当たりまえです。ストレスを取り上げる分野で、多様な意味を用いる状況が生まれるのは、そのような用語の使用範囲が多様であるためだとも言えるでしょう。

　この点に関して明確にしておくことが重要だと考え、かなりの年齢範囲の人達に、面接と調査を行ってみたところ、ストレスの意味が捉えら

れる範囲は、実に多様で幅広く理解されていることが分かりました。

　ここでは、ストレスに関連する用語を、標準的なものとしてまとめてみようとしている訳ではありません。それは、むしろ不可能に近いと思われます。

　ここで目指すところは、ストレスについて話し合いがよくできるということにあります。ストレスに関するこの本では、読者の皆さんに伝えたく思っているところを、よく理解していただきたいと願いを込め、筆を進めるつもりです。本書で、ある専門的な用語が使われていれば、皆さんにはその意味するところを分かっていただけると思います。ここで取り上げた専門的な考えでも、皆さんと話し合いがスムーズに進み、分かり合えるように説明してあります。

　それは、皆さんにストレスに関し専門的にいろいろ語るという意味ではありません。もし、他の専門的な用語の使用を望まれるなら、他の人との話し合いで、それらの用語を自由に使っていただいてもよろしいかと思います。本書では、私が紹介します専門的な用語の意味で、読み進めていただければ幸いです。

　次に述べる専門的な用語に関する説明では、その道の権威者が、専門の分野で用いている用語を、いくつかの例で参考にしている場合があります。また、純粋に専門的な定義を用いるのが適切だと思われる場合もあります。専門的な用語については、その多くには、いくつかの一般的な意味もあるものだ、と理解していることも大切です。したがって、いくつかの例では、これらの一般的な意味に関する説明から始め、次いで、当面する課題に的を絞り、専門的な用語について、分かりやすく紹介することにします。

ストレスとは

　ストレスという用語の由来については、はっきりした同意が得られていません。例えば、この用語は"しっかりとくくり付ける"ということを意味する、ラテン語のストリンガー（stringere）に由来しているとされる場合もあります。あるいは、ディストレス（distress）へと英語化されているフランス語のディトレッセ（détress）に由来している言葉であるともされてきています。ビコーウズ（because）という言葉がコーウズ（cause）となる場合のように、接頭辞のディス（dis）があいまいに発音されたため省略が生じて、ストレス（stress）という言葉が使われるようになったともされています。

　ごく一般化しているストレスについての説明では、"ストレス"とは"抑える力とか影響力"を意味しています。そこで、この言葉を人間に適用すると、身体が一定の力あるいは影響力に耐えることができる範囲を意味するものと言えるでしょう。この点に関しては、ストレスについて最もよく引用されている説明として、ストレスの研究分野では著名な先駆者である故ハンス　セリエ（Hans Selye）氏の意見を挙げることができます。氏によれば、ストレスとは"身体に加えられるあらゆる要求に対する、生活体の非特異的な反応"であると説明されています。

　つまり、ストレスとは、刺激（ストレッサー）に反応する場合に、身体の資源を動員することを意味しているのです。これらの反応には、生活体に生ずるさまざまな身体的、化学的な変化が含められます。ストレスについてのこのような説明は、人間が備えている資源を超える要求を含んでいるというように、広げて用いることができます。ストレスには、このような身体的な反応が含まれるだけでなく、これらの反応により生活体にもたらされる摩滅も含まれる、ということを意味することになります。（ストレスに関するセリエの考え方は2章でより詳しく説明し

ます。）

　ストレスは、個人と外部の環境との間のバランス状態に対する順応を
困難にする、また、このバランスを維持しようとする個人の側の精神
的・肉体的な努力が高まるように働く、内的あるいは外的な状態として
考えることもできます。ここでは、ストレスは内部にある**状態**であるこ
と強調しています。ストレスを、そのような状態を生み出すように働く
動因と混同しないことです。そのような動因はストレッサーと言いま
す。

　ストレスの意味を理解する上で、さらに困難があります。それは、ス
トレスに関連した用語で混同が起こるからです。そこで、緊張、情動、
不安、バーンアウト、抑うつのような用語の意味についても調べておく
のが望ましいと思います。

緊張とは

　緊張という用語は、ストレスと関連して非常によく使われますから、
この用語の意味について注意しておくことは大切です。**教育用の文献の
索引**に取り上げられている用語を調べてみるのも興味深いところがあり
ます。定期刊行の教育関係の文献索引にも、ストレスや緊張という用語
が載せられていますが、例えば次の通りです。

　　ストレス（生理学）
　　ストレス（心理学）…**緊張**（心理学）を参照
　　緊張（生理学）………**ストレス**（生理学）を参照
　　緊張（心理学）

これらの用語の記載例を見ると、ストレスと緊張の両者には、生理学

的な側面と心理学的な側面があることが分かります。しかし、"ストレス"の研究として挙げられている、定期刊行の文献に見られる論文では、ストレスは生理学的な意味合いが大きく、緊張には心理学的な方向付けが強いように思われます。したがって、心理的なストレスと生理的な緊張は同じ事柄を意味しているとみなせます。このような立ち場におけるずれは、緊張に関する記載にも見られます。緊張はどちらかというと、**筋肉**の緊張に関連があるようです。勿論、後者の場合は、生理学的な方向付けがあるものと考えられます。

　このように分析してみると、結局のところ、用語についての記載が当を得ているかどうかは、各々の人達の物事についての見方、考え方によるところが大きいものと思われます。本書の後の方でも分かりますが、これらの用語をこのように分類することの妥当性を問うことは、緊張という用語の意味を、さらに限って捉える上では、多少余分なことのようにも思われます。

　緊張は二つの考え方に大きく分けられます。第一は、**生理的**あるいは**非学習性の緊張**です。第二は、**心理的**あるいは**学習性の緊張**です。生理的あるいは非学習性の緊張の例は、明るい光や強い音に対し"緊張している"場合を挙げることができます。心理的あるいは**学習性の**緊張は、通常、筋肉の収縮を伴わない刺激に対する反応です。個人の経験の早い時期では、緊張は、それが普通の反応の一部であるような状況と関連しています。

　脳は、同時的に刺激となる出来事を結び付けますから、個人の経験が無条件的、つまり、個人に特有なものに限られない時には、人はすべてのいかなる刺激に対しても緊張を示すように思われます。心理的あるいは学習性の緊張の例を上げると、かなり多くの自動車事故を経験したり想像したりした後に車を運転している時には、なかなかリラックスできない場合があります。

　ある意味では、生理的あるいは非学習性の緊張は、今現在の自発的な

ものだと考えられますが、一方、心理的あるいは学習性の緊張は、過去の経験として潜在しており、後程のある時期に生ずるものと言えます。ある人々の考えでは、ストレスと緊張の間にはわずかな違いがあるでしょうが、要するに、ストレスと緊張の間の本質的な差異は、前者は、生活体に生ずる摩滅に関わる物質的、精神的な状態であるのに対し、後者は、この摩滅をもたらすことができる自発的あるいは潜在的な状況なのです。

情動とは

　ストレスと情動という用語は、いくつかの文献では取り替えられて用いられているので、この後者、つまり情動の意味についてもよく考えておくことが必要です。情動は、個人がある場面に出会いながら、その場面に対し身心の準備ができていない、あるいはものを得るか失うかの判断をしかねている時に、そのような状況に直面している反応だとみなさ

1月の誕生花　福寿草
花言葉　幸せを招く

れます。例えば、個人が満足できる好ましい反応を持ち合わせていない状況と向き会っている時には、恐れの情動が生ずるものです。あるいは、個人の欲求の満足が妨げられると、怒りの情動が生まれます。そのような時に、情動はそれ自体ストレスの状態ではありませんが、ストレスを引き起こすストレッサーなのです（子どもの時代の情動に関する問題は、３章で述べることにします）。

不安とは

　不安もストレスと同じような意味でよく用いられる用語です。実際、いくつかの文献では、"不安あるいはストレス"という表現を使っていますが、この場合、両者は全く同一のものだということを意味しています。それは、"鳥と卵"（註鳥が先か卵が先かという格言があります）という議論を生むことにもなっています。不安の原因はストレスなのでしょうか。ストレスの原因が不安なのでしょうか。不安とストレスは相互的な関係にある状況なのでしょうか。いろいろな疑問が生まれます。

　不安の基本的で文字通りの意味は、"心配な心"ですが、しかし、不安につきこのように一般的な表現をすると、ことは思ったより複雑になります。著名な臨床心理学者であり、私が主宰しているヒューマン・ストレス・シリーズに貢献してもらっているC. オイゲン ウォーカー（C. Eugen Walker）氏は、この領域を詳しく取り上げている心理学者達は、この用語を定義するのはむずかしいと考えているようだ、と述べています。

　氏は、不安という用語は、"私どもは、自分の幸福が何らかの方法で危険に晒されている、あるいは、脅やかされていると思う状況に対する反応"[2]を意味するものだと、不安につき氏自身の考えを述べています。

　デイヴィッド ヴィスコット（David Viscott）氏の、権威ある別の考え方を紹介しますと、不安は"傷付くこと、あるいは失うことの恐れ"で

あるとみなしています。氏は、この不安は怒りを導き、その怒りで罪悪感を抱くこととなり、この罪悪感が救われがたい状況になると、抑うつが生ずる[3]、と主張しています。

バーンアウトとは

人によっては、自分のエネルギー、情動、時間による要求から生み出される、身体的・情動的な外傷に対処できなくなります。職場での人間に視点を当てた最近の研究では、次の事柄が明らかにされています。

職場には、本来、かなりの欲求不満が生じている特徴があります。そのような職場では、仕事に心を燃やして取り組んでいる労働者でも、いつかは、その職場で役に立たない、仕事に無関心な状態、つまり、バーンアウトという状態になります。バーンアウトを経験している人は、自分の仕事を達成させることは不可能なことだと考え始めます。このような人達は、自分の能力に疑問を抱くようになります。無力さを感じ、物事がうまく制御できないと思い始めると、このバーンアウトの状態に近い人々は、疲れやすくなり、頭痛や消化の問題を経験することもあります。いくつかの場合は、自分の仕事や職業を、意味のないもの、つまらないもの、的はずれなもの、とみなすようになります。

バーンアウトについては、ウィリアム C. トーマス（William C. Thomas）氏と共同研究者による、大学の運動選手に関する研究[4]があります。両者は、**ハーディネス**（がまん強さ）として知られている性格特性は、バーンアウトに導くストレスの影響を仲立ちするものと仮定しました。また、ハーディネスは、環境の影響により生ずる、個人の内的な要求をうまく処理できる人と燃えつきる人を区別する一つの性格特性だと推定しました。

この研究の目的は、ストレスとバーンアウトとの関係で、ハーディネ

スはストレスを緩和する役割を果たすという理論的なモデルを検討することでした。

　研究に参加した者は、181名の国立大運動系学部に属する運動選手達でした。これらの選手達は、ストレスとハーディネスに関する質問紙調査、バーンアウト測定用具による検査に応じています。

　この研究では、ハーディネスはストレスの影響を緩和するのに役立つことが明らかにされています。運動選手には、一般の学生と比べより頑健とされる性格特性があるという積極的な結果が得られています。運動選手は、ハーディネスを高め、自分にのしかかってくる多くの状況が備えている事態に対処する能力を改善するために、自分の経験を目的に適うようまとめることができるのです。

抑うつとは

　ここで用いられるように、抑うつという用語は、喪失、悲しみ、無価値、失敗による激しい感情、あるいはいろいろな物事で確かな保証が得られない経験から生ずる拒否感を特徴とする、苦しみが伴う情動的な反応を示すものだと考えられています。抑うつは、困難な生活状況に対する過剰に強い反応である場合が少なくありません。抑うつには、緊張する、身体的な運動や精神的な活動が緩慢になる、疲労、食欲不振、つまり、望ましくないストレスを伴う何らかの症状のような生理的な症候があります。

　抑うつは、多くの、いろいろな精神運動的、身体的な障害の現われであり、また、いくつかのタイプのストレスに対する通常の反応でもあるのです。抑うつは、原因がはっきりしない限り、普通は、その診断というよりも説明として捉えられます。

　人生のある時点で、医学的な介入が必要な抑うつに陥る人は、人口の

15パーセントと言われていますが、ストレスが唯一の原因であるものはないようです[5]。

　人の中には、抑うつになりやすい生物学的な傾向を持ち生まれてくる人達がいます。これらの人達は、そのため脳の化学的なアンバランスが生じやすいとされています。このような脳に生ずるアンバランスがあると、抑うつ的な精神状態が生まれやすいとも言われています。抑うつは、どこからという訳でなく生じてくるようです。たとえ生活の環境状態が最善であったとしてもです。多分、抑うつは、ストレスが多い人生上の出来事と、内的な生物学的な要因が組み合わさって発生するものだと言えます。

　本章では、専門的な用語につき要点を述べてきたに過ぎませんので、ストレスに関して用いられている用語に関して説明し尽くしている訳ではありませんが、読者の皆さんが、ストレスについて理解される上で、基本となる用語を区別されるのに役立つものと期待しています。本章で取り上げなかった他の専門的な用語については、以後の章で必要に応じ、その都度説明します。

1月の誕生花　梅
花言葉　忠実、気品

2章

ストレスについて

　ストレス！　ストレスとはどういうことなのでしょうか。私達はストレスにどのように反応するのでしょうか。何がストレスを引き起こすのでしょうか。ストレスは私達にどのように影響するのでしょうか。ストレスは私達にとり、みなよくないものなのでしょうか。このような疑問は、大人が子どものストレスを子どものためにうまく制御する上で少しでも役立つことになるものと思います。つまり、私達大人が子どものために制御しようとしていることは何かについて、適切に配慮できるようになるのです。

　本章では、読者の皆さんに、ストレスのさまざまな側面のうち、そのいくつかについて概観してもらいたいと思います。ストレスの複雑な特性を、子どもが理解するために、大人としてどうしたらよいか、さらに、ストレスを扱う特別な方法を知ってもらうには、4章を当てることにします。

　本書の意図するところは、ストレスの複雑な特性につき高度に専門的な話をすることではありません。この点については了解しておいていただきたいと思います。しかし、本書では、いくつかの専門的な用語を使うことにもなります。そのような専門的な用語については、基本的な理解が必要とされる場合もあります。そこで、早速ですが、このような観点から、いくつかの専門的な用語につき辞書的な説明になりますが、以下に紹介しておきます。

副腎皮質刺激ホルモン（*ACTH*：*A*dreno *C*ortico *T*ropic *H*ormone）：
　　脳下垂体から分泌されます。アドレナル（副腎）と身体にある他の

腺の働きに影響します。

アドレナリン：副腎髄質から分泌されるホルモンです。

アドレナル（副腎）：ホルモンを生産し分泌する、腹部の上方後部にある二つの腺です。二つの部分があり、外側の層は**皮質**、内部の部分は**髄質**と言います。

コルチコイド：副腎皮質が放出するホルモンで、例を上げると、**コーチゾン**があります。

エンドクリン：ホルモンを生産し、血流の中へ放出する腺です。

ホルモン：腺により生産される化学作用物質で、血流に分泌され、細胞や器官の働きに影響します。

視床下部：自律神経組織を活性化するのが主要な働き。ストレス反応が生じている時に、神経生理刺激をエンドクリン過程へ運ぶ中枢的な役割を果たしています。

脳下垂体：エンドウマメ1個ほどの大きさで、脳の基底にあるエンドクリン腺。重要なホルモンの一つであるATCHを分泌します。

胸腺：非導管性の腺で、エンドクリン腺組織の一部と考えられていますが、胸骨の上方部分の背後に位置しています。

　ストレスについては、さまざまな理論がありますが、ハンス セリエ（Hans Selye）の理論は、現在ではよく知られ、広く受け入れられています考え方の一つです[1]。セリエは、ストレスについて"身体に加えられるあらゆる要求に対する、生活体の非特異的な反応"だと説明しています。セリエのストレスについての考え方に含められている生理的な過程と反応は、汎適応症候群と言われ、よく知られていますが、三つの時期があります。**警告反応、抵抗、疲弊**、の時期です。

　第一の時期（警告反応）では、身体がストレッサーに反応し、視床下部が生化学的な"伝え手"を生み出します。この生化学的な物質が作用して、脳下垂体からACTHが分泌され、血液の中へ送り込まれます。

このホルモンにより、アドレナル（副腎）が働きアドレナリンや他のコルチコイド系ホルモンが分泌されます。その結果、脈拍や血圧などに影響する胸腺の働きが減少します。この警告の時期の間に、身体の反応が低下します。

　第二の時期（抵抗）では、ストレッサーがあまりはっきりしなければ、抵抗が現われてきます。ストレッサーに打ち勝つか、または、時には、ストレッサーをできれば避けるように、身体の適応が生じます。もし、ストレッサーで何か損われるところが生じたら、それを修復するように、身体が働き始めるようになります。

　もし、同じストレッサーを長く浴び続けると、疲弊という第三の時期が生じます。適応する能力はついには疲弊し、最初の時期（警告反応の時期）の兆候が再現します。セリエは、ストレッサーに対し適応する力には限界があり、取り返しができなくなると、死に至る、という見解を持っています。勿論、私達の目標は、抵抗と適応能力を保つことでなければなりません。

　非特異的な反応を強調するセリエのストレス理論は、広く受け入れられてきています。しかし、ストレスの非特異的という特性については、若干疑問視されている向きもあります。その理由は、心理的なストレッサーが、冷刺激、電撃のような生理的なストレッサーと関連して、他のエンドクリン腺組織を活性化する事実があるからです。

　すべての研究と同様に、ストレスに関する科学的な研究でも、事実を求め、より厳密で洗練された方法が取られてきています。ストレスに関する現在の研究は、以前にも増して、批評を加えられても評価もされてきています。また、他の研究も着実に進んでいると思われます。一方、ストレスの研究で統制がなされていない場合を考えてみても、現代の社会におけるストレスが、人の幸せにとりきわめて大きな脅威になるという考えが支持される事実は、少なくないように思われます。勿論、ストレスの研究における統制で最も重要な要因は、人そのものです。この視

点は是非大切にしたいところだと思います。

ストレスへの反応

　ストレスに対する反応は、いろいろな方法で分類できますが、いずれの分類も、ある程度重なる面があります。ここでは、**生理的**と**行動的**の二つの大きな分類を挙げておきます。

生理的な反応

　すべて個人は、いつも同じ方法でストレスに対し反応する訳でないとしても、次のような一般的な特徴で、多かれ少なかれ標準的な身体反応を示しています。

1．速い心拍を示すことで、"心臓の鼓動" としてときには説明されています。強い興奮あるいは心配をしている時に、この反応を経験しています。
2．発汗を示すことで、大抵は手の掌に出ます。人によっては、身体の他の部分で多く発汗する場合もあります。
3．血圧が上がることですが、一般に、あからさまには分からない反応です。人は血圧の上昇に気付きにくいからです。
4．瞳孔が拡張することで示されます。繰り返して生じますが、人がそれに気付くことはあまりありません。
5．腹部が "張りつめる" ようだということで、"腹に何かかたまりがあるような感じがする" のようにも言われます。身体にこのような反応が生ずると、消化の働きに好ましくありません。
6．ときには、嚥下することがむずかしい経験をすることで、"喉にか

たまりがある"ように言われます。

7．胸に"つまった"感じがあることで、ストレスが多い状況が和らぐ時に、"胸の重みが取れた"、"胸のつかえが取れた"ようだと言います。

これらのさまざまな身体反応は、生活体が、ストレッサーに反応するため、反応の構えを高めていることを示しています。この現象は、**戦うあるいは回避する**反応と言われますが、著名なハーバード大学の生理学教授である、ウォルター B. キャノン（Walter B. Cannon）[2]が初めて緊急反応だと説明した現象です。

この戦うあるいは回避する反応は、有史前の人達が、敵に出会った時に反応したと全く同じ方法で、人を活動に備えさせる反応です。この反応は、特定の状況で生じます。食料を得るため、敵対者と戦うため、あるいは、自分の力では及ばないような状態に陥らせた動物を避けるため、というような状況です。

現代社会においても、戦うあるいは回避する反応を引き起こすような、ストレスの多い状態になると、私達は、このような状況に立ち向かうために、上に示したような生理的な反応をします。

今日では、有史前の人達と同じように、身体的に戦う（ときには、そのように感ずることがあるかも知れませんが）、あるいは、野生動物を避け、逃げることは必要ではありません。しかし、現在の私達の身体は、全く同じような戦うあるいは回避する反応を、依然としてしているのです。生理学者達は、私達はまだこのような自己を維持する方法をときどき必要としており、現代の生活で生ずる情動的なトラウマや不安に反応する場合でも同様に考えられる、と指摘しています。

行動的な反応

　行動的な反応について述べるに当たり、行動的な反応と生理的な反応との間には、程度はさまざまであっても重複する部分もあり、これはいかんともしがたいことだ、ということに、再度触れておくのが必要でしょう。ここでは、**行動**は、生活体が刺激を受けた結果として行うことすべてを意味するものと考えておきます。

　ストレスに晒されている人には、普通とは異なる行動をしながら日常の生活を送っている様子が見られるようになります。このような行動は三つに分けられます。（1）**反対の行動**（ときには防衛的な行動とされています）、（2）**機能不全的な**行動、（3）**明白な**行動（ときには表現的な行動とされています）の三つです。

　反対の行動では、人は、ときには、ストレスの多い状態を和らげるような活動をするものです。例えば、"その場にふさわしい"リラクセーション技法を実際に使うことで、防衛的な姿勢を取りますが、そうしていることには気付いていません。もし、意識すれば、そのような技法を取り入れる前に、深呼吸をしたり10まで数を唱えたりします。

　機能不全的な行動は、人が、正常な機能が損われたあるいは異常な機能を示すような方法で反応することを意味します。このような行動をすることで、人が通常なら成し遂げられる行動の水準が下がってしまいます。多くの人は、ストレスが生ずる状況で、このような問題を経験しているものです。その際、ある程度の欲求不満を生むような精神的な思考の途絶を伴いますが、この間に思考をもともとの流れに回復させようとしています。

　明白な行動には、顔をゆがめる表情（表現的）のような反応が含まれます。チックをする、顔面をふるわせる、唇を噛むなどで、顔の表情を変化させます。人は、ときには、動き回る、つまり、苛立ちから、部屋を行ったりきたりしたくなるものですが、これは、ストレスが多い状況

の特徴です。活動の形式を取る明白な行動は、ストレスの多い状況の大半で、ほとんどの人が取る行動で、脅やかしや苦しみを和らげるのにかなり効果があります。

ストレスの分類

　さまざまな種類のストレスを、間違えようのないほどに簡単に分類しようとしても、それはなかなかむずかしいことです。一定のタイプのストレスを一つのカテゴリーに重複もなく実際に分けることは、まずできません。これまでに述べてきましたように、ストレスに対する反応を分類する場合に、いろいろな種類のストレスを分類しようとする場合に生ずる問題と同様な問題にぶつかります。しかし、このような特質がもともとあるストレスを分類するかしないかは、著者の考えしだいだと思っています。他の人達が、ここで用いる分類と異なる分類をしようとされ、そこで、いわゆる分類の標準化と何らかの点で異なるところが生ずるとしても、自分なりに分類をすることは著者の特権だと言えます。

　このような点を念頭において、ストレスについて一般的と思われる分類をしてみます。（１）望ましいストレスと望ましくないストレス、（２）身体的なストレス、（３）心理的なストレス、それに（４）社会的なストレスという、四つの分類項目を挙げることができます。これらの特定の項目は、理論的には必ずしも完全なものではありませんが、本書の目的からすれば、十分に満足できる項目です。

望ましいストレスと望ましくないストレス

　ストレスは、破壊的であると同時に価値あるものでもある、という考え方を"ストレスは生活のスパイス"と表す、あのよく知られている言

葉に簡明にまとめ上げたのはセリエです。セリエは、さらに、人がストレスを避けることができるただ一つの方法は、何もしないということだが、また、いくつかの活動をすることも、ストレスの機制をよい状態に保つための有益な影響を得ることになる、と述べています。確かに、人間はよく機能するには何らかの負荷がかかることが必要ですし、活動をよくしないままでいると、やがては筋肉の働きが衰えてくる生理的な事実は、よく知られています。

　特に、何か物事に挑む状況に直面した時、"気持ちが揺れ動き、不安におびえる"ということを、程度はさまざまでしょうが、だれしもときには経験してきているものです。このように、ストレスは、完全に正常な状態であるということ、人間は、悲しみにも関連し幸せにも関係している、さまざまな程度のストレスに晒されているものだということを理解していることは、子どもにも大人にも、とても重要なのです。

　文献に拠ると、人に望ましくないストレスは**好ましくないストレス**とされているかも知れません。しかし、セリエが、楽しくて健康なストレスを**好ましいストレス**とし、楽しくなく不健康なストレスを**好ましくないストレス**とみなしていることには、興味深いところがあります。

　望ましいストレスのいくつかの特徴については、すでに述べていますが、人間を含むどのような要因についても、似たようなことはあります。何事でも、厳し過ぎると好ましくない影響が生じます。ストレスの状態が長くなり、過剰（慢性）になると、生活にいろいろ面倒なことが生まれてきます。とは言いますものの結局のところ、ストレスは必ずしも避けなくてもよいのですが、慢性的な状態にならないように気を付けることが大切だということになります。

　よいストレス反応と**よくない**ストレス反応は、人間の身体に特定の資源を求めますが、よいストレス反応は安全であり、よくないストレス反応は危険だということを意味しているのでしょうか。この点に関しては、二人の著名な心理学者である、イスラエル　ポスナー（Israel

Posner) とレヴィス ライトナー (Lewis Leitner)[3] は、興味深い提唱をしています。両者は、**予測ができること**と**制御ができること**の二つの心理的な要因が、大切な役割を果たしている、と言うのです。そこで、ストレスについて考える際、この前提とも言うべき考えについて、ここで検討してみたいと思います。

　まず、苦痛や不快が予測できれば、ストレスの多い状況は少なくなると判断されます。それは、そのような状態では、人はどんな時に、自分を抑制し自分の緊張を緩めようとする試みを少なくしてみても安全だ、ということを学べるからです。苦痛が今にも生まれそうな時期が分かれば、人はそのような警告がない時に、安全に緊張を緩和することができます。このような心理的に安全な時期に、人は有害なストレスの影響を避けられるのです。言うまでもなく、苦痛が生じそうであることが分かっていない人は、緊張を緩和するのが安全な時期を知る術がありませんし、場合によっては、心理的なストレスが慢性化する結果、重大な健康上の問題を発展させやすいのです。

　環境のストレッサーを制御できることが、第二の心理的な要因です。この要因はコーピング行動と密接に関係しており、ストレスの影響を決める上で重要な役割を担っています。苦痛な出来事を制御できれば、有害なストレスを避けることができます。しかし、そのようなコーピング行動が有益であるとしても、それは、コーピング反応(行動)が、切迫しているストレッサーを避けるのに役立つことを知らせるフィードバックがある時です。コーピング行動が成功したことを知らせるフィードバックがなければ、そのようなコーピング行動が積極的に取られても、ストレスの影響が増すかも知れません。という訳は、今後の行動に向け備えられている身体的なエネルギーが使われ、コーピング行動が慢性的なストレス状態になるからです。

　ストレスの多い出来事につき予測できることと制御できることに関する研究では、ストレスの多い、挑戦を要するタイプの仕事を求める人

が、この種のストレスが原因となるストレス疾病に罹からない**理由**が明らかにされることが期待できます。対照的に、本質的には似た身体的な反応がよくないストレスで生ずる時には、その結果は、ストレスに関連した疾病になるものと思われます。

　おそらく、よいストレスは疾病を生みません。一般的に、よいストレスに関連している出来事は、前もってそのようになっているか（これらの出来事の結果は予測しやすいものです）、あるいは個人の生活の中によくまとめられる（このような出来事は制御しやすいのです）ようになっているからです。しかし、生きていく上での活動が、一般的に、楽しい、気が湧き立つ（よいストレス）と考えられる時でも、当の個人が、その出来事がこれからどうなるか前もって警告されることがなかったり、ほとんど制御できないとなると、疾病に罹りやすいのです。さらに、楽しくない出来事（よくないストレス）は、一般的に、何の警告もなく起こり、制御もできないため、ストレスに関連した疾病を生むことになります。

　中には、人間の生活で、ストレスはよくもなければよくなくもないと

2月の誕生花　菜の花
花言葉　快活

いう考えで、この問題につき中間的な立ち場を取る人達もいます。ストレスの影響は、それ自体により決まるのではなく、ストレスが個人により、どのように見られるか、処理されるか、という訳なのです。中間的な立場にある人達の意見を端的にまとめますと、要するに、ストレスを適切に処理するか、望ましくないストレスの犠牲になるか、という問題になるのです。

身体的なストレス

　身体的なストレスについて考える前に、身体的と生理的の二つの用語を区別しておくことが大切です。身体的という用語は“身体に直接付随しているあるいは関連している”と説明されるように広い意味で使われている用語です。一方、生理的という用語は、生活体の器官が互いに関連していることを示しています。したがって、生理的なストレスと言えば、ストレスにより生み出されている何らかの生理的な状況とともに、普通でない過剰な身体的活動と関連しています。

　身体的なストレスは、二つの一般的なタイプに区別されますが、人は、それぞれのタイプのストレスに異なった方法で反応します。一方のタイプは**緊急**ストレス、もう一方のタイプは**継続**ストレスと言います。身体的な損傷が生じているような緊急ストレスの状況では、ホルモンが血流に分泌されます。この場合には、生み出されたエネルギーを緊急に使用するのに備え、心拍の増加、血圧の上昇、筋組織における血管の膨脹などが認められます。

　継続ストレスの場合は、身体反応は少し複雑になります。その生理的な関連性は緊急ストレスの場合と同じですが、さらに多くのホルモンの分泌が、身体的な抵抗を増すために継続します。これが過度になると、アドレナリンの分泌は疲弊の第三期になり、ときには分泌が最高（頂）に達し、死に至ることがあります。

身体的なストレスは、異常で激しい身体的な活動とも関連しています。一般的には、激しさが軽い身体的な運動をいくつか行ってみると、説明できます。まず、休息の時期における心拍を見つけます。右の手首を左の手で支えます。次いで右の手首のあたりに左手の人指し指と中指を当て、心拍が感じられるまで軽く手首を押します。さらに、10秒間中の心拍数を数えて、その結果を6倍します。このようにすれば、休息の時期の1分間における心拍数が分かります。もし、10秒間に心拍数が12であれば、この心拍数は1分間に72となり、したがって、休息の時期の1分間の心拍数が得られます。

　次は、何らかの身体的な活動を試みます。立ち上がり、一方の足で自分自身の身体のバランスを取ります。それから、約15秒間ほどこの足で片足跳びを活発に続けます。それから休息の時期と同様に、再度脈拍の拍動数を調べます。この15秒間の片足跳びで、拍動数は休息の時期の拍動数を上回り、増加します。

　このようなわずかな身体的な活動をしても、身体はそのような活動に対して適応します。それは、この拍動数の増加で分かります。しかし、血圧がわずかに上がるような、他の要因も生じているのですが、それに気付かない場合が多いのです。

心理的なストレス

　身体的なストレスと心理的なストレスの本質的な違いは、前者には現実の状況が含まれていますが、後者は緊急の状況を予見するか想像することとの関連がより多い点にあります。例としては、他の人を介して経験される危険、つまり、代理的な危険の経験は、筋肉の緊張を引き起こし、心拍を高めるのに、十分な強さになります。"舞台で強く脅えること"は、心理的なストレスの特殊な例です。

　興味深いことに、一種の心理的なストレスは、子どもの時代にも見ら

れます。例えば、私は、子ども達の間でストレスが生み出される要因につき研究したことがありますが、クラスの生徒の前で、教師の発問に答えるために名指されて立つことが、多くの子ども達の関心や心配を生むということが分かりました。このような状態が、多くの大人達でも生ずることが、私の経験でも明らかになっています。心理的なストレスがある状況から、長く強い神経的な緊張が生まれ、その結果心身障害が生じ、転じて、さまざまな厳しい疾病の原因となることが見出されています。

　近年になり、生理的なストレスと心理的なストレスとの違いに視点が合わされ、両者を従来より区別して捉え、それぞれの研究分野が生まれてきています。

　しかし、この問題については、アニス　マイケイル（Anis Mikhail）は、心理学的と生理学的な両理論の間には連続的な側面があることを強調し、次のような全体論的な考え方を提唱しています。"ストレスは、生活体が生命維持のために起こしている適応活動における、生活体の実際のあるいは知覚されている要求と能力のアンバランスな状態であり、非特異的な反応で部分的に示されている"[4]、と述べています。

社会的なストレス

　人は社会的な存在です。ともに遊びます。ともに社会のために働きます。自分達が生活をともにしているのだと考えている社会を守るために、国際的な緊張が生じている時には、一緒になって戦を交えてもきています。この事実は、人生には絶えず社会的な相互作用が生じていることを意味しています。これらの相互作用には、いわば二つの通路があります。個人は何らかの影響を社会に与えており、また、社会も個人に何らかの影響をしています。明らかに、生活の状況には、多くのレベルの社会的なストレスがあります。例えば、対立する経済的な状態やその他

の社会的な問題があれば、それは、多くの人々にとりストレスの原因となります。

　社会的な相互作用について否定的な態度を取れば、集団の間に苦痛な感情と敵意が生まれることとなり、人々のいろいろな関心事に一層強いストレス状況が生まれます。どちらでもない中立のあるいは無関心な態度を取ると、しばしば我慢する状態に落ち込み、大抵の場合、しだいに否定的な態度が生まれてきます。実際、"私には関心がない"という態度が生まれてくると、しばしば人生に耐えられない気持ちを経験する機会が増し、その結果、ストレスが生じます。

　人は、どのような環境においてでも、望ましくない社会的なストレスを回避するかしないかの鍵を、自分自身で持っているのです。社会的な関係で肯定的な態度を取ることができれば、よい社会的な関係はより得られやすくなります。

ストレスの原因

　ここで、"何がストレスの原因となるか"という、一般的な問いが生まれても当然です。この問いかけは当を得ています。大抵の人間の環境には、働くという場と一つの全体としての社会という場が含まれており、ある程度ストレスが生ずるものです。近年、癌の原因に関し、**あらゆることが癌を引き起こす**と、多くの人達が結論するまでになってきています。多分、ストレスについても同じように言えます。ストレスの場合には、かなりの程度になっているので、**あらゆることがストレスの原因になる**とも言いやすいのです。

　ストレスを生み出す要因は、一般的と特殊的に分けて捉えられます。主な人生の出来事はストレスだと言えます。日々の環境で、ストレスの多くの特殊的な原因が、望ましくないストレスのレベルを高めることに

もなるのです。

　数多くの研究者達が、いくつかの**ライフイベント**をストレスの原因として取り上げ、研究してきています。これらの研究者達は、健康の問題に関連している事柄を、正常と異常の面から検討し、いろいろな出来事を明らかにしようと試みています。人生の一般的な出来事の流れで、あるいは結果として生ずるいくつかの不運な例で、人を苦しめるストレスについて調べている訳です。T. H. ホームズ(T. H. Holmes)とR. H. ラーヘ（R. H. Rahe)[5]によって行われている独自な研究は、最もよく知られているものの一つです。この研究では、社会的適応の評定尺度の作成が試みられています。次に、両者が、最も問題となりやすいストレスをもたらす出来事としている10項目を上げておきます。

　1．配偶者の死
　2．離婚
　3．夫婦の別離
　4．拘置期間
　5．親密な家族の死
　6．個人の負傷
　7．結婚
　8．仕事の解雇
　9．夫婦の調停
　10．退職

　ライフイベント尺度は、ストレスの原因を明らかにする手段として重要であることから、何人かの専門家達が、日々の問題と関連している適切な測定尺度が他にないものかと検討しています。この点に関しては、リチャード ラザラス（Richard Lazarus)[6]が著名です。ラザラスは、カリフォルニア大学バークレー校で、ストレスの研究では、優れた有名な

研究者とされています。ラザラスと共同研究者達は、"日々困難"を経験している人達から、かなり多くの資料を集めています。次の項目は、100名の白人の男性と女性から得られた"日々困難"の項目です。調査の対象となった人達の年齢は中年で、社会経済的な階層は中層です。

1．体重についての関心
2．家族の健康
3．日用品の値上り
4．家のメンテ（管理・整備）
5．仕事が多過ぎること
6．庭仕事あるいは戸外のメンテ
7．不動産、投資、課税
8．犯罪
9．身体的な外見

子ども達のストレスの原因

　すでに述べてきましたように、過去数年の間に、多くの研究者達が、ストレスとライフイベントと日々の困難について研究してきています。ライフイベントに関する限り、子どもの時代に最もよく見られるストレスの項目は下の通りです。

1．親の死
2．きょうだいの死
3．両親の離婚
4．親の別離（別居）
5．祖父母の死
6．親の入院

2章　ストレスについて | 27

7．親の再婚
8．きょうだいの誕生
9．きょうだいの入院
10．母親か父親の仕事の喪失

子どもの時代のストレスについて、私自身が行ってきた研究で、日々の困難に関して、四つの年齢範囲を区分し、子ども達の日々のストレッサーについての資料を集めています。下の例は、これらの年齢範囲における、最も一般的な日々の困難を5項目ずつ示しておきます。

5歳から6歳
兄弟とけんかをすること
自分がしなければならないことが分からないこと
学校に出掛けること
早く寝なければならないこと
好きでない食物を食べなければならないこと

7歳から8歳
親が信じてくれないこと
いくつかの物事で、しなかったことを母親に叱られること
失敗しないかと怖れること
小さい子どもが自分を好いてくれないこと
宿題をしなければならないこと

9歳から10歳
テレビの放送が見られないこと
先生が人並みに扱ってくれないこと
いくつか物事をした時に、信じてもらえないこと

不公平に罰されること

親が物知り顔で何でも知っていると言うこと

11歳から12歳

先生がすべて知っている顔をすること

自分が強くなりたいと思っているほど強くないこと

女の子が体つきを気にすること

小さい子に笑われること

兄弟の古着を着ること

　明らかに、これらの日々の困難の大半は、思慮深い大人によれば、その時にふさわしい方法で処理されます。ここまでに挙げてきた事柄は、子ども達のストレスの一般的な原因です。さらに、特異な原因については、次に述べることとします。

ストレスの影響

　"ほとんどすべてのものがストレスの原因となる"という考え方を取れば、ストレスはすべてのことを原因にする、という主張を取り入れることになります。ストレスに関連している、心理的、生理的な障害は、重要な社会問題であり、また健康上の問題であるとみなされる、残念な、悲しい結果となります。これまでの研究や臨床的な試みから得られてきている明確な証拠によると、多くの標準的な医学の教科書で示されている場合と同様に、すべての疾病の50パーセントから80パーセントは、少なくとも、部分的に、ストレスに関連したことに端を発しているということになります。

　多くの医学の権威者による文献では、次に挙げるものは、ストレスが

関連していると言われています。糖尿病、肝硬変、高血圧、消化器潰瘍、偏頭痛、多発性硬化症、肺疾病、事故による傷害、精神健康上の問題、冠動脈の疾病です。

最近の事例によれば、ストレスは脳や記憶の働きにも影響することが明らかにされています。二、三日の間、高いレベルでストレスホルモンのコルチゾールに晒されていると、記憶の働きが損傷[7]されるという報告もあります。

J. ダグラス ブレムナー（J. Douglas Bremner）は、この問題につき、著書で、二つの主な考え方[8]を提唱しています。（1）ストレスによる脳の損傷は、一連のトラウマに関連している精神医学的な障害に関わりがあり、これらの障害は、その結果、神経障害を生み出すことになる、（2）精神的な過程の混乱による抑うつ症を介して働くストレッサーが、心臓疾患、癌、伝染病を含む、不健康に陥る危険性が高まる原因として、直接に働くことになる、という考え方です。

子どもに対するストレスの影響

疑いもなく、大人の家族のストレスは、家族の子どもに影響します。子どもの時代のストレスの長期にわたる影響については、あまり多くは知られていませんが、ある研究には、特に興味深いところがあります[9]。

この研究は、自殺を思い立ったことのある学生とそうでない学生181名について、認知的な視点と発達的な観点から、自殺行動の原因を調べています。以下に、この研究の概要を紹介します。

まず、認知的な働きは、早期のライフイベントと自殺行為とを関連付けるものと考えられています。また、子どもの虐待、家庭の不安定さ、一般的に見た家庭環境の貧しさは、子どもの成長にとり、早期の望ましくないライフイベントになることを明らかにしています。また、自尊感

情の低下、絶望感、それに認知的な要因としての問題解決能力の欠損についても検討しています。さらに、個人が18歳以前に受けていた社会的支援や、現在受けている社会的支援、生活上のストレスも、それに先行しているさまざまな条件と関係付けられ、検討されています。

　その結果明らかにされたことは、早期の好ましくないライフイベントは、ある程度社会的な行動に影響していますが、このようなライフイベントの強い影響は、認知的な能力に欠損を生み出すようにも働いており、さらに、一転して、社会的な行動に強く影響している、という点にあります。

　この章を了えるに当たり、私自身が敢えてリスクを冒すことを承知の上で述べることになろうかと思いますが、大人が自身で、このストレスの問題につき、ある程度の知見を持っていることが重要だと思います。その結果、子どもが、年齢にふさわしく、ストレスについて一層分かるようになることに役立つことができるものと考えています。

2月の誕生花　ラッパズイセン
花言葉　復活、再生

3章

子どもの情動について

　自分自身をコントロール（註制御）して下さい！このありふれた言葉は情動を抑制することに関連してよく用いられます。いつでも、大人も子どもも、普通の行動と同じように情動的な行動を示すものです。個々の人と環境の違いにより、個々の子どもが表す情動的な行動の程度は変わりやすいようです。

　大人は、子どもの情動をいつでも抑制させるべきだと考えてはなりません。これとは反対に、子どもの躾で目指すところは、情動が生じた時でも、情動の安定が保てるように、子どもができるだけ害がないように情動を表現するのを助けるのです。このようなことがうまくできれば、有害である情動的な行動から生ずるストレスを、完全とは言えなくても、少なくとも弱めることができます。

　情動的なストレスは、情動の型を問わず刺激から生じます。例えば、怒りの情動は、願望の達成が妨げられたり、苛立ちがたびたび繰り返されると、引き起こされます。そのような刺激に対する反応は、**促されたり**、あるいは**抑えられたり**します。怒りの衝動的な表現は、何らかの人や物に向けられます。一方、抑制的な表現は、ある程度、制止された状態に保たれますが、顔がぱっと赤く染まるような、外から見て分かる行動に示されます。

　一般的に言いますと、情動の型は、**快**の情動と**不快**の情動の種類に分けられます。快の情動の型には、喜び、愛情、幸せ、それに広い意味での愛が含められます。一方、不快の情動の型として、怒り、悲しみ、嫉妬、恐れ、それに恐れを想い浮べる情動の型である心配が挙げられます。情動の快と不快は、その激しさの強度、情動が生じている状況の性

質、子どもがその状況を受け止め理解している方法により決まります。

　古くは、ギリシャ人は、情動を身体の器官で区別しました。例えば、一般的に、悲しみは心臓（弱った心臓）、嫉妬は肝臓、憎しみは胆のう、怒りは脾臓と関係付けられています。例えば、何か他のものへと"脾臓は導管で結び付く"ということを、ときどき耳にします。

　このような歴史的な由緒ある表現は、現在では、神経組織やエンドクリン組織があり、情動と身体の間をつなぐ、いわば導管の働きをしているというように考えられているのです。神経組織は主に情動と関連しており**自律**神経組織と言われていますが、心拍、血圧、消化作用のような働きを制御しています。何らかの情動の型に関わる刺激が生ずると、神経組織とエンドクリン組織の二つの組織が活性化します。もし、恐れという情動の型が刺激されると、心拍が加速し、呼吸が速くなり、血圧が上がりやすくなります。エネルギー燃料が肝臓にある貯蔵庫から血液に放出され、その結果、血糖値が上がります。身体的な機能を伴う身体的な反応で、恐れにより引き起こされる状況に人が対処する備えができるのです。

　子どもの時代の情動を取り扱うに際しては、不安、喜び、それに悲しみに対応する場合、共感的な助言が必要であること、向上心や安心感を伸ばすような助言もしていることについて、予め理解しておくのが大切です。このような助言をするという課題については、子どもが情動的に成熟している程度を考慮する視点を大事にし、情動につき考えることが望ましいと言えましょう。

　また、ここでこのような話題を取り上げる目的に沿えば、成熟は子どもの側における**準備性**（註レディネス）の状態ということで考えられます。この用語は、年齢関係と関連付けられよく用いられます。例えば、"ジョニイはもう６歳だね（註成熟して大きくなってきたものだ）"と表現します。簡単に述べれば、**情動的な成熟**は、活動している個人が加齢する年齢の過程（結果ではありません）だと言えます。

3章　子どもの情動について | 33

　一般に、情動的な成熟は、中程度の快の情動的経験が重ねられている
間に達成されるものだと考えられています。情動的な**未**成熟は、子ども
には早過ぎる経験であるのに、不快な情動的経験が重ねられて生ずるの
です。ここで重要な要因の一つは、**適応**の過程です。この適応の過程と
は、環境に対して、あるいは環境における変化に対して、行動を適切に
見つけ取り入れる過程です。

　子どもの世界は、適応が必要とされる特徴を備えた一連の経験を含ん
でいます。したがって、"普通の行動"は、適応がうまくいった結果であ
り、異常な行動は適応がうまくいかなかった結果だ、ということになり
ます。ここが大事なのですが、子どもが達成する適応の程度は、日常生
活で、子どもが社会という環境の枠組みの中で、その社会が求めるやり
方によって、自分の基本的な要求を満たし、願望を実現していくかに左
右されています。

　子どもが自分の要求（基本的な要求）を充足できず、願望（欲求と希
望）を満たせない結果として、ストレスが生じると、**コンフリクト**ある
いは**フラストレーション**に陥ります。コンフリクトは、（1）ほぼ等しい
魅力的な物事の間で選択を迫られる場合、あるいは（2）基本的な情動
的圧力が互いに対立する場合です。

　フラストレーションが生じると、要求は満たされません。情動的に健
康な人の場合には、フラストレーションの程度は、要求あるいは願望の
強さに普通は対応しています。自分が置かれている状況にある問題解決
の可否につき、確かに客観的に観察、評価がされれば、その時の要求あ
るいは願望が満たされるような最善の解決ができます（フラストレー
ションは**攻撃**の主な原因ですが、この点については後に触れます）。

　一般に、すべての人に、自分が正常に対応できる状況内で、情動的な
ストレスに対する**耐性の範囲**というものがあります。もし、ストレスの
強さが耐性のレベルよりもかなり強くなれば、あるいは、もし、個人
が、その状況における問題に対処し、知的に問題を解決する仕方を学ん

で行かなければ、ある程度不適応に陥る結果が生じることにもなります。

　これらの問題をいくらかでも解決し、子ども達に一層の情動的な成熟をもたらす方策を追求するためには、子ども達の情動の発達に関わるいくつかの要因を考慮する必要があります。

情動の発達に関する要因

　子どもの情動の発達に関わる要因のいくつかを上げると（1）子どもの時代の情動性の特徴、（2）情動性の発生と反応、（3）情動性に影響する要因、になります。

子どもの時代の情動性の特徴

普通、子どもの情動は長く続かない

　子どもの情動は、二、三分間続き、それからむしろ急速に消失します。情動組織を外に表すことにより、自分の気持ちを示します。これとは対照的に、大人のいくつかの情動は長く続き消えます。加齢につれ、子どもが外部に明らかな活動で情動を表現することは、何らかの社会的な制約で抑制されるようになります。ある年齢水準で社会的に受け入れられる行動でも、他の年齢水準では受け入れられるとは限りません。この事実は、一定の時間とレベルにわたり情動が高まっている状態になり、その状態をゆっくり表現させる**気分**を発達させている者が、子ども達の中にいることの理由になります。子どもの時代の典型的な気分は、物事に取り組むことを制約され、"拗ねる" あるいは怒ることで、抑制している恐れの気持ちを示すこと、あからさまに喜んだり幸せな気持ちをそのまま表すことを制約され、"ユーモラス" な気持ちを表すこと、など

がその例となるでしょう。

子どもの情動は激しくなりやすい

　子どもは、文字通り、急速に、笑うことから泣くことへ、怒ることから喜ぶことへと、気持ちを移し変えることができます。この理由は定かではありませんが、子どもには、大人のような深い感情がないのではないかと思われます。さらに、子どもは、知的な発達と同様な状態で情動を経験していないのではないかとも考えられます。幼い子どもには、情動を次々と急速に変えるような、短い注意の範囲がある、ということも推定されます。

子どもは、情動をしばしば表すことができる

　子どもは、情動を表す頻度については、加齢につれ、以前にはすぐ情動的に反応していた状況に適応する能力を、自ら管理するようになります。これは、恐らく、子どもが、さまざまな種類の情動的な状況をいろいろと多く経験してきているためだ、と言えます。子どもは、何が社会的に受け入れられ、何が社会的に受け入れられないかを、実際の経験を通して学んでいるのでしょう。これは、子どもが暴力的な情動の反応を伴うような何らかの方法で叱責された時に、特にはっきりします。その理由は、子どもが、情動的な反応を含まないような方法で、状況に対応しているのだろう、ということです。

子どもは、それぞれ異なる情動的な反応をする

　ある子どもは、恐れが徐々に深まるような状況に直面すると、その場の環境から逃げ去るかも知れません。また、別の子どもは、親の背後に隠れるかも知れませんし、さらに、別の子どもは、その場に立ち尽くし泣き出すかも知れません。子ども達が、情動的な状況にそれぞれ異なった反応をするには、多くの要因が関わっているものと思われています。

これらの情動的な反応のうち、ある反応がある何らかの情動的な状況で生じた過去の経験であるとすると、親や他の大人達、一般に、家族関係や家庭の雰囲気に心地よさや積極さがあれば、子どもが独り立ちすることを適切に支えるのに役立つとも言えます。

子どもの情動の強さは変化しやすい

ある年齢水準では、いくつかの情動は弱まり、いくつかの情動は強くなって来ます。それとは逆に、子どもの強かった情動は弱まるかも知れません。例えば、幼い子どもは、見知らぬ人達の間では臆病になりますが、後になると、恐れるものは何もないことが分かり、臆病な傾向は弱まります。

情動の喚起と反応

もし、子どもを理解しようとするなら、いろいろな情動を喚起する要因を考慮し、子どもがこれらの要因にどのように反応したらよいと思っているかについて考えてみることも必要かと思われます。多くの異なる型の情動が、これまで明らかにされてきています。ここでの目的から、情動の状態を説明する上で、恐れ、怒り、嫉妬、それに喜びの情動を任意に選び出しておきます。

恐れについて

恐れの反応を決めるものは、必ずしもその喚起反応自体ではなく、むしろ、この情動が関連しているものが示される方法です。例えば、子どもが危険なことをしようとしている時に、"そんな仕方では首が折れるかも知れないよ、"と言われれば、恐れの反応が生ずるかも知れません。そこで、子ども達と対処するには、積極的で好ましい助言をするのが望ましいと思われます。

3章 子どもの情動について | 37

　子どもは引き下がることで恐れに反応するかも知れません。幼い子ど
も達でしたら、泣いたり、息を殺したりして反応するかも知れません。
３歳以下かそれより少し年上の子ども達は、"ダチョウ"の振り（註ダチョ
ウは危険が迫ると砂の中に頭を隠すと言われます）のような仕草（註頭隠して尻
隠さず）をするかも知れません。子どもは恐れの源から逃げるのに、自
分の顔を恐れの対象から隠すようにするかも知れません。子どもが大き
くなるにつれて、社会的な圧力が少しずつ掛かるようになり、これらの
反応は弱くなるか、なくなります。例えば、泣くことは"女女しい行為"
だとみなされるようになります。特に男の子達の間では、そのようにみ
なされがちです。（このような考え方は、一般に当然だと思われていま
す。）

　ある最近の研究報告によれば、泣くことは、子どもの正常な情動の発
達の流れの中で生ずるものだとされ、泣くことについては反対もなく、
特別の場合は除き、正常な発達だと認められています[1]。（註子ども達は、
情動の発達の過程では、恐れの対象に直面すれば泣くのです。）

　フィアー（**fear**：註恐れる）という用語は古い英語の**ファー**（**fir**：註危
険）に由来しているのですが、独語で脅威や差し迫った危険を意味する
ファール（**fahr**）にもともと発している言葉と言えます。現代の社会で
は、恐れは、現在の差し迫った脅威や危険で引き起こされている不安と
いうように考えられることも多いようです。

　恐れは、一般的には、現在、その時に、本来の脅威に対する正常な反
応であり、特異的な反応である、と定義されています。恐れという情動
的な反応は、その対象、その場その時で、特定されているということ
で、一般的ではなく特殊であり、特異的という言葉が使われています。

　不安は、特殊的あるいは現実的な危険である対象がない情動的な反応
で、漠然とした意味の脅威に対する、一層一般化している反応だ、と通
常みなされています。しかし、この用語はしばしば大雑把に用いられて
おり、恐れと、交互に替えて使用されることが少なくありません。物事

を恐れたり、懸念したりしている時には、人は、外界ではっきりと分かる行動、主観的な感情（思考を含んでいます）、それに生理的な活動で不快な情動を示すというように、情動的な反応をいろいろ変化させる経験をしています。

　恐れは、大勢の人を前にして話をする、あるいは注射を受けるような、特定の状況や対象に対する否定的な情動の反応である点で、不安とは異なります。不安は、長引く傾向があり、特定の環境上の要因と関連付けることがむずかしい情動なのです。恐れと不安は、喚起する感情で似ています。急速な心拍、発汗、震えや失神、筋肉の緊張、排泄感それに恐怖感——退く・恐れる情動の機制である点で似ているのです。すべての人が、これらの恐れの徴候のすべてを経験する訳ではありませんが、大抵の人が、これらの何らかの情動を経験しています。

　恐れは、多くの子ども達の間で、特に早い時期の子どもの時代で一般的に見られる情動です。イヌや暗やみ、登校を恐れるのは、その例です。子どもの時代には、恐れについてときには説明できないように思われますが、子ども達の恐れに対する感受性には、はっきりした個人差があります。

　しかし、子どもは、大人との同一視を介して、また、恐れる行動を示す大人を単に観察するだけで、大人が恐れることを学ぶ傾向を見せる、ということが明らかにされています。例えば、暴風雨に見舞われた時に、大人が恐れる姿を見た子どもは、大人と似たような恐れや恐れの型を身に付けやすいのです。他方、子どもの時代の多くの恐れは、子どもが出来事を、直接に触れるあるいは経験する時（例えば、イヌに吠えつかれたりする時）に働きます。ある対象や出来事に対して、親が必ずしも恐れることがなくても、警告をする（例えば、"知らない人には気を付けなさい"、"危ないから火の側から離れるのよ"）だけで、子ども達に、情動の発達に応じた恐れを生み出すのです。

　子どもが恐れを見せても、大人に本気で受け止められない場合が少な

くないこともあります。それは、子どもの恐れの反応は、やがては消える、あるいは消え去るという考えを、大人達の中には持っている人がいるからです。しかし、そのような場合はいつでもではありません。適切な対処をしなければ、多くの恐れが尾を引いて、大人の時代にまで残ってしまうものなのです。

心配について

　心配は、想像の形を取った恐れとも考えられています。子どもの環境から直接に喚起されません。心配はこの情動的な反応の発生し得る状況を想像することで生じます。子どもは、ある活動をすることができないと心配するのです。心配は、現実の状況よりも、むしろ想像上の状況で生じやすい情動的な反応ですから、非常に幼い子ども達の間には広く見られるものではありません。その理由は、恐らく、子ども達が、心配の原因となる何らかの物事を想像できるまでに、知的な発達の段階で達していないことによるのだと言えましょう。子ども達は、いろいろな方法で心配の状況に反応するのですが、爪かみのようなある種の兆候は、このような状況における症候なのです。

怒りについて

　怒りは、恐れより多く生ずる傾向がありますが、それは怒りを起こさせる状況が、恐らく多いからでしょう。子ども達の中には、怒れば人の注目を得る上で役立つことを、早い時期から学んでいる者もいることも、子どもの怒りが、早期から認められるのが少なくない理由の一つです。一方、子ども達は加齢につれて、恐れの反応より怒りの反応を多く示すようになりますが、それは、恐れる対象があまり多くない状況が分かるようになるからです。

　怒りの原因には多くの要因がありますが、そのうちの一つとして、子どもがしたい運動を妨げられることが上げられます。このような妨害

は、他の人によることがありますが、子ども自身の能力に限界がある場合や身体的な発達が不十分な場合にもあります。

　子ども達には個人差がありますから、怒りの反応の実際はさまざまです。すでに述べてあるように、これらの反応は触発されたり抑えられたりします。触発される反応では、子どもは、怒りの原因となっている他の人や事物に対し、外部から実際に見た目に分かる活動を示します。例えば、ドアに衝突した子どもが、ドアを蹴ったり、打ったりして、怒りを発散します。（このような子どもじみた行動を示す"大人達"も中にはいます。）抑えられる反応は、制御を保たれやすい反応で、子ども達は情動的に成熟するにつれ、自分の怒りを制御する力をだんだん身に付けて来ます。

　人が怒りを発散させたり抑制することについては、いくつかの考え方があります。近年の研究に拠れば、怒りをあからさまに表現することは、ストレスを解決するのに必ずしも最も健康な方法ではない、ということになります[2]。

怒りと攻撃について

　怒りは、攻撃と密接に関連していますから、行動における攻撃の側面についても述べておくのも重要です。攻撃は文字通り"攻め立てる"ことを意味します。攻撃は通常は怒りにより引き起こされ、敵意のある活動を生み出します。このように、怒りは攻撃により外部に示される情動の型です。

　近年になり、子どもの時代の怒りに関する研究に努力が重ねられてきています。——怒りの原因、怒りの学ばれ方、怒りを制御する方法についての研究です。これらの研究結果から一般化できる視点を、次に上げておきます。

1. **攻撃を褒められている子どもは、攻撃は人を懲らしめるということを学ぶ。**

　このように一般化することは、大人が子どもの成し遂げたことを褒める範囲と関連しています。大人は、物事での成功が、技術や能力よりも攻撃的な行動（広い意味での）によるものであるか否かを速やかに決めなければなりません。ここで重要な点は、攻撃的な行動の範囲です。確かに、大人は、子どもが物事に熱中し過ぎることを抑えなければなりません。しかし、子どものある行為が、真の熱中・専心に基づくものなのか、望ましくない攻撃的な行動によるものであるかを決めるのは、時にはむずかしいのです。

2. **建設的な活動をしている子どもは、攻撃的な行動をあまりしない。**

　学校場面では、授業がよく計画されてあれば、時間が建設な学習活動にうまく使われており、期待される学習が生ずると、いうことを意味しています。

3. **物事を選ぶことができる反応を備えている子どもは、自分の欲しいものを得るのに攻撃に頼ることは少ない。**

　これは、本質的に大人－子どもの関係に関連しています。学校という環境には、一般に集団的な状況が含まれていますが、多くは、教師と子どもの間に一対一の人間関係が生じやすいものです。この状況は、もし、親が一対一の人間関係に時間を用いようとすれば、家庭の環境にも学校の環境と似た状況が生まれます。そうであれば、ある状況で生ずることが期待される行動について、大人が子どもに語る機会が得られます。

　例えば、ボールのようなものを**欲しいと思っている**子どもは、協力をして貰いやすくなります。**ボールを手に掴んでいる**子どもは、他の子どもに攻撃を引き起こしやすくなります。このように、教師が子どものボールが欲しいという気持ちを、ボールを与えることで

強化をすれば、子どもは、人間関係の上での問題を解決するのに、非攻撃的な手立てを使うことができるようになります。

　大人が、子どもに攻撃が生ずる前に、その攻撃的な状況に介在するのは望ましいと思われます。例えば、葛藤を解決するのに、非攻撃的な方法を用いるように子どもを促すことが上げられます。言葉による反応を選ぶよう、子どもに働きかけることもできます。"今は一緒に遊んでいるんだから、少し待っててね"とか"相手とやりとり交替できるから"が、その例です。

4．**子どもは、好む行動をまねる。子どもは、しばしば、大人の行動を取り入れる。**

　子ども達の中には、ときには親であることもありますが、他の大人よりもむしろ教師の行動を自分の模範としまねしやすいものです。多くの子どもは、自分達の教師に喜んで貰いたいと願っています。そのために物事に力を注ぎます。勿論、教師が、子ども達に対し非攻撃的な行動を取るならば、それはとても望ましいことです。

5．**協力的な行動は攻撃的な行動と両立しない。**

　これは、大人は、すべての協力的な行動に注目し強化すべきだ、ということを意味しています。協力的な行動を一貫して強化されている子ども達は、他の人と協力的に関わり合うとする気持ちを強める一方で、同時に攻撃的な行動に出ることを少なくします。

　攻撃的な行動と**自己主張的な**行動の違いを明らかにしておくのも重要です。自己主張的な行動は、近年非常に注目を浴びるようになってきているといっても、それは間違いではありません。自己主張性は、生活の中で基本的な役割を担っています。私達はすべて、大人も子どもも、能力を発揮する場合独立独行と自信を求めています。このような要求は、他の人にあまり依存し過ぎることなく、自分の個人的な目標を追求するような方法で、社会的に受け入れられるように自分自身を主張すること

でもあります。確かに、人は攻撃的でなくても自己主張的であることもできるのです。

嫉妬について

嫉妬は、子どもが愛情を失うのではないかと恐れを感じている時に生じます。多くの心理学者達は、嫉妬は怒りに強く関連しているものと考えています。嫉妬は、子どもの時代には広く見られやすい情動です。それを避けようとする努力は大切です。

嫉妬は、子どもが好いている人や愛着の気持ちを寄せている人に対して生ずる社会的な相互作用に関連しています。そのような人達は、親、きょうだい、教師、友達です。子どもは、これらの人達との対人関係が脅かされていると思う時には、さまざまな方法で嫉妬の反応をします。

（1）子どもが、攻撃的な気持を向けていることを介して、他の人達に嫉妬の気持を抱いている時、（2）子どもが愛情を抱いている人が自分から遠のき、愛情が失われていくと思う時、（3）"自分は知らないことだから" という冷やかな態度が生まれてくる時、そのような時には、嫉

3月の誕生花　アイスランドポピー
花言葉　やすらぎ

妬の情動が生まれています。

　子どもによっては、これらの反応は示されません。自分が、嫉妬している人より優れようとしたり、自分が抱いていた愛情が失なわれたと、人に自分を印象付けようとします。

喜びについて

　喜びという好ましい情動は、子どもが情動的に安定している状態を維持する上で重要です。喜びの原因は、子どもの年齢水準によって異なります。同じ年齢水準にあっても、各個の子どもによって異なる場合もあります。

　喜びは、大抵は笑いや微笑みで示されます。リラクセーションの状態を伴って、喜びの反応が示される場合がありますが、それ以外に外部からはっきり分かるようには、ほとんど示されない場合もあるのです。それでも、不快の情動が原因で生ずる身体的な緊張と比べると、分かるかも知れません。

情動性に影響する要因

　子どもの情動が適切に制御され、情動的に成熟してきていることが認められる時には、子どもは情動の成熟水準なりにふさわしい状態にあるものと考えられます。このように、情動が、子ども相応に日常の生活で適合していることは、子どもの時代における情動性に影響しているいくつかの要因に左右されています。これらの要因のいくつかを、次に挙げておきます。

1．疲労

　　疲れている子ども達は、怒りっぽくなります。そこで、予め計画してある休息や果物のジュースを飲む時間など、疲労を防ぎ、回復

を図るために、その場の状況にふさわしい手筈が取られます。いくつかの研究では、空腹になっている子ども達は怒りを爆発させたりしています。

2．不健康

かぜのように、健康を一時的に害している時には、子ども達は苛立つようになります。いくつかの研究によれば、身体が健康な子ども達の間では、情動の激発は少ないようです。

3．知能

従来の研究によれば、一般的に、知能の低い子ども達は、知能水準が高い子ども達よりも情動の制御ができていないようです。計算の側面で知能が優れている子どもは、欲求不満になりにくいようです。その反対の場合も認められますが、理由は、知能のよい子ども達は、情動が喚起されるような状況を捉える上で、知能が劣っている子ども達よりも適切であるからです。

4．社会的な環境

争いがあり不満がしばしば体験されるような社会的な環境では、子ども達は、不快な情動的状況に晒されます。同様に、学校の授業計画が、厳しく多重に傾き、過剰に偏向すると、子ども達の間に好ましくない情動的な興奮が生まれます。

5．家族関係

子どもの時代の情動性に影響する家族関係には、実に多様な状況がありますが、まとめてみると、（1）親による無視、（2）親による過剰な心配、（3）親による過剰な保護、の三つの状況があります。

6．要求水準

情動的に不安定になる状況は、親の子どもに対する期待が、子どもの能力を上回る時に生じやすいものです。また、一般的に、自分自身の能力の限界に気付いていない子ども達は、物事をなすに際し

て、自分には高過ぎる達成目標を掲げやすいため、失敗を多く重ね、将来に対し失望することにもなります。

　これらの要因は、すべて、子どもの時代の情動性に好ましくない影響を与え、情動的なストレスを生み出します。したがって、これらの要因の好ましくない側面を除いたり、制御に努めることは、保育・教育上とても大切です。

子どもの情動的な要求

　情動の適切性（健康であること）を構成している特定の要素を区別することはむずかしい課題です。実は、そのように区別できる明確な要素はないのです。そこで、子ども達が、自己の情動の適切性を満足できるレベルで保つのを、大人として助けるためには、別の観点に目を向ける必要があります。情動の成熟と適切性については、いくつかの情動の特徴で述べることができます。子ども達の要求には、これらの特徴が現われているのです。

　5歳から12歳までの年齢水準における、多くの情動の特徴を区別してみると、以下に示すような項目にまとまります。これらの項目は、最近の文献に見られる多くの資料を分析して、述べられているものです。これらの特徴は、いわゆる“正常な”子どもの行動を示しています。

　したがって、ある子どもの行動がこれらの特徴と一致しないからといって、その子どもが基準からかなり逸脱していることを意味しているとは言えません。子どもは、自分自身の速さで成長していますし、これらの特徴は、各年齢水準で重なって生じてきているものなのです。

５歳から12歳までの子どもの情動の特徴

５歳児について

　５歳児の情動の特徴には、次のような項目が挙げられます。

・年下のきょうだいに対してあまり嫉妬の気持ちを示さない。
・何か物事をする時、一つの方法だけを取るのが普通。
・一つの質問に対して一つの回答だけをするのが普通。
・活動をしている中頃でその計画を変えるよりも、また始めから始める。
・母親を奪われることを恐れている。
・何らかの性格特性を明確に示す。
・友達と仲良くしていくことを学ぶが、依然としてけんかのような攻撃に訴える。
・何か用足しをして信じてもらうことを好む。
・簡単な課題をすることを喜ぶ。
・人を喜ばせたい、人に期待されていることをしたい、と思うようになる。
・特定の場面で、良いことと良くないことを区別し捉える能力が伸びてくる。

６歳児について

　６歳児の情動の特徴には、次のような項目が挙げられます。

・落ち着きがなく、物事を決めるのがむずかしいことが分かる。
・ときには制御するのがむずかしい怒りの情動の型を示す。
・しばしば、爆発的で思いもかけない行動の型を示す。
・ときには、きょうだいを妬み、ときには、きょうだいに対しプライ

ドを見せたがる。
・目新しいことに非常に興奮する。
・物事のやり方を変えることに過敏になり、影響を受けやすい行動を見せる。
・内部では動機付けられ、外部では刺激される。
・自己主張的になる。
・オーバーな行動を示す。

7歳児について

7歳児の情動の特徴には、次のような項目が挙げられます。

・物事に、好奇心を抱き、創造的な気持ちで取り組む。
・大人の批判を受け入れるのがむずかしいことに気付く。
・もっと独り立ちしたいと思う。
・新しい経験を求め、より拡大している世界に関わって物事をしようとする。
・親や教師が設けている目標に近づくことを、過剰に気にする。
・自己に批判的であり、失敗することに過敏になる。
・怒りの情動の型が、一層よく制御されるようになる。
・6歳より上の年齢になると、衝動的で乱暴な活動は徐々に減ってくる。

8歳児について

8歳児の情動の特徴には、次のような項目が挙げられます。

・大人から批判されることを嫌う。
・自分自身が属する集団では、批判をしたり受けたりすることができる。

・敵対者が生ずるようになる。
・子どもとして扱われることを嫌う。
・ユーモアの感覚が分かる。
・他者を批判する様子を見せる。
・物事に、より一層現実的になる。
・物事を自分自身で見つけたがる。

9歳児について

9歳児の情動の特徴には、次のような項目が挙げられます。

・本当は好きな人に対してでも、自分が知っている人に向かってでも、ときには、遠慮なく物事を言い、批判する。
・大人の仕方で個人として扱い、近づいてくる大人を、最もよく好むようになる。
・課題をすることを承認されるのを好み、当然と思われる賞賛に良く反応する。
・自分が関わることが公けに承認されることを恥かしがり、私的に褒められることを好む。
・他者に対する忠誠心と同情心が成長してくる。
・物事が、公平に扱われれば、批判されても罰せられてもそれほど気にしないが、もし不公平に扱われると憤慨する。
・自分の危険や安全に対し尊大になり、変化に富む活動に対し関心が強まる。

10歳児について

10歳児の情動の特徴には、次のような項目が挙げられます。

・大人の支配的な態度・行動に対し、反抗する傾向が強まる。

・親しい人に対し、忠誠心を抱き英雄崇拝もできる。また、それと同様なことを学校の友達の場合にもできる。
・クラブの中でも、集団に対する忠誠心を抱くことができるようになる。
・集団のメンバーとして集団の秘密を守ることから生まれる、連帯意識の感覚を大事にする。
・異性を理解する、異性に共感する気持ちが、しだいに薄れ欠けてくる傾向を示す。
・異性が示す行動や異性への関心事とは異なる、別の行動や関心事に向かう気持ちが強まってくる。

11歳児について

11歳児の情動の特徴には、次のような項目が挙げられます。

・集団で遊ぶゲームやゲームの技術が十分でないと、引きこもりがちになる。
・自分がなべて十分発達していないと感じている時、男児だとそれを気にする。
・物事に無関心、非協力的な傾向が現われてくる。
・気分が変わりやすい。
・成長したいと望みながら、子どもの時代の安定感が失われるかも知れないと恐れている。
・自らの方向決定をする態度や仕事に対し厳しい態度を取る傾向が発達している。
・安全だという感情を認めて欲しい要求が高まってくる。
・自分自身の重要性を考える気持ちが発達している。

12歳児について

　12歳児の情動の特徴には、次のような項目が挙げられます。

・真の道徳性（意識と行動の両側面）が発達している。
・現実と因果関係を明確に理解している。
・性的な成熟の過程にあり、身体の構造の成熟も生じ、生理的な変化が起きており、情動的な問題に悩み、精神的に混乱する。
・髪の手入れをうまくする、あるいは無視することを学び、各個人の容貌が大きな葛藤の源となる。
・批判されたり、他の人が犯した罪の身代りにされたりすると、心が傷付きやすい。
・子どもと大人の間に（心の）調和した関係が欠けると、不適応になりやすい。

　上に述べた各年齢児別の情動の特徴は、異なる年齢水準の子ども達に認められる情動の要求のいくつかを反映しています。子ども達の要求に適確に対応するには、これらの情動の特徴（特質）を十分に考慮します。

子どもの情動の発達に対するガイドライン

　子ども達の情動の発達を支援する仕事が適切にできるかどうかについて考えるに当たり、何らかのガイドラインを設けておくのが大切です。できる限り、科学的な研究に基づいて最善な情動の発達を促すためです。このガイドラインは、**情動の発達に関する考え方**として適切だと思われる形式を示しています。このようなアプローチの仕方を情動の発達に対して取れば、子ども達がいかに成長して情動の発達を遂げていくかを考える上で、大いに得るところがあります。下に挙げた情動の発達に

関する基本的な考え方は、このような視点に沿うものです。

1. **情動的な反応は、行動が目標の達成に向けて促されるか妨げられるかで生ずる。**

    大人は、すべての子どもの経験がうまくいくよう促すために大変努力しているものです。学校場面では、子どもが目標達成を目指しいろいろな努力をする中で、子どもの経験の状況、個人差に応じ、大人が子どもの学習を促すために努力します。学校や家庭の場面では、子どもは、何らかの積極的で役に立つ貢献をしたことによりそれぞれ個人的な価値観を見出しているのです。

2. **自己実現の経験は建設的でなければならない。**

    子どもの自己実現の場となる創造的な経験をする機会は、子どもの環境に本来備わっている固有なものでなければなりません。学校場面では、子どもの経験する活動すべてで、子どもの要求が考慮され、その結果、建設的な経験がなされるよう、教師と子ども達とはよく話し合うことが大切です。

3. **情動的な反応は、子どもの自覚意識が高まり、過去を想い起こし未来を予想する能力が強まるにつれ増す。**

    子ども達は、褒められる言葉とともに、過去に体験したよい情動的な経験を想い出すことができます。それは、将来の似た状況で、そのようなよい反応を繰り返すことにつながります。

4. **子どもは、発達するにつれ、情動的な反応の激しさを減らし、物事がよく見えるようになってくる。**

    学校における経験がよく計画されており、家庭での活動が健康であると、子どもに攻撃的な行動が生じても、社会的に受け入れられる仕方になります。

5. **子どもは、物事で進むか退くかの経験のバランスを取りながら、建設的な反応か破壊的な反応をするという、通常の予想を越え情動**

的な反応が増す傾向を示す。

　ある子ども達の場合には、生活上の問題に直面できるために欠かすことができない自信が、身体的な表現を介し生じます。したがって、家庭を取り巻く環境の中でしっかり遊ぶとか、学校で適切な体育のプログラム（体育課程）に恵まれた運動をするような経験には、情動の全体的な発達のしっかりした基礎となる上で貢献する可能性が非常に多く潜在しているのです。

6．**子ども自身の感情は、いくつかの要因により、その子どもに受け入れられたり拒まれたりする。**

　よい環境における経験は、子どもによい感情を生み、子ども自身に自信の気持ちを湧かせます。物事に満足できるという自己概念を持てば、それは身体の制御に密接に関連します。したがって、ある程度運動が自由にできる経験を子どもにさせる配慮は、とても重要です。

さまざまな環境における情動の発達のための機会

　家庭、学校、キャンプその他の環境には、情動の安定を生み出す可能性があります。このような可能性が実際に現実となる範囲には、子どもを巡る環境の要因でも、重要な大人から生み出される情動の雰囲気が大きな意味を持っています。

　次に、このような情動の雰囲気に関わる機会のいくつかを述べておきます。これらの機会は、単に機械的に生まれてくるものではありません。大人が、そのような状況を、子どもの成長に役立つ現実にするには、そのために一貫して努めることが不可欠です。

1．**子どもが、社会的に受け入れられる仕方で攻撃するように促す。**

このような攻撃は、子ども達を一層安全で情動的に安定させることができる体育課程のような学校活動で、典型的に見られます。例えば、蹴球でボールを蹴ること、ソフトボールでボールを打つなどは、攻撃情動を健康に解放する、社会的に受容される方法です。家庭環境では、親が、子ども達に何らかのリクレーションやその他の積極的な活動ができる機会を与えている場合があります。

2．**好ましくない情動で直接に反応することを禁止する。**

これは、恐れや怒りのようなよくない情動と関わりのある感情は完全に抑制すべきだということを必ずしも意味していません。反対に、このような感情は、精神が健康な状況では、それほど多く体験されるものではない、と理解すべきでしょう。情動の緊張は抑えて悪化させるよりは、解放させる機会を与えるのがよい、ということを意味しています。

3．**よい情動を助長する。**

恐らく、よくない情動を抑えることには、関心が過剰なほど向けられ、よい情動を進んで表すことには、あまり注意が払われていないのが実情でしょう。すべての子ども達に、それぞれの課題で成功できるような活動範囲があり、その範囲で実際に活動できる環境を大切にします。子ども達には、そのような環境で、少なくとも二、三度は課題に成功できる機会があるのが望ましいでしょう。

4．**自分の能力と限界をよく知っておく。**

すべての子ども達が、成功する機会が広い活動の範囲にわたっているのが望ましいことは、これまでに述べてきています。学校場面では、子ども達の能力の個人差に応じて学びに挑む機会がありますから、それは、子ども達自身のスキルと能力の限界内で進歩することができることを意味しています。

5．**他者の能力や業績を理解する。**

　集団の中における各個人の働きに沿いつつ、その集団の業績をしっかり認めます。大抵の状況で、チームプレイや集団としての努力が重要視されます。

6．**不当に批判されることなく、間違いができる。**

　学校場面では、試行錯誤（註とにかく、躊躇をせずに試みてみる）という考え方をしたり、子ども達が理解できるように、教師が実際に行動してみることも必要です。ここでは、まず**試みる**ということ、自分自身の間違いからだけではなく他者の間違いからも学ぶことができるということを強調しておきます。同じような仕方が家庭という状況でも用いることができます。

　上に示したような課題では、子どもの特定の環境における情動の発達に役立つと思われる数多くの機会のうち、二、三の例を上げています。物事にやり手であり創造的な成人なら、これらの例を大きく拡げて活用していくことができます。

情動の発達に対する環境の影響の評価

　ここで本質的に重要なことは、情動の発達に対して、特定の環境が貢献する程度を、大人がいかに妥当に評価するか、という点になります。これは、経験が情動の成熟にどのように関わっているかという視点から、大人が、経験を評価するために、何らかのことを試みてみる、ということを意味しています。

　その一つの方法を取り上げると、さまざまな環境で、情動が発達するための機会を検討してみることです。このような機会は、一定の評定尺度で捉えられてきています。環境におけるどのような経験が情動の発達

に役立っているかを測定する尺度ですが、大人が測定し活用しています
（57頁の註を参考にして下さい）。

  1．社会的に受け入れられる方法で攻撃する経験を
     4　いつでも　している
     3　ときどき　している
     2　ときたま　している
     1　たまに　している

  2．よくない情動で直接に反応することを禁止される経験を
     4　いつでも　している
     3　ときどき　している
     2　ときたま　している
     1　たまに　している

  3．よい情動を一層よく表現する経験を
     4　いつでも　している
     3　ときどき　している
     2　ときたま　している
     1　たまに　している

  4．自分の能力やその限界を知る経験を
     4　いつでも　している
     3　ときどき　している
     2　ときたま　している
     1　たまに　している

  5．他者の能力や業績を理解する経験を
     4　いつでも　している
     3　ときどき　している
     2　ときたま　している
     1　たまに　している

3章　子どもの情動について　｜　57

6．不当に批判されることなく間違いをする経験を
　　4　いつでも　している
　　3　ときどき　している
　　2　ときたま　している
　　1　たまに　　している

註原著には、この情動成熟度を測定評価する質問紙に対する回答例の結果に
　つき、採点方法に関して具体に記載されていませんので、訳者の方で仮り
　の処理方法を述べておきますから参考にして下さい。

　　各質問項目内の選択肢4個から1個ずつ選び、選択肢前の数値に"✓"印
をつけます。この場合、つけ落しのないように注意して下さい。選択肢の
得点は"✓"をつけた数値になります。このような採点法を用いますと、こ
の情動成熟度質問紙における最高点は4点×6＝24点、最低点は1点×6
＝6点となります。強制選択法を採用していますから無回答の場合はあり
ません。
　　例えば、ある子どもについての回答結果が、1の質問で3、2の質問で
3、3の質問で4、4の質問で2、5の質問で3、6の質問で2であった
とすると、この子どもの情動成熟度は次のように採点されます。
　　3（1の質問）＋3（2の質問）＋4（3の質問）＋2（4の質問）＋3
（5の質問）＋2（6の質問）＝17
　　この17点は本尺度評価点の最高点24点の70.8パーセントに相当すること
になります。（17÷24×100÷70.8）。

　これらの評定を客観的にかつ入念に使えば、かなりよい評価方法が得
られます。評定は、子どもの情動の成熟度に積極的な変化が生じている
か否かを定期的に調べるのに用いられます。この評定は、子どもの情動
の成熟に影響する経験の働きを、単一の経験、集団としての経験、経験

全体として測定できます。この方法を用いますと、子どもの情動の発達に役立っている経験の程度、あるいはそのような経験が生じている状況が、情動の発達に貢献している具合を明らかにする上で役に立ちます。

子どもの情動についての大人の観察

　不健康な情動を**常**に示すような特性を特定するのはむずかしく思われます。事実、そのような特性は、大抵の普通の人で、時折観察されるぐらいです。例えば、白昼夢は引きこもりの行動の兆候として通常みなされています。しかし、普通の子ども達はみな白日夢を見ますし、退屈、情動的なストレスのようないろいろな要因により、普通、白昼夢を解釈することが多くなります。推測では、子ども達が白昼夢をしていたため学校で叱られることは、不運にも一度ならずともあるものと思われます。白昼夢は願望を充足させる楽しい活動だと考えれば、子ども達が、学校生活で経験した心配や悩みから自分自身を解放するために行う、黙想の形式ともみなせるのです。

　情動行動を情動の発達が貧しい証拠だとして観察する際には、持続する極端な特性として捉える必要があります。例えば、たまに見る白昼夢というより、習慣的になっていると思われる白日夢は、現実から退こうとする情動傾向を示しているものと考えられます。大人に対する習慣的な反抗、残忍性、極端な興奮については、その原因を見つけるため、専門家が十分調べる必要があることを示しているのです。これらの行動に関わる個々のエピソードは、注目に価するかも知れませんが、行動障害の症候であるとは限りません。

　次に上げてある項目は、心理的な問題と関連していることもある行動につき、いくつかを含んでいます。

- 引きこもりがち、内気、引きこもり、臆病
- 恐怖心、強い不安
- 緊張、興奮性、情動の抑制の欠如
- 楽しみを極端に求める要求
- 自信の欠如と"自分にはできない"という態度
- 自分自身の誤りの責任を取ることができない
- 悲しみと抑うつの感情
- 疑い深い
- 他者に適応する要求の回避
- 集団への適応、特に遊びへの適応ができない
- 爪かみ、チック、指しゃぶり
- 敵対的、攻撃的行動
- 破壊性
- 残忍性
- かんしゃく
- 無責任
- 見せたがりと他者の注意を引く行動
- うそをつく　欺く　盗む
- セックスに耽ける
- 身体的、精神的な可能性を保つ進歩に失敗する

　勿論、これらの症候の持続性と厳しさは、個々の場合に応じ評価されます。大人の時代の情動的な状態の多くは、子どもの時代に端を発しています。情動的で不健康な状態が早期に潜在し始め、後の大人の生活で最も激しい状態になるかも知れません。したがって、子どもの時代の情動的な逸脱に対して、大人が敏感であるように努め、早期の子ども達に対しふさわしい対応に心がけることが大切です。

3月の誕生花　ハマカンザシ
花言葉　共感

4章

子ども自身の理解を助ける

　子ども達は、発達の過程で絶間のない課題や要求に直面しています。子ども達がこれらの課題と要求に適応するのを助けることは、子ども達と関わる大人の責任です。

　自分自身を**知り**たい要求から、高校や大学時代の多くの男女の間に感傷の気分が生まれています。このような加齢に伴う情動の変化から、"成長する"年頃の最も重要な側面は、子ども達が自分自身を理解するようになってくるからだ、という考え方が強く主張されることにもなっています。

　また、このように言えるのは、大人が、成長してきている子ども達に関しての、大人自身の知識を改めることができるからなのです。恐らく、ここでより一層重要なところは、大人が、現に成長している子ども達に関する知識を、情動の望ましい発達に応ずるよう活用するだけの心の備えをしておかなければならないことです。本章の主要な論点はここにあります。

　以後、話を進める上で、分かりやすい段階を踏むことが大切ですが、そのためには、"子ども達にストレスを生む**自己関心**"（註この関心の意味には、文脈上、気配り・懸念のニュアンスがあります。62～63頁についても同様です）につき、適切に考えておかなければなりません。私は、かなり広汎にわたり子どもに関する研究を行って来ました。その結果、子ども達に関心を抱かせ、それが子ども達にストレスの多い状況を生み出すような、多くの要因があることが明らかになりました。下に挙げましたいくつかの項目は、読者の皆さんに、子ども達が抱くようになる関心をよく知っていただき、子ども達が自分自身を理解するのを援助する上で役に

立てていただくことを期待して示したものです。

1. **自己関心は個人の目標を達成することに関連している。**

　　大人が、子どもが達成するのにむずかし過ぎる目標を設けると、ストレスが生じます。例えば、特定の家庭や学校環境で、子どもに達成を試みさせる目標が高過ぎる場合があります。その反対に、目標が低過ぎる時は、子どもは、自分自身でしなくてはならないことをしていないという感情を抱くようになります。この側面のストレスも、子ども達の中では、自分が自分の生活の目標に合わなくなるのではないかという恐れる気持ちに関連している場合もあります。このようなことは、人生の早期でも時々起こります。

2. **自己関心は自尊感情を含んでいる。**

　　自己関心は、子どもが自分自身について感ずる方法を含んでいます。自尊感情は、いくつかの自我要求の達成・満足に関連しています。子ども達の中には、現在の社会では物事に成功するのに十分な機会がない、と感ずる者もいます。この事情は、恐らく、社会経済的に低い環境で生活している子ども達によく当てはまるでしょう。さらに、自分で仕事がよくできたと思っていることを、大人に褒められない時に、悩む子ども達がいることを挙げておきます。

3. **自己関心は価値が変化することに関連している。**

　　子ども達の場合、大人により自分に課せられる価値システムがよく理解できず、そのために欲求不満が生じます。子ども達は、発達のいろいろな段階で、個々に自分が重要だとしている価値の要因でも、大人がそのようにみなさない、というような感情を抱くようになります。

4. **自己関心は社会的な標準を中心に巡っている。**

　　子ども達の中には、異なる発達のレベルで求められる社会的な標準に違いがあることに気持ちが混乱するようになる者がいます。あ

る年齢水準で社会的に受け入れられる行動が、別の年齢水準では必ずしも適切だとされないことを理解するのがむずかしいと、子ども達に思われることが、時には生じます。

5. **自己関心は個人的なコンピテンスと能力を含んでいる。**

　子ども達の欲求がよく満たせないことがあっても、それが納得できる時には、自己関心は健全なものとなります。自分の能力に自信が欠けると、子どもの志気は挫折します。そこで、多くの子ども達は、自分の能力にしだいに関心を強めるようになるか、自分の能力に関心が欠けるか、親の期待に沿うよう学力を高めるための問題に対処するようになります。

6. **自分自身の特性や特徴に関する自己関心を持つ。**

　子ども達は、いわゆる普通の（平均的な）子どもと異なっているところに関心を抱きます。ここには**相互有用性**という社会的な要求が含まれています。子ども達は、遊び友達と同じように成熟したいのです。

　子どもが、ある種の特性や特徴で他者よりも極端に逸脱している時には、それはストレスを導く厳しい要因となり得ます。特別な例として、極端に体重が重い子どもの場合があります。小児精神科医学者の中には、肥満児は肥り過ぎの大人になりやすく、肥り過ぎという情動的なストレスには大人よりも傷付きやすい、と考えている人達もいます。

　いくつかの研究では、肥満児は、学校では成績が低くなりやすく、教師に差別扱いされ、ソーシャルスキルが劣っていることが明らかにされています。

　ここに取り上げた子どもの自己関心のすべてが、すべての子ども達に見られる特徴ではありません。それは、子ども達の間にいろいろ個人差があるからです。ある子どもには厳しい自己関心であっても、他の子ど

もにはそれほどでもない自己関心である場合もあるのです。

　ここに挙げた自己関心の側面は、これまでの研究で明らかにされてき
ている事実だという限界がありますが、大人が子どもに関わる場合にガ
イドラインとして役に立ちます。

子どもの発達を理解する

　乳児が腹這いで進むことから膝をつき腕を立てて進むという具合に移
動運動で進歩する時のように、子どもの発達は、徐々にレベルを高め働
くようになっていく子ども達の能力における変化と関連しています。こ
のような移動運動では、次に歩行する発達段階が続きます。子どもは、
直立した姿勢を取り、一方の足をもう一方の足の前に交互して置くこと
により、前方に向かって歩き始めます。

　子どもの発達に関するいくつかの主な理論には、それぞれの理論を後
継する人達がいます。私は、各々の理論のさまざまな側面が、発達して
いく時期に生きている子ども達を指導する責任を担っている大人に役立
つ、という立場を取っています。私が本書で目的としているところは、
さまざまな理論につき、教育と臨床を踏まえ標準的な視点でまとめ、現
実の子ども達への対処で適用できる、有益な情報を提供することです。

　子どもの発達に関しては、ある一定の理論またはそれらの理論を組み
合わせた考え方はありますが、実際の子ども達はすべて、時を置いて、
少なくとも何らかの種類のストレスを経験しているのです。多くの子ど
も達は、成長と発達の過程で生ずる並みよりも強いストレスに必ず対処
しなければならない訳ではありません。しかし、子ども達の中には、親
の離婚、入院、家族の死のような厳しいライフイベントストレッサーを
負わなければならない者もいるのです。

　一般に、子ども達は、ストレスに対処する能力により三つのグループ

に区分されます。最初のグループに属する子ども達は、ストレスにきわめてうまく対処するように思われます。ストレスからの回復も早く、日々の経験の中にストレスの多い経験をうまく組み入れることができます。自分自身にかなり自信があり、ストレスの多い状況に当面した時には、適切に対処し、自尊感情を高める傾向を示します。ついでながら、これらの子ども達は、ストレスをうまく処理できる大人とよく関わり合っています。

　もう一つのグループに属する子ども達は、ある程度まではストレスに対処できますが、いつも円滑にストレスの処理ができる訳ではなく、ストレスに対してはいろいろ気を遣わなければなりません。ストレスに対処する能力を改善させるにつれ、自尊感情を高めて行きます。しかし、“特別に優れたストレス対処者”として区分されるほどの高さのレベルで、ストレスに対処するのに成功しているようには思えません。

　ストレスに対処することがかなり困難である子ども達は、第三のグループに入ります。これらの子ども達は、普通の成長と発達の過程のどこかで、苦悩し苦闘する問題を抱えています。さらに、ライフイベントストレッサーの場合と同じように、日々に経験する困難で心身の働きが不調となり混乱します。当然予想されるように、このグループの子ども達は、何らかの生活状況に適応する時に、やはり困難がある大人——特に親——と結び付いています。

　勿論、子育てにおける大人の目的は、すべての子ども達が、望ましくないストレスにうまく対処できるようになることを支援することであるべきです。子どもの発達に関するいくつかの所見によれば、子ども達が、発達していく年齢の時期に、ストレスに適切に対処できることを助けるような環境を備え、子ども達に与える上で、大人は、絶えず一層よき姿勢を保っていかなければなりません。

子どもの全体的な発達

　これまでに得られている多くの資料によれば、人間は一つの全体として考えられるべきで、部分が単に集まったものではありません。したがって、子どもは一体化した個人——全体としての子ども——なのです。そこで、大人は個々の子どもの発達を求める要求に適切に対応するためには、子ども全体の発達を目指す対応を大切にしたいものです。

　個々の子どもの全体的な発達は、その子どもの身体的、社会的、情動的、それに知的な側面の総合から成り立っています。これらの側面は、発達の主要な**形態**となります。発達の他の形態は、これらの主要な形態をもととして、読者の皆さんが満足できるように、さらに区分できます。例えば、**運動**の発達は、通常は、運動をする場合の、進歩を伴う変化だとされていますが、身体的な発達の側面の一部だとも考えられます。

　また、**道徳性**の発達は、物事の善悪の標準を区別する個人の能力に関わっていますが、社会的な発達という広い側面の発達の一つの次元だと考えることもできます。道徳性の発達には、よいこととよくないことを判断する、個人の社会的な行動に影響する能力の発達が、どの程度達成されているかということが含められています。

　全体的な発達は、いろいろな主要な発達の形態から構成されている“一つの事象”なのです。これらの構成の要因——身体的、社会的、情動的、それに知的——は、非常に強く密接に関連し、相互に働き合っています。

　勿論、これらの主な要因がすべてよく働いていることが大切です。これらの形態の一つの状況は、他の要因の形態にある程度影響しますから、全体的な発達は一つの全体としてみなされるのです。神経質な子どもが、どもり、物事に嫌気を見せる時、その精神的な状態が、必ずしも身体的な症候を引き起こすとは限りません。反対に、子どもがプレッ

シャーを負う時には、思考、言語、消化の過程、それに筋肉の働きを含む、一連の反応が生じますが、精神は、必ずしも身体の混乱を引き起こす訳ではありません。全体としての生活体が特定の状況で混乱し、そのような混乱は、思考や感情、それに身体的な過程に反映して生ずるのです。全体としての子どもが、社会的、身体的な環境と相互作用的に反応し、また、子どもは、そのような環境に影響されると、返えして、環境に影響することになるのです。

　すでに述べたところでは、発達の主要な形態は、子どもが全体的な発達を遂げるための基本的な構成要因だということを、むしろ強調して説明することを試みてきました。しかし、これらの発達の過程には、いくつかの特定の関連があり、したがって、これらの過程につき、個々に取り上げ論ずる根拠もあるのです。そこで、発達の各々の形態が果たしている役割を全体的な発達の統合される役割として理解するか否かは、きわめて重要に思われるのです。次に述べますように、発達の身体的、社会的、情動的、それに知的な形態と、子ども達の全体的な発達を関連付けて、この一般的な関係の枠組から説明を続けて行きたいと思います。

身体的な発達

　身体的な発達から、まずは述べていくことにします。"だれでも身体を持っている"という訳ですから。背の高い者がいれば、低い者もいます。身体が痩せている者がいれば、肥っている者もいます。子ども達は、身体の大きさを異にして生まれてきますが、すべての子どもは、環境の影響を受ける何らかの能力を持って生まれてきてもいるのです。

　通常、子どもについて、身体つきを指し、あの子またはこの子と言うものです。身体は子どもが見ることができるものなのです。また、身体は、子どもの働きの基礎となります。全体的な発達の構成要因——社会的、情動的、知的な発達——は、子どもにとってみれば、何か曖昧なものです。これらの構成要因は、いろいろな面で姿を見せますが、子ども

達が身体的な側面を気付いているようには、必ずしも分かりません。その結果として、子どもが、人生の早期にある程度身体を制御することを学ぶ、あるいは、**基本的な身体的制御**が何かできるようになることは、きわめて重要な意味を持っているのです。この制御を行う能力は、個々の子どもによって変わります。各子どもの身体的な適切性の程度により左右されやすいところがあるのです。

　身体的な適切性の広い領域は、いくつかの構成要因に分けられます。そこで、子ども達が、これらの構成要因からなる自己の能力を最善に生かすということが重要なのです。これらの構成要因をどのように区別するかについては、専門家の間でも意見が完全に一致するには至っていません。ただ、一般的に意見の一致を見るところはあります。筋肉の強さ、耐久性、それに力強さ；呼吸の耐久性；機敏性；速さ；柔軟性；均衡性；それに協応性を挙げることができます。（この点につき、さらに詳しくは、8章の"身体活動・実行とストレス"で取り上げています。）

社会的な発達

　社会的な発達では、その意味がかなり曖昧で、混乱します。特に、子ども達が関連している場合がそうです。強さ、耐久性などのようないくつかの身体的な適切性の構成要因を区別することは、比較的やさしかったように思われます。しかし、この事情は、社会的な適切性を構成している要因の場合には、必ずしも当てはまりません。身体的な適切性の構成要因については、子どもの場合は、大人の場合とほぼ同様です。

　一方、社会的な適切性の構成要因については、子どもと大人で状態が異なります。いくつかの場合の大人の標準については、子ども達には、社会的に当てはまらないと思われます。子ども達のいくつかの社会的な行動は、大人の間では社会的に受け入れられないからです。子ども達の発達に対し責務を担っている大人にとってみれば、幼い子ども達は、社会的な発達ではまだ抑制されていません。この点に関して言えば、大人

が子ども達の社会的な成熟に関わる場合には、いま成長しておりさらに成長していく子ども達はまだ抑制力が弱いということを理解し対応するのが大切なのです。子ども達の社会的な成熟における特徴を的確に捉え、さらにそれらの特徴が、子ども達の異なる発達状態でよく対処されてきているかにつき、十分に考慮することが必要です。

そこで、私達大人は、次のように自分自身に問いかけることになりましょう。適当な時期に子ども達に独り立ちを認めれば、子ども達がより"独立独行的"になるのを助けられるだろうか。自ら問題に打ち克ち、自分自身にと同じように、他者にも関心を抱くようになるよう、子ども達を支援できるだろうか。子ども達が、自分自身の要求を社会的に望ましい方法で満たすことを知る上で、大人として役立つことができるだろうか。子ども達が、自分自身にも他者に対しても、健全な態度を取るようになっていくのを、助けられるだろうか。このような問いかけがあります。

情動的な発達

情動の問題については、３章でいくらかの視点を述べているので、ここでは、引き続きという意味で、この問題を取り上げてみることにします。情動は定義するのがむずかしく、多年にわたり、その考え方や理論が情動の研究で変わってきている事実があります。ここでの目的は、心理学で最も複雑な研究対象とされてきた課題につきより深く検討を加えることではありません。しかし、情動の特性を順に追い取り上げるに際し、情動に関連した二、三の一般的な観点を述べることはできます。

３章で、情動は、準備ができていない状況に直面した時や、得失の源となると考えられる物事に対した時に、人が示す反応だと定義しました。ここで示唆されているように、情動には好ましい情動と好ましくない情動があり、喜びは好ましい情動の経験であり、恐れは好ましくない情動の経験とされます。多くの研究文献では、好ましくない情動が論じ

られていますが、そこには興味深いところがあります。心理学の著書でも、恐れ、憎しみ、罪意識のような情動の型が、愛情、共感、満足のようなよい情動の型よりも多くのスペースが取られています。

　一般に、情動の好ましさと非好ましさは、その強さあるいは力強さで、情動が喚起している状況の特質、子どもがその状況を知覚し解釈する方法で、決められるようです。幼い子ども達の情動は、大人の情動よりも強いように思われます。大人が子どもの行動の側面で気付いていなければ、大人にとり取るに足らないと思われる状況に対し、子どもにはそうとは思われず、むしろ、その状況に激しく反応してしまう理由が、大人には分からなくなりやすいのです。

　いろいろな子ども達が、同じタイプの状況に対しさまざまな反応をする事実、つまり、"状況は同じでも反応は異なること"は、特に子どもの情動の場合、十分に考慮しなければなりません。例えば、ある子どもを激しく怒らせる積極的、挑発的な出来事が、他の子どもにはむしろ消極的、無関心な影響を及ぼすに過ぎない場合もあるのです。

知的な発達

　子ども達の知能の程度はさまざまです。多くの子どもはいわゆる"普通"の範囲内に入ります。知能の発達の形態に対処する際には、知的な適切性の構成要因として何が考えられるかにつき注意することが必要です。しかし、それはむずかしいのです。知能の特質がいくらか曖昧であるため、知能の構成要因を区別するのは実際にはできないのです。そこで、知能の適切性はいくらか異なった別の仕方で捉えることが必要になるのです。

　ここで、知的な発達の課題に関わる話を進める目的に従い、知的な適切性を構成している要因がどのように知能に対し影響するかという視点から、知的な構成要因について考えてみることにします。このようなことが分かれば、少なくとも、これらの構成要因を改善することで、知的

な適切性を高めるのに役立つ方法がよく理解できます。

　知的な発達に影響する要因のいくつかを挙げると、次の通りです。（１）心身の健康と身体的な条件、（２）情動的な混乱、（３）いくつかの社会的・経済的な条件、それに（４）ストレス下にある子ども達、です。大人がこれらの要因につきよく理解すれば、子ども達が知的な追求つまり学業を達成していくことを支援する上で役に立つものと思われます。

発達の段階

　子ども達のさまざまな発達段階を考える上で、大人は、そのような段階はいわゆる“平均的”子どもの特徴を反映しているものだと、理解すべきです。子ども達は、互いに異なっているよりも、むしろ似ているものの、一卵性双生児でさえ、少なくとも、一、二の特徴では異なっています。したがって、読者の皆さんは、本書でこれから述べる子どもの行動の特性や特徴は、“普通”の子どもの行動を示しているということを、心に留めておいて下さい。このことは、ある子どもの行動がこれらの行動に一致していないために、その子どもが標準からかなり離れているということを意味しているのです。言い換えると、ある子どもに標準的な子どもの特徴がいくつかがあるというだけで、その子どもが標準からかなり離れているとは言えないことを示してもいるのです。各々子どもは、自分自身の速さで発達の段階を辿っているのであり、発達の段階が次々と進む場合には、段階の重なりが生じています。

　発達の最初の段階は、出生から15か月にかけての期間です。この時期は“取り入れ”の段階と言われますが、それは行動と成長に**取り入れる**という特徴があるからです。この取り入れの段階は、食物に加え、子ども達は、音、光に囲まれており、いろいろな形式で、全般的に保護するという関わりが、子ども達に向け行われています。

この段階では、**分離不安**が生じます。子どもは、自分の要求を満たすために母親か養育者に依存していますから、分離は、これらの重要で不可欠な人物からの愛情の剥奪が生じたと知覚される出来事です。この段階では、子どもを監督する人——通常は親——は、子どもの要求を満たすことと"過剰な満足"をさせてしまうこととの間に適切なバランスを保つよう試みることが大切です。子どもの発達に関わる専門家の多くの人達は、分離で何らかのストレスを経験する子ども達は、自分の心理的な資源を整理しまとめる機会を得ており、それが子ども達がストレスに適応するのに役立っている、とみなす点で考え方が一致しているようです。反対に、このバランスを保つことのできない子ども達には、ストレスがある状況で心理的な資源をまとめない傾向があります。これらの子ども達は、ストレスに対処するのがかなり困難であるという、前に述べてあります分類の第三の水準に入ります。

　生後５か月以上から３歳未満の段階の間に、子どもは自律性を発達させると言われています。これは"自分ができることが自分"という段階になってきていることを意味しています。この年齢になると、大抵の子ども達は、かなり自由に動き、物事を動かすことができますから、自律性が発達するのです。子どもは、単一の要求をことごとく満たすために養育者に頼ることを必要としません。子どもは、考えることができ、ことばが使えますから、精神的な過程でも自律性が伸びてきます。

　この段階の期間に、排泄のしつけの過程が一つの主要なストレッサーにもなります。子ども達は、この過程の間に自律性を表すのに必要とされる機会を必ずしも与えられるとは限りません。しかし、そのような機会は、子どもにとっては、困難な経験をする時にもなるのです。その理由は、子どもは、通常主要な養育者の是認を得るのに協力を期待されているからです。もし、子どもが養育者に協力しトイレットを使えば、養育者の是認が得られます。しかし、何らかの自律性が失われており、子どもが協力しなければ、是認が得られないことになります。臨床心理学

4章　子ども自身の理解を助ける　｜　73

者の中には、この葛藤が満足の得られるように解決されなければ、その結果は、非常に心配性になるとか、強迫的な行動を取る形で、大人になった時に現われてくる、と指摘する人もいます。

　次の発達の段階は、3歳以上から5歳未満にわたっていますが、"自分が思う自分が自分だ"と言われる段階です。身体運動のスキルが目的に適った方法で使われます。子ども達は、白日夢を見る力を伸ばし夢見ますが、このような白日夢は何らかの行動を表すのに用いられます。子どもは振りをすることで自分がなりたいもの——ワニからキリンに至るまで——の何にでもなれるのです。しかし、空想に頼るとストレスが生ずることもあります。例を挙げれば、子ども達の中には、自分自身の空想で臆病者になる者もいるのです。

　5歳以上から7歳未満までの年齢水準の範囲には、幼稚園から小学校2年までにわたる子ども達が通常含められます。この時期の間に、子ども達は公式の教育を受け始めます。アメリカの生活文化では、日の一部の間、ほぼ同じ年齢の者達と一緒に教室で過ごすために、子ども達は家を離れることになります。子どもは、だんだん、独立独歩的になるのに向けて、重要な歩みを独立的に始めるだけではなく、非常に自己中心的な個人であることから、一つの集団で一層社会化された構成員となることを学ぶようになります。

　この段階では、手と指の小筋肉が、腕や脚の大筋肉のようにまだよく発達していないため、運動の協応性に欠けているという特徴があります。このような状況で、子どもの公式教育が始まると、表現の一つの手段として大きなクレヨンや鉛筆を使うことが必要になります。子どもはいわゆる運動の世界に生きていますから、子どもの活動したい気持ちの強さが運動を介して表現されます。これらの年齢水準にある子ども達は、旺盛な身体活動をすることにより成長するのです。子ども達は、登る、走る、跳ぶ、スキップをする、あるいは音楽を奏でるなどして発達します。

この発達段階で重要な身体的側面は、眼球が大きくなり、眼筋が発達していることです。この要因は、小さい活字を見て読むレディネス（準備性）における重要な決定要素であり、この活字の読みには、図表に刷られている大きな活字から子どもが手にする書物に用いられている初歩の活字に至るまで、一連の大きさの活字を見る・読むの活動が含まれていることになります。

　子どもの注意が及ぶ範囲は、まだ比較的狭いのですが、身の回りの環境を探ろうとする気持ちには非常に強いものがあります。この発達段階では、大人は、情報を直接の経験を介して得る機会を子どもに与えることで、子どもが物事を学びたくなる衝動を生かすことができます。子どもは、物事を学ぶために、直接に見て、聞き、臭いを嗅いで、感じ、味合うのです。

　8歳以上から9歳未満にわたる年齢範囲は、小学校4学年と5学年で時間が費やされる時期です。いまや、子どもの興味の幅が広がり、注意の範囲は長くなります。独立独行の傾向は強まりますが、子どもは集団の中で地位を得て一層よく仕事をするようになります。計画性のある遊びをすれば、身体の制御、強さ、耐久性と同様に優れた指揮性、好ましい追随性の技術が伸び、磨きがかかる機会が得られます。小筋肉が発達し、手先の操作がよくなり、筋肉の協応性が進歩します。眼球の運動は、子どもが視点を定めて文字を広く読めるようになるまでに発達します。

　子どもは、他者を自分の代理の経験者とすることから、一層多くの物事を学び始めます。しかし、やはり実際に自ら試してみることが、子どもの好奇心に訴えることとなり、この段階における学習に強く影響します。この事実は、学校の内外の状況に子ども達が対処していくために必要とされる、この発達段階の大切な内容が、コミュニケーション（聞くこと、話すこと、読むこと、書くこと）の技術と数学体系に関する知識と技術であることを示しています。

4章　子ども自身の理解を助ける | 75

　10歳以上から12歳未満までの年齢の間に、大抵の子ども達は、5学年、6学年を修了しています。この時期は、子どもの時代から思春期直前の時代へと発達で移行が起こる期間です。子ども達は、身体的な変化に関心が大きくなり、時には、容貌についても自己意識が強まります。この発達の段階では、子ども達は、身体的な成熟と情動的な安定で大きく異なる傾向を示すようになります。発達における大きな偏りは、異なる性集団間に比べ同じ性集団内で目に付くようになります。身体的な成熟の速度は高まりますが、時には、姿勢が貧弱になり、落ち着きがない様子が見られるようになります。

　ソフトボールや簡易サッカーのようなかなり組織化された団体ゲームは、発達がこの段階にある子ども達が好む、機敏さが求められる健全な競技になります。この発達段階では、遊び仲間における威光が大人に是認されより一層重要になってきている事実を、大人が受け入れることがきわめて大切なのです。この発達の段階の間に、子どもはより水準の高い知的な技能を身に備えてきます。推理をする、意見と現実を区別する、因果関係に気付く、結論を出す、情報を追跡しその妥当性を比較す

4月の誕生花　桜
花言葉　精神美

るためにいろいろ参考資料を用いる、などです。

このようにして、子どもは、学校に入り初等学校を修了するまでに、
（1）社会的には、自己中心的な個人から集団に参加する集団構成員へ
と、（2）情動的には、より高度に自己制御ができる存在へと、（3）身
体的には、子どもの時代から青年の時代のかけ橋へと、（4）知的には、
直接経験により学習する存在から、より技術的で特殊化した資源で学習
する存在へと、発達を遂げていくのです。

子どもの要求を満たす

身体的なストレスと心理的なストレスとの間の主な差異は、身体的な
ストレスは現実の状況を含んでいるのに対し、心理的なストレスは緊急
な状況を予想したり想像することに一層関連している点にあるというこ
とは、すでに述べたところです。多くの児童心理学者達は、望ましくな
いストレスは、主として、大人が子ども達が要求を満たすのを助ける上
で失敗したことに基づいている、と考えています。

子ども達の要求について述べる場合には、子ども達が抱いている**興味**
をよく考慮することが重要です。子ども達の要求と興味は、密接に関連
し、かなり相互に依存し合っていますが、いくつかの重要な差異点を考
えに入れる必要があります。

子ども達の要求で、特に、個人的な特質の要求は生得的なものとなり
やすい、と思われます。一方、興味は、環境が生み出すものとして、子
ども達に獲得されている、と言えます。子どもは、ある年齢水準では、
明らかに自分の要求に沿わない危険を犯し物事を行うことに興味を示し
ます。例えば、2歳の子どもが、通りに出て走ることに興味を持つかも
知れませんが、その結果怪我をすることになりかねないのが、その例で
す。特別の興味が環境を原因として生まれる要求の例では、ある種の喰

い合わせに対する子どもの興味が、家族が抱いている迷信から生まれている場合があります。このような興味は、ある種の食物が子どもにとり非常に栄養がありためになるという考えが、日常の生活時間の中で、家族の興味に影響され、子どもに生み出されているものとも思われるのです。

　子どもの発達における最も重要な側面の一つは、要求と興味の間に適切なバランスがあることです。しかし、要求と興味の間にバランスを適切に生み出すことは容易ではありません。まず、最初に、子どもの要求について考えるべきでしょうが、子どもの興味も心に留めておかなければなりません。大人にとり指針となる一般的な原則は、子どもの年齢水準が**低くなる**ほど、大人は子どもの要求を満たす責任を担う必要があるということです。子どもは幼いほど経験が少ないのです。したがって、その結果、いろいろ興味を発達させる機会は多くないだろうと想定できます。言い換えると、早期の年齢では、子どもに興味に欠けるところがあるという事実は、子どもは特定の課題や状況については無知だということと同じ意味を持っているのです。

要求の分類

　子ども達の要求が、多くの方法で分類されてきていることは、よく知られている事実です。しかし、人間のいかなる要求も、特定の目的に応じ常に任意に分類されてきていることを忘れてはなりません。例えば、生理的な要求と心理的な要求の場合、これらの要求がそれぞれ別々なものとして分類されていても、実は互いに関連し合っているとみなす必要があります。ここで用いている要求の分類は、同じ様な視点を取り入れ、発達の形態——身体的な要求、社会的な要求、情動的な要求、それに知的な要求——という、大きな枠組に基づいています。

身体的な要求

　身体的な特質による要求は、人間の基本的な解剖的構造と基本的な生理的機能とが関連しています。勿論、ここでは、食事、休息、それに活動の要求、また、眼、耳、歯などを適切に保護する要求も含まれています。身体的な要求も、強さ、耐久性、機敏性、柔軟性、均衡性と関連しており、これらは、人間という生活体に備わっている身体的な適切性の要素として考えられていたものです。これらの身体的な側面は、客観的な用具で非常に正確に測定されます。したがって、ある子どもの発達段階について、背が高いとか体重があるとかと述べることができるのです。また、血圧、脈拍の測定、尿検査などで特別の訓練を受けた人が、それぞれの測定・検査の目的に応じ、その子どもから正確な情報を得ることができるのです。

社会的な要求

　社会的な要求が重要であることは、人々が大概の物事を一緒に行う際にはっきりしています。社会的な成熟と社会的な適切性は、人がいくつかの要求を達成した時によく表わされます。言葉を換えれば、子どもの何らかの社会的な要求が適切に満たされていれば、その子どもは、社会的な適切性を現実化するのに一層よい立場にいることになるのです。

　他の要求の中でも、（１）人に受け入れられ認められることを含む**愛情**の要求、（２）集団に受け入れられ認められることを含んでいる**所属**の要求、（３）協力すること、相互に助け合うこと、それに所属している集団に対し忠実であることを含んでいる**相互有用性**の要求については、特に、子どもの発達において十分に考慮することが大切です。

　社会的な成果を評価する状況になった時に、その成果を客観的に測定する用具は、残念ながら現在のところまだ十分に整っていません。子どもの身体的な属性を正確に量化するのに使用した客観的な測定用具と同様な用具はないのです。主に、評価の目的を診断的と位置付けている時

に、いわゆる**社会的測定法**をうまく取り入れてきている学校組織もあります。しかし、社会的な側面は、その本来の特性に曖昧さがあるために、客観的に測定することをよしと認めるには、むずかしいところもあるのです。

情動的な要求

　多年の間に、情動の研究では考え方と理論は変化してきています。情動の要求が満たされる程度は、子どものパーソナリティと精神的健康の発達にかなり影響してきています。基本的な情動的な要求としては、（１）安全と信頼の感覚の要求、（２）自己同一性と自尊感情の要求、（３）成功、達成、そして承認の要求、（４）独立の要求、があります。

　人間のパーソナリティは、本来非常に適応的であり、何らかの方法で基本的な要求が満たされていない子ども達の中には、時には、精神的健康が得られるよい方法で補償できている子どももいるのです。例えば、孤児達の中にも、安全が欠けていると思われるところを補償するようなパーソナリティ資源を発展させることを学習している子どももいます。しかし、子どもの情動的な要求が継続して満足されないままの状態だと、子どもはたやすく情動的な問題やパーソナリティの障害に悩むことになります。

　精神医学者や心理学者の多くの人達は、精神的健康の問題の根幹は、早い時期の子どもの時代にある、と考えているようです。子ども達の"よい"あるいは"貧しい"精神的な健康の発達で、主要な役割を果たしていると思われるのは、大人なのです。明らかに、大人、特に親は、将来のよりよい精神的健康を生み出していくための基礎となるような状況を、家庭で子どもに与える上で大きな責任を担っているのです。

　すべての子どもが、自分の基本的な情動的な要求を知的に捉え、よいあるいはよくないと評価できる訳ではありません。発達の状態ゆえに、そのような評価が不十分な子ども、できない子どももいます。しかし、

大抵の子ども達は、自分の要求を満たそうとして、直感的に反応しているのです。

このように、子どもは、多くのパーソナリティの面と適応の型を、無意識的に発達させようとしています。ほとんどの者達が、例えば、嫉妬、敵意、性、あるいは宗教などのような事柄に関わる強い、多くの感情を意識できていない理由は、ここにあります。いずれにしても、子ども達が、自分自身や他の人々、それに身の回りの世界全般について知り、それぞれに関して、解釈し反応する傾向は、早期の経験により形作られ、色付けられるのです。

大人が、子ども達の要求の情動的な側面を評価しようとする時には、社会的な側面を評価しようとした時と同じ様な状態に直面することになりがちです。それは当然なのです。情動的な側面には、社会的な側面と同様な曖昧さがあるからです。研究者が、情動的な反応を測定しようとして用いる方法の中には、血圧、血糖値、心拍、電気皮膚反応（不安・ストレスを測定。うそ発見にも使用される測定用具）を調べる方法があります。これらの方法は、人間の情動を研究する人達が用いてきていますが、その測定の妥当性の程度には限界があります。情動的な反応を評価する試みで、研究者は、ときたま、純粋に生理的な反応であるのか、真に情動的な反応を取り上げていることになるのかを決める上で問題に直面するものです。その際、情動的な型のタイプは、測定装置で区別されません。例えば、**喜び**の反応と**怒り**の反応は、電気皮膚反応測定器を使用した時に、微少マイクロ反応は、同じかほぼ同じ測定値で示されます。

知的な要求

子ども達の知的な要求を満足のいくように満たすことは、要求の発達でも最も重要な関心事の一つです。学校で、また一般に日常の生活で、物事に成功することは、きわめて大切だと言えましょう。通常、知的な要求として次の要求が挙げられます。（１）自分自身のレベルで物事に挑

戦したい要求、（2）知的に成功し満足したい要求、（3）問題を解決したい要求、（4）物事に同調するよりも創造的な経験に参加する機会を求める要求、の四つの要求群です。

　知的な側面の評価には知能検査が用いられます（一般に測定値はIQで表わされます）。しかし、この検査で得られる測定値には、子どもの知的な能力を表す妥当な測定値として用いる上で、今後さらに検討しなければならない課題も含まれています。(註したがって、検査を実際に利用するに際しては、検査の"実施は厳密に、結果の解釈は控え目に"という原則を大切にしたいものです。) 多くの児童心理学者達には、この測定値は、基本的な知能の測定値というよりも、経験による業績の測定値に近いと見なされている傾向があります。例えば、たまたまの事例ですが、ストレス下にある子ども達は、ストレスに晒されていない子ども達よりも、知能検査で12パーセントから15パーセント得点が低くなっていることが見出されています。

　大人が、子ども達の身体的、社会的、情動的、それに知的な要求をよく知っている時には、子ども達を日常生活への取り組みで一層よく支援でき、望ましくない心理的なストレスに対処することを援助できるものと思われます。

子どもの自己の理解について

　子どもは、いろいろな物事に取り組んでいる（特に、苦闘している）時に、成長と発達の過程で**自己**を理解するという問題に直面することになります。ここでは、この自己実現の過程で、子どもを助ける働きがよりよく進められるよう、大人に役立つ情報について述べておきたいと思います。

　本章を始めるに当たり、若い青年男女が自分自身を発見することに関

心がある事実につき、私の意見を述べておきました。成長していく過程にある子ども達が、自分自身をよりよく理解できるようになるように、ずっと助けてくれる大人がいるなら、子ども達の若い青年期への移行は、一層スムーズに行われるでしょう。

大人は、特に親は、安定して保護されるところを、子どもが必要とする時に、子どもが分かるように与えてやらなければなりません。子ども達は、自分独自の能力とその限界を、彼等自身に沿うように受け入れられることを必要としています。子ども達は、たとえ、自分がいくつかの発達の標準あるいは"基準"に、自分自身を一致させることができなくても、それを不適切などと感ずることなく、自分自身の速さと方法で、成長し、学習することを許されなければなりません。子ども達は、独自の個人として他者と区別されることが必要です。そう区別されることで、子ども達の独自性は、認められ尊敬されているのです。子ども達には、成熟するに伴い、自分の年齢と能力にふさわしい独立性と責任感を示す機会がなければなりません。

子ども達は、一貫して、合理的に制御され、躾けられることを求めています。そして、そのような躾は、子ども達に理解されることが必要です。この躾については、子ども達にはっきりと分かる簡単な原則は、通常十分にありますから、大人がこの躾の原則を生かせば、子ども達に安全感を与えることができますし、子ども達は、自分は何ができて、何ができないかを知っています。したがって、子ども達は、一般に、破壊的な行動が妨げられ、自分自身を破壊する行動を防ぐことができるような限界を、明確に行動で示される必要があります。

子どもの身の回りの環境では、すべての面で、躾け上一貫性が保たれていることが、非常に重要です。例えば、大人により、無視され、褒められ、あるいは罰せられる行動が時によって変わることがあってはなりません。もし、子どもの行動（特に、同じような行動）に対する大人の関わり方で、一貫性が失われる場合が、しばしば繰り返されると、子ど

もの心は、混乱し、適応は一層困難になります。同じようなことなのですが、子どもに対する愛情の表現が、間欠的であってはなりません。愛情を剥奪するという脅しが、子どもの行動を制御する武器として使用されてはなりません。

　現代の標準的な辞典を調べてみると、**セルフ**（self：自己）で始まるハイフン付きの単語——セルフーアバンドメント（self-abandonment：自暴自棄）からセルフーウォース（self-worth：自己価値）に至るまで——は（注英単語では）、およそ400単語になりますが、ここでは、セルフーイメージ（self-image：自己像）、あるいは自分自身や自己の役割の知覚の仕方を取り上げることとします。子どもが、まず**身体的な自己**に関心を抱くということは、すでに述べておいたところです。子どもは、まず身体を見ることができますが、このことは、社会的な、情動的な、知的な自己より、身体的な自己は、子どもにとり、まずもって大きな意味のあることを示しています。このような事実と関連して、**ボディ イメージ**（body image）という用語があります。ボディ イメージは、身体的な人柄と能力に関する、子どもの概念を意味しています。子どもが自己のボディイメージを改善するように、大人が助ける時には、子どもは自己をより広い面から、基本的にしっかりと理解するようになるということは、これまでに、明確に示されてきています。

ボディ イメージの欠陥を調べる

　ここで、まず、子どもがボディ イメージに関わる問題を抱いているかどうかを決める視点を取り上げます。子ども達のボディ イメージにおける問題を探る上で、簡単な方法があるかどうかですが、残念ながら、それは確かでありません。ボディ イメージの問題があることを示しているとされている多くの特徴は、他の欠陥の場合とよく似ていま

す。それでも、ボディ イメージの問題について、何らかの方法を用い子ども達と関わろうとしている人達は、何らかの欠陥がボディ イメージにはあるという可能性につき、常に意識して敏感でなければなりません。そのように心がけていることで、ボディ イメージにある欠陥を捉えることができます。

一般に、ボディ イメージに関わる欠陥は、次の二つの方法で探ることができます。第一は、大人が何らかの行動を観察することです。第二は、比較的簡単な診断の技法のいくつかが、そのような欠陥を定めるのに用いられます。下に述べる一般的な項目には、これらの観察と技法の両者の方法を示す例が含まれています。

1. ボディ イメージに関する問題に関わる可能性の有無を診断するために、子ども達に自分自身の描画を描かせる技法がよく用いられています。この方法の主な目的は、子どもが描く描画に、身体のある部分が含められて**いない**かどうかを知ることです。

   スタンフォード・ビネー知能検査の資格を持っています私が検査を実施した際の個人的な経験によると、**絵画完成**という検査項目で、ボディ イメージを診断できることが分かりました。

   この検査項目では、身体の部分が欠けた不完全な人物画を示し、それを子どもに完成させます。子どもは、早期には、物事を象徴的に表現することに興味があります。人物画は象徴的な表現になりますから、検査項目の題材としてふさわしいと言えます。したがって、幼い子ども達の手による典型的な人物画を介し、知覚の発達におけるある特徴の段階を辿ることができるのです。子ども達が自分自身の像を描く人物画という方法を使えば、子どもに貧しいボディ イメージがあるかどうかを探る上で役に立ちます。

2. ボディ イメージが不完全な子どもは、ときには、その貧しいボディ イメージを運動で表すかも知れません。そのような子どもが

身体の部分を動かそうとする時、ボディ イメージが不完全である
ため、身体の運動が不確かになる可能性があります。

3. 大人が、子どもに身体の部分を動かすよう伝え、その指示に応ず
る、子どもの様子を観察します。例えば、一方の足を前に出すよう
にと、身体の部分を動かすことを指示された時に、子どもは、その
ような指示通りにその身体の部分の運動を起こす前に、他の身体の
部分に直接注意を向けるかも知れません。また、これとは別の場合
ですが、その運動を試みる前に、他の子どもがその運動をするのを
注目しているかも知れません。

4. また、子どもは、大人に身体の一つの部分（一方の腕）を動かす
ように指示されたにもかかわらず、この身体の部分と対応する身体
の部分（他方の腕）を動かす必要もないのに動かすかも知れません。
例えば、子どもは、右の腕を振るように伝えられた時に、左の腕を
同時に振り始めるかも知れないのです。この場合には、子どものボ
ディ イメージにおいて、腕の部分のイメージが明確にできていな
い可能性が推定されます。

5. 子どもは、物を手で受け取るような活動をする時に、そうするの
が必要でもないのに、前もってその物に向けて手を差し出している
かも知れません。例えば、子どもが手で受け止めるようにボールが
子どもに向けて投げられた時に、両足の位置は動かさずそのままに
して置き、自分に近づいてくるボールを手で受け取ろうとするより
も、子どもは、身体の両側を前の方へ動かしてボールを捉えようと
するかも知れません。子どものこのような身体の動きには、その子
どものボディ イメージが反映してくるものと思われます。

ボディ イメージを改善する

一般に、子どもが楽しい運動で身体を自由に使ってもよいと伝えられ

た時には、子どものボディ　イメージが増し、よくなる変化が生ずる、と言われています。そのような活動では、身体の部分の相互関係については勿論のこと、身体のさまざまな部分の使用に関して、子ども達が明確に理解するように助けることができます。

　私は、数年間にわたり、子どもが身体的な運動に参加する時の活動が、子どものボディ　イメージに影響するか否かを明らかにするために、いくつかの身体的な運動により、多くの実験を試みてきました。次に、まず、ビジイ　ビーごっこ（Busy Bee）を利用した研究の例を示しておきます。

ビジイ　ビーごっこ（*Busy Bee*）で遊ぶ

　この遊びでは、子ども達は互いに向かい合ってペアになり、活動する場に散ります。**コーラー（caller：呼び手）**と言われる一人の子どもが、この活動の場の中央部にいます。この子どもが、"肩と肩を、""足と足を、"あるいは"手と手、"のように呼びます。（註このような呼びかけで、子どもは自分やペア相手の身体の部分を示すことになります。）（このゲーム遊びの早い段階では、大人が遊びのリーダーとなり、子どものコーラー＜以下呼び手とします＞と代わり呼び込みをするのもよい発想です。）

　この呼び込みがなされると、ペアになっていた子ども達は、自分の相手と一緒に適当な運動を介して動きます。二、三回呼び込みをした後に、呼び手は"ビジイ　ビー！"と大声を上げます。この合図は、呼び手も含めすべての子どもが、新しくペアとなる新しい自分の相手を見つけるための合図です。ペアとなる新しい相手が見つからず、ペアを新しく組めず一人だけになった子どもは、新しく呼び手と言われます。

　この遊びの効果については、次の方法で検討することができました。子ども達がこの遊びをする時には、大人のリーダーが、子ども達に、ボディ　イメージの全体的な概念を発達させるために、身体のさまざまな部分の位置を気付かせる訳です。この遊びを始める前に、子ども達は、

自分自身の絵を描くように告げられます。多くの子ども達は、自分自身の絵をどのように描き始めたらよいか分からない状態でした。また、他の子ども達は、自分自身の絵に、主な手足の何らかを省略し描いていませんでした。

ところが、ビジイ ビーごっこをした後に、子ども達に再度自分自身の絵を描かせると、今度は、自分自身の描画は、ビジイ ビーごっこをする前よりもうまく描かれていました。人物画には、身体、頭、腕、脚などすべてが描かれていました。中には、手、足、目、耳までがよく描かれている場合もありました。それほど多くではありませんが、歯や髪の毛が描かれている絵もありました。

このゲーム遊びに続く人物画活動では、ボディ イメージの欠損、ボディ イメージの改善、ボディ イメージの状態、あるいはこれらの要因のさまざまな組み合わせなどを診断するのに用いることが可能でした。これらの活動のあるものは長く残っていますし、他の活動は特定の状況で発達してきています。このような活動は、すべて、学校、キャンプ、あるいは家庭のような、さまざまな環境で行うことができました。

みんなで行こうごっこ（*Everybody Goes*）をする

この活動では、すべての子ども達（Itという一人の子どもを除いて）は、活動の場に設けてあるゴールラインに向かい、横一列に列をなしてスタートラインに並びます。Itになる子どもは、この活動の場のスタートラインとゴールラインの中間になるところで、ゴールラインに向かい立っています。この活動の場のスタートラインと反対の側には、ゴールラインがあります。活動の場における遊びの場の距離（スタートとゴールの両ラインの間の距離）は変えることができます。

このような遊びの場の設定で、遊びは、次のような韻を踏んだ単語（押韻語）を声に発するとともに始めます。

head（頭）、shoulders（肩）、
　knees（膝）、そしてtoes（足）。
eyes（目）、ears（耳）、
　mouth（口）、そしてnose（鼻）。
向こうへ急いで走って、
　みんなで行こう。

　最後の単語の"行こう"で、子ども達は、横列に列をなして、スタートラインからその反対側にあるゴールラインに向かって走り、Itにつかまらずにゴールラインまで行こうとします。Itの子どもに捉えられた子どもは、みなItの助け手となり、Itが捕まえていない子どもを捕まえるようにします。遊びは、子ども達は、スタートラインの反対側にあるゴールラインの信号のあるところへItに捕まえられず走り切るまで続けます。遊びでは、このようにしてゴールラインに達し、勝ち（勝利者）と宣言できる子どもが最初に1人勝ち残った時に、遊びは完全に終わりますが、それまでは、遊びは続けられます。

　Itの子どもが、押韻語を声に出して言うと、横列一列に列をなして並んでいる子ども達は、次の運動をします。頭と言われると両手を頭の上に置きます。肩と言われると両手を肩の上に置きます。膝と言われると腰を曲げ両手を膝の上に置きます。足と言われると腰を曲げて足に触れた後に元の立った姿勢に戻ります。目と言われると目を指します。耳と言われると耳を指します。口と言われると口を指します。鼻と言われると鼻を指します。

　大人のリーダーが、押韻語を読み上げるなら、それは、発達の早い段階の子ども達にとってよい発想になります。指導者は、これらの押韻語を読み上げた時に伴って、子ども達の身体運動が、どれくらい速くできたかにつき、その場で即刻に判断できます。子ども達が、この課題をよく達成できるようになるほど、押韻語をより速く読み上げますが、やが

ては、子ども達自身で、押韻語を斉唱できるようになります。

この遊びを初めて行った時に、指導者は、どんな押韻語を言ったかで、子ども達が言われた押韻語に対し示す反応により、どんな身体運動をするかにつき、細かく注意して観察できます。場合によっては、この一連の反応をするのが困難な子ども達がいるかも知れません。このような訳で、この活動は、子ども達の貧しいボディ イメージを診断する手段になります。子ども達は、練習を重ねれば、押韻語に対する反応を改善させ、進歩を示します。

鏡ごっこ（*Mirror*）をする

一人の子どもがリーダーに選ばれ、横一列に並んでいる子ども達の前に立ちます。リーダーになった子どもはいろいろな運動をしますが、列をなしている子ども達は、リーダーの運動と全く同じように運動するようにします。子ども達は鏡のように活動する訳です。リーダーになる子どもは、たびたび変わります。

この活動では、子ども達は、自分の目の前でリーダーになっている子どもがいろいろな運動をするのを、見てまねて、身体のいろいろな部分と運動に気付くようになります。大人のリーダーは、子ども達が、どれだけうまく、どれだけ速く運動をするかを見分けるのに熟達し敏感でなければなりません。それは、子ども達の運動を評価・診断するのに大切です。

合わせて動こうごっこ（*Move Along*）をする

子ども達は床の上に仰向けになります。大人のリーダーは、太鼓を打つか手を叩くような合図をし、子ども達は、自分が選んだ方法で腕と脚を動かします。リーダーは"自転車に乗っているように脚を動かしましょう"というように、子ども達に指示し、その運動を始める合図をします。リーダーの望みで、何らかの採点法を工夫し、子ども達の運動を

評価・診断します。最も速い時間で正しい運動ができた子ども達を褒めます。

　リーダーは、指示して合図をした運動に、子ども達がどれくらい速く反応しているかを知るために、細かく注意して観察します。さらに、リーダーは、子ども達の中に、自分が正しい運動をする前に、他の子ども達がしている運動を見るために、自分が運動をすることを待って欲しがる子ども達がいるかどうかをよく観察します。このようにできるだけ細かな観察に努めれば、子ども達の運動をよりよく評価・診断できます。

サークル変わりごっこ（*Changing Circle*）をする

　いくつかのサークルを床の上に描きますが、サークルの数は遊びに参加する子どもの人数より一つだけ少なくしておきます。立っている床の上にサークルがない一人の子どもをItと呼び、この子どもは遊び場の中央に立っています。大人のリーダーは、身体の部分を示す合図を声を上げて、子ども達に伝えます。例えば、"手を膝の上に、" "手を頭の上に、" "右の手を右足の上に、" などです。

　リーダーは、このように、子ども達に声を上げて伝えた後に、"サークルを変わって！" と大きな声で合図をします。子ども達は、今まで自分が入っていたサークルとは異なったサークルを一つ選んで入ろうとしますが、一方、Itである子どもも、自分が入る一つのサークルを見つけて入るようにします。この際、自分が入る一つのサークルを見つけ入ることができなかった子どもがItになるか、新しい子どもがItになることを選んで決めるかをします。このようにして、遊びが展開して行きます。

　このゲームでは、リーダーは、自分の呼び上げに対して子ども達がどのように反応しているか、反応の手がかりを求めて他の子ども達を見ている子ども達がいるかいないかをしっかり捉えるように、子ども達の行動をよく観察しなければなりません。遊びの時間が経過するにつれて、子ども達は、身体の部分をよく知るようになり、リーダーによるより複

雑な呼び上げにも応じ、遊びに入ることができます。

身体タグごっこ（*Body Tag*）をする

　この遊びでは、一人の子どもがItになるように選ばれます。Itの子ども
もが、他の子どもを捉まえ、その一人の子どもにタグを付けるように
します。Itである子どもが、他の子どもにタグをうまく付ければ、この
うまくできた子どもは、タグを付けられているItに代わることができま
す。もし、Itである子どもが、予め決められている時間内に、他の子ど
もにタグをうまく付けることができなかった場合は、新しいItとなる子
どもが選ばれます。公式にタグを付けられている子どもになるために
は、Itである子どもによって、身体の特定の部分にタグを付けられる子
どもがいなければなりません。（註つまり、この遊びでは、まず、一人の子ど
もがItになり、他の一人の子どもにタグを付けます。次いでタグを付けられた子
どもが今度はItになる訳です）このようにして、このゲームは、タグを付け
る身体の部分がその時に応じて望まれるまま変えられ、肩にタグを付け
る肩タグ、腕にタグを付ける腕タグ、脚にタグを付ける脚タグとして行
うことができます。

　リーダーは、子どもが、正しい（特定されている）身体の部分にタグ
を誤りなくうまく付けるかどうかを知るために、その子どものタグ付け
行動をよく観察します。子どものこの活動をより興味深いものとするた
めに、リーダーは、遊びの各セッションの間に、タグが付けられる身体
の部分を呼び上げることができます。

　この遊びにおける活動には、子どものボディ イメージを改善し、自
己の理解を図る上で役立つと思われる可能性がいくつかあります。創造
的で工夫に富む大人の人達は、このようなボディ イメージの改善・成長
と自己理解の発達を促すという目的を満たすことができる、他の多くの
いろいろなゲーム形式の遊びや方法を考え出すものと思います。

4月の誕生花　スイートピー
花言葉　門出

5章

家庭と学校環境におけるストレス

　6歳から12歳までの子ども達は、一般に、1年のうち10か月ぐらいは、家庭か学校で過ごしています。そこで、本章では、子ども達にストレスをもたらすこれら二つの環境のいくつかの側面につき検討します。そこで得られる情報は、大人や子どもが、これらの側面について一層よく分かるようになり、子どもがストレスに対処するのを支援する上で、大人にとって大いに有益なものとなると思います。

家庭と家族のストレス

　家庭と家族のストレスが子ども達に与える影響の大きさの程度については、文献にもよく載せられています。例えば、子ども達にストレスが多いライフイベントは、その半数以上に家庭と家族が関わっています。社会における変化は、その結果として家庭における状況の変化を伴いますが、それは、子ども達の適応を困難にしやすいのです。

　女性の行動の標準における変化、両親の共働きに伴う家事が日常の生活で占める割合、家庭の経済的な条件、マスメディアのような問題は、現代の子どもの生活を複雑なものにしています。

　精神医学者の中には、何らかの家庭の状況は、子ども達のパーソナリティや精神的健康に非常によくない影響を及ぼしていること、それは、子ども達の成長と発達における現在の段階だけに止まらず将来にも同様な影響をもたらすことは確かであること、を考えている人達もいます。実際、これまでの研究によれば、ストレス要因の相互作用が特に重要で

あることが、明らかにされています。これらの研究の大半では、次に挙げるストレス要因は、子どもの時代の（そして、多分その後も）精神医学的な障害と非常に強く関連していると指摘されています。

1．夫婦間の厳しい不一致
2．家庭の低い社会的な地位
3．家族数の過剰あるいは大家族
4．父親の犯罪行為
5．母親の精神医学的な障害
6．地方自治体による介護の受け入れ

　もし、子どもに上のような状況が現在一つでもあると、そのような子どもは、このような状況にない子どもと比べ、精神医学的な障害を持ちやすいのです。上の状況が二つになると、子どもが精神医学的な障害に陥る危険性は４倍にもなるのです。

　ストレスが多い出来事は、ライフイベントの入口と出口（つまり、始まりと終わり）、ライフイベントの影響とストレス、複合的なストレッサーの三つにまとめて述べることもできます。家族と子ども達に関する研究には、いろいろな学問分野が関係していますから、そこでは、一貫した理論を構成するのは、なかなかむずかしいのです。家族の問題に関する理論は、家族社会学者や全体的な家族組織を重視するものの個人の適応の問題は取り入れていない（個人より組織を重視する）家族組織精神医学者によって論じられてきた考え方です。

　これとは対照的に、心理学的な文献では、ストレスに対する個人の適応の問題が大きく取り上げられてきています。心理学的な研究では、古い方法——親に対する面接のような——が新しい方法に改めて用いられているようにも思われますが、自己報告法と直接観察法が適用されてきています。ストレスとコーピングに対する現代的な見方を広くする上

で、二つの心理学的な影響力が働いてきていますが、それは、生涯発達的な研究の運動と生態学的な研究の運動です。これらの研究の運動が展開する中で、大抵の子ども達は、離婚のような短い期間の危険に、二、三年以内で対処し適応していることが明らかにされています。しかし、この離婚のようなストレス要因に他のいくつかのストレス要因が加わると、ストレス状況は複雑になり、その結果として不運な出来事が続くと、発達的な障害が生ずるかも知れません。気質やパーソナリティ、発達的な状態、性、支援組織のような要因は、子どものストレスに対する反応を変えます。

子どもに対する虐待によるストレス

　子どもの虐待が重大であることは、この問題に対する政府予算が年10億ドルも多くなっている事実からも分かります。加えて言えば、アメリカ児童福祉連盟のような組織で、この恐ろしいとも言える状況に対して、かなりの時間と資金が費やされています。

　明らかに、子どもの虐待は、何人かの子ども達にとり、厳しいストレッサーになります。この問題に関する研究を概観してみると、次のように要約されます。

1．子どもの虐待に関連している社会的なストレッサーには、解雇、社会的な支援の欠損、ストレスが多いライフイベント、心の厳しい混乱が挙げられること。
2．社会学的な母親の特徴が、子どもの虐待において相互的な因果関係では解決できないほど複雑にからみ合っていること。
3．出産後の時期に生じた早期の母子分離（母子の絆ができることの失敗）は、母親による虐待と無視にも関連していること。
4．状況的なストレスと社会的なネットワークの強さは虐待を予測す

る重要な要因であること。

5．社会的なネットワークの強さをよく報告する母親がかなりのストレスがある状況で生活している場合は、社会的なネットワークをあまり報告しない母親がかなりの程度のストレス状況で生活している場合と比べると、母親が虐待者になることはあまり多くないこと。

6．身体的、情動的な虐待をする母親は、自分の子どもの行動を自分の行動との関係で制御するのに失敗する。そのような反応のスタイルは状況的に生じているストレスと関連してより生じやすいこと。

　性的な虐待は、子どもの虐待でもきわめて厳しいものです。国立精神保健研究所による報告では、子どもの時代の虐待は、重大な長期にわたる生物学的な結果である場合もあり、"脳のストレス反応組織"[1]の変化が原因であるとされています。7年間にわたり、6歳から15歳の170名の女子を追跡した研究では、これらの女子のほぼ半数の者が性的虐待を受けていたと言います。エンドクリン組織と免疫組織の働きが、そのような心的外傷を受けたことのない統制群と比較されています。虐待をされている少女のストレスホルモンは、異常に高いレベルになっていましたが、これらの少女の脳細胞の損傷が、思考や精神的な能力に決定的な影響を与える原因となることが分かっています。さらに、非身体的な側面でも、かなり高いレベルで免疫組織の働きの損傷と関連していることが明らかにされています。

離婚と別居

　親の離婚を経験している子どもの数は、過去数年の間に三倍になっています。実際のところ、すべての結婚のほぼ半数が離婚に終っているのです。100万人の子ども達が離婚した親と一緒に生活していますし、すべての子ども達の三分の一の者が、子どもの時代の始めから青年の時代

5章　家庭と学校環境におけるストレス　｜　97

の終わり頃までの期間に、親の離婚を経験しているのです。

　子ども達は、親の離婚後に、しばしば、抑うつ、怒り、自己非難、不安、低い自尊感情を経験しています。さらに、社会的な相互作用の問題、不従順、攻撃、学校における困難が、離婚を経験をしている子ども達の間で、家庭にそのような問題のない子ども達の場合より多く生じている実情があります。子ども達の中では、離婚により、軽いあるいは一時的な問題が生ずることがありますが、他の多くの子ども達の場合、家族構造に離婚のような変化があると、長く持続する情動的、行動的な問題が生み出されることにもなります。

　離婚とストレスのさまざまな側面に関する研究によると、次のような重要な結果が明らかになっています。

1．離婚が子ども達に与えている衝撃についての研究でいろいろな結果が出ているのは、一つのライフイベントより、むしろ一連のライフイベントと生活状況の変化の過程として離婚を考えているような失敗を、子ども達の回りの大人が犯しているということ。

2．このような一連の過程につき別の考え方に立つと、子ども達は、いろいろ適応課題に関わり、異なるコーピング対策を用いるようになること。

3．離婚に対する子どもの適応について理解する場合に、家族構造における変化だけでなく、家族の働きの変化と家族に生ずるストレスや、その子どもの家族以外の社会的環境（註家族も広い意味で社会的環境に含められます）における支援組織にも目を向けるのが重要であること。

4．個人的な苦痛と養育態度は、子どもの年齢、子どもの数、結婚期間の長さに影響されるとしてもまれであること。

5．いくつかの研究によれば、就学前の子ども達は、親の離婚で最も傷付きやすいように思われるが、一方、他の研究では、そのように

子ども達の年齢の時期が限られるとは言えず、子ども達の年齢による差異はないということ。

6．親が離婚している子ども達は、情動で差異がある、ライフイベントにおける悲しみ、恐れ、深い悲しみのような内在的な問題と、攻撃的になる、学業成績が低い、長期欠席をするなどの外在化している問題の両者を示すこと。

7．離婚は社会的な性特有な衝撃であり、男子により特有なもので、抑うつが強まってくるのは女子の場合より多いということ。

8．離婚は、親子関係に対しかなり強く影響するが、それは、多分に家族構成員の間における社会的支援の欠損によるところが大きいこと。

9．三分の二ほどの子ども達に対する離婚による衝撃の影響は、通常、生後二年間ほどに限られているが、多くの研究に拠ると、例えば、学業成績が低くなってくるというような、離婚の衝撃がもたらす長期にわたる影響も明らかにされていること。

生活の変化

　自分の生活の中で大きな変化を示すようになる子ども達がいますが、他の多くの子ども達は、生活に変化が生じた結果、厳しい苦痛を経験する傾向があります。勿論、これらの生活の変化が原因となり、心理的な結果をいくつか生み出していることも、しばしばあります。

　数年前に行われているある研究では、家族の転勤移動の問題を取り上げ、この転勤移動自体や親子の別離が、家族にどのような影響を与えているかにつき検討しています。この研究の著者は、精神保健部局の役割は、このようなストレスの多いライフイベントにおけるストレスを和らげることにある、と言っています。この研究と関連している研究で取り上げられている要因には、転勤による家族の別離に関する知識、父親が

転勤移動による家族別離から家族の構成員に戻る・再度戻ること、一般的な家族の転勤移動が挙げられています。このような家族別離で強い疎外感を感じている家族は、日常生活上で大きな問題を経験しています。父親が不在がちな子ども達は、依存の要求が一層強くなり、学習上の問題も多く、情動的な問題で専門家に紹介される場合が少なくない、と言われています。企業人家族におけるストレスを取り上げた文献では、軍人家族について見出されている結果と非常によく似た事実が明らかにされています。この転勤移動が家族に生ずる場合には、四段階があります。（１）準備、（２）移動、（３）過剰補償、（４）過少補償の四段階です。転勤移動の期間に家族の機能を強めるために使われる方法は、（１）教育、（２）家族の転勤移動に関する能力の増進、（３）地域社会の組織力の向上、（４）老年家族のための介護奉仕、です。これら四つの公的機関による方法は、家族の働きの維持・向上のために使用を推められてもよいと思われます。これらの方法には、転勤移動監督官による転勤移動方策の監視、家族が訪問する場所、被雇用者とその配偶者のための教育セミナー、転勤移動に関する伝達が含まれています。

　以上をまとめておきますと、地域共同体による介護奉仕と情報誌の公刊は、転勤移動家族のストレスを和らげ、転勤移動という家族に生ずる新しい状況に家族が対処するのを助けるということになります。

きょうだい（兄姉・弟妹）のストレス

　子どもによっては、きょうだいの新参者が"居場所を取る"という、きょうだいの中での居場所の移り変わりを予想することによる恐れの感情で、ストレスが生じている場合があります。アメリカの家族では、"子どもは二人にプラス"という家族が典型的であり、大抵の家族は、一時はこの家族の問題に対処しています。何人かの研究者達は、子どもが新しく生まれてきた時に、家族に起こる問題を明らかにしようとしてきて

います。これまでの研究で見出されたことを、次に要約しておきましたが、これらの事実は、当然の結果とも言えましょう。

1. 子どもを生み終えた母親は、最初の月の間は、第一子に対する関わりでは、暖かさは多少減るが、サポート的、保護的になるとみられることがあること。
2. 第一子は、この間、睡眠が増え、食事の問題や身体的健康に弱さが見られること。
3. 社会的・情動的な面で否定的な行動が増すが、特に、女の子の場合に多いようであること。
4. 母親には、家族に外部からの支援を求めることがむずかしく思われること。日常の生活における第一子の反応、母親の身体的な健康、母親と第一子に関連しての父親の行動すべてが、母親のストレスに影響するように思われること。
5. 生み終え三か月になると、親の養育行動に変化が生じ、第一子に対しては、一般的に積極的なよい関わりが取られるようになること。
6. 生み終え六か月になると、母親は、夫婦関係で強い個人的なストレスと葛藤を経験すること。第一子では、身体的な不健康がこの時期の主な問題の一つになること。
7. 母親のストレスは、家族の中に次の子どもが生まれてくることが、家族の主な目標だと思われている時には、弱まること。

学校におけるストレス

学校の多くの状況には、子ども達の強いストレスとなる条件がかなりあります。これらの条件は、子どもが就学してから大学を卒業するまで

の時期に、いろいろなレベルで――方法でもさまざまですが――広がっています。学校の生活で、好ましくない資源に伴う一連の要求に直面している子どもや青年は、有害で異常適応的ともいえるいろいろな方法で、反応しているとも言えましょう。

よくないコーピング反応には、社会的な引きこもり、アルコールや麻薬の乱用、不登校のような行動的、環境的な反応が含められます。認知的な領域では、要求とその資源の間にアンバランスがあると、失敗ばかりしているという気持ちや低い自尊感情が生まれてきます。このようなことは、学習性無力感、つまり、何をしてももともとだめだという考えが生じてくることに関連しています。

ストレスと教育過程における子ども

子どものストレッサーになる学校不安は、教育関係者、特に教師とカウンセラーが、しばしば困惑させられる現象です。この現象を、他の人格特性や情動的な気質と関係付けるために、さまざまな理論が述べられ

5月の誕生花　スズラン
花言葉　幸福が戻ってくる

てきています。この問題に関する文献では、教育過程で子どもにストレスを生み出す要因として、次のような不安の特徴が挙げられています。

1. 不安は、反応、危険の手がかり、動因の特性がある、学習される反応と考えられること。
2. 不安は、満足を求める衝動に罰が関連している苦痛を過去に経験した記憶により呼び起こされている、内在化した恐れであること。
3. 教室における不安は、子どもの学習を妨げること。また、不安を解消できることは、何でも学習を動機付けるものとして役立つということ。
4. テスト不安は、世界どこでもといってよいほどの、子どもが一般的に経験する気持ちであること。特に、アメリカには、テストをされ、テストを意識している文化があること。
5. 臨床的な研究で得られている証拠によれば、不安には、子どもの情動を分裂的に混乱させる力があり、物事を考える際のほとんどの面で影響していることが、明らかに一貫して示されていること。

　不安の原因は、年齢とともに変わります。また、ストレスの多い状況をどのように受け止めるかによっても変わるように思われます。学校で経験されている不安を最少限のものにするには、子どもの全生活空間(生活歴、家庭生活、学校生活、年齢、性)を調べるのに十分注意することが必要です。学校不安は学校環境で現れるのですが、学校外部における学校には直接関連がないと思われる要因が、原因となる場合があるかも知れません。

学校に対する適応におけるストレス

　年少の子ども達にとり、ストレスが最も多いライフイベントの一つ

は、学校で最初の学年が始まることです。その理由として、年上の子どもの友達、きょうだい、それに、子どもに"学校が終わるまで待ちなさい――学校が終わったらあげるから"と言って、子どもに注意する気がきかない親を挙げることができます。この種の親の子に対する否定的な態度は、子どもがすでに抱いている分離不安を強めやすいのです。

　分離不安が、出生から15か月までの、子どもの発達の第一の段階で、初めて見られることについては、すでに述べてあります。生後３年から５年に至る発達の後の段階になると、子どもの不安は最も高まります。子ども達は、就学することで外界の一部になろうと試み始めるからです。多くの子ども達にとってみれば、就学は、強制される分離という最初の課題です。物事が継続することにつきよく発達した感覚を欠いている子どもには、この分離は、日々の生活を支えている母親を喪失するということになりやすいのです。

　このような苦難と関連しているストレスは、子どもを圧倒するほどのものになります。分離のストレスに耐える学習は、就学前児の中心的な関心事になります。そこで、大人は、このストレスの徴候を敏感に気付き、子どもに対するストレスの衝撃を弱めるように努めなければなりません。ここで、大人が気を付けることは、必ずそのストレスを取り除くことではなく、むしろ、ストレス状況に折衷的に関わりその子どもが、分離不安に耐える力を徐々に作り上げていくのを助けることです。

　分離の問題が極端に大きくなる場合には、子どもが示す典型的な反応には、かんしゃくを起こす、涙を流して泣く、金切り声を上げる、はっきりと登校を拒むような姿が含まれています。あるいは、突然に生じ長く続く身体の鈍痛や激しい心の苦痛が見受けられますと、"病める"子どもを家庭で守る問題となり、子どもを助けるのに役立つかも知れません。子どもが反発しているのは、学校に向けてではなく、母親からの分離に対してだと思われるのです。子どもは、このストレスを、自分が母親から放棄されるのにも等しい気持ちに襲われる、母親を喪失する苦痛

と関連付けて受け止めるかも知れません。その子どもが、ストレスに対して取る行動が非常に極端な対応になることもあり、そのため、自分の生活で大切な大人に特別な扱いを求める場合もあります。

このような場合、子どもの気持ちは、通常、学校に持ち込まれやすいと思われます。この際、分離の解決には二つの方法が取られることについて留意しておくことが重要です。学校の教職員にふさわしい専門的な能力により支援をすること、子どもが身体的な安全を保証される状態を求め、ストレスを弱めるために努力する長い道程を迹ることを親が支援することの二つです。大人が、信頼されるよう一貫性をもって行動すれば、子どもは、学校に行くことで日々家族から分離することに、適切な対応が可能となり、その過程で、子どもは実際の要求を満たすという重要な学習をするのです。

学校環境におけるストレスと競争

私は、5年生と6年生の子ども達200名を対象に調査を行ったことがあります。"学校の勉強で一番気になることは何か"と質問をしてみた訳です。子ども達の回答はさまざまでしたが、一般的な特徴は、学校での**競争**を強く訴える回答が多かったことです。日頃、生徒達は特に口に出して言っている訳ではありませんが、生徒達の回答に認められる特質には、明らかに競争についての関心が示されていました。

子ども達の競争に関して調べた文献に拠ると、その大半は、スポーツ活動に関わることであることが分かります。しかし、教室における多くの状況が、ストレスの原因となっているのです。例えば、単語を綴ることが、それに当たります。これは、いくつかの学校で問題となっていますし、事実、毎年行われる全国試験でも、いつも認められている問題です。つまり、ここには、他の人の前で単語の綴りを失敗するようなことは恥ずかしいという気持ちを抱く機会が、子ども達にあるとも言えるの

です。

　協力と**競争**という単語が反意語である点に注目することには興味深いところがあります。と言うのは、実際に、子ども達が抱いている競争の要求と協力の要求が一致することは、それほど簡単ではないからです。ある意味で、大人は競争か協力かという両面価値の状態で混乱します。両者を注意深く取り扱わないと、子ども達を葛藤の状況に陥れ、そのために、子ども達を困難で悩ませることになります。この競争という問題につき、私自身が経験したことや検討を加えたことに基づいて、一般化を試みてみると、次のようにこの問題に関する考え方がまとまります。

　　1．非常に幼い子ども達は、極端な競争はしないが、加齢に伴い心身が成長するにつれしだいに競争的になっていくこと。
　　2．子ども達の間で、競争が広く行われていること。競争の仕方は子どもによって異なり、激しく競争する子どももいれば、穏やかに競争する子どももいること。また、競争を全くしない子どももいること。
　　3．一般に、男の子は女の子よりも競争的になりやすいこと。
　　4．競争は、勝者が敗者を多く上回るように活用すること。
　　5．競争と対抗をうまく利用すれば、物事を努力して速く達成するという結果が生まれること。

　いろいろな教育的レベルを目指している子ども達に対処する人達は、これらの、上に紹介した競争に関する考え方を指針にして欲しいものです。競争は必ずしも抑制されることではありません。むしろ、競争では規則を守ることが大切なのです。子ども達を規則を守るように仕向ければ、子ども達の競争をしたいという要求は、健全な方法で満たされることになります。

読み・書き・算数は子ども達にどのようにストレスとなるのか

　学校のさまざまな教科は、多くの子ども達にとり、ストレスの多いものとなると考えられています。学校の教科の中で、他の教科よりも一層ストレスをもたらしやすい教科として、知られているものは基本的な"３R"（読み・書き・算数；註日本的に言えば、読み・書き・そろばん）です。毎日しっかり学校に通っているのに学業成績が劣っていることは、多くの子ども達にとり、かなり長期にわたるストレス源になります。

　もし、子ども達が筋肉の緊張を高め環境のストレスに対し過剰に反応すると、筆記の課題で必要とされる流動的な手の運動が妨げられ、子ども達の筆記運動は衰え、学校環境のストレスはさらに増します。多くの教師は、子ども達は、鉛筆を強く握り、紙面をしっかり押し付け、唇をすぼめ、身体を堅くし、運動が非常に遅くなり、文字を書くために異常にエネルギーを使い気持ちを傾ける、と言います。

　読みは、潜在不安、ストレス、それに多くの子ども達にとり、要求不満を伴う学校活動です。読みの専門家が認めている読みのレベルの一つは、"要求不満レベル"と呼ばれているほどです。行動で観察すると、緊張、極端あるいは不規則な身体運動、神経質、注意散漫が、このレベルの様子として子ども達に見られます。この要求不満レベルは、読みで滑らかさを失い、はっきりと読み間違いが増える、情動的な緊張あるいはストレスが生じていることの徴候だとされています。

　非常に多くの生徒にとり、ストレスになると思われる教科は数学です。この状態は、小学校で算数を学ぶ場合のストレス状態をはるかに越えるものとなっていますが、大学の数学のコースで必要な基礎は算数にあるのです。数学には近年そのような問題があるとされ、"マス（math：数学）不安"と呼ばれる教科の分野が注目を浴びるようになってきています。

　このストレス源は、"多様さが広がる日常生活と数を処理し数学的な問

題を解決する学問的な状況で妨げとなる、緊張と不安の感情"[3]とみなされるマス不安だとされています。これと同様なストレス源は、学習の準備性の欠如、学校の長期欠席、数学の能力は遺伝するものだという神話を抱き続けている親や先生達の誤った考えに基づく生徒の過去におけるよくない経験が、マス不安の原因になるのだと言われています。

　学校における数学の授業でストレスの多い経験をすると、"数学が不安になる""数学を放棄する"人達が出て来ます。これらの人達には、数学における問題を解決する自分の能力が信頼できず、このような能力を使うことを求められると、強いレベルのストレスを経験する傾向があります。

　数学の教育計画に伴うストレスを減らすように努めている先生は、生徒が数学の課題で自信を持ち、数学に積極的に取り組むようになるのを助けると同時に、数学でよりよい学習者となることを支援します。同様なことが、読みの課題と書きの課題についても言えます。

学校におけるテストのストレス

　一人の教師として、40年以上もの間——小学校から大学院に至るまで——に、私は、"テスト恐怖、"あるいは現在では一般に、"**テスト不安、**"としてよく知られるようになってきている不安で、かなり厳しいストレスを受けている多くの生徒を観察してきています。

　このようなストレスは、心理的な状態に左右されているようで、個人がその場で作り出すというよりも、テスト状況に持ち込まれやすいようです。生徒は学習性のストレス反応の型で、テスト自体やストレス状況に反応しています。このストレス反応の型は、個人の間で変わり、自律神経組織の条件、テストやテストを受ける状況に伴う象徴的な意味による脅かしや心配の感情、物事の複雑さや要求不満や刺激情報の負荷を処理し、物事の象徴的な扱いや反応資源の活用を決めるコーピングスキル

などに見られる相違点を反映しています。個人のストレスの型は、不安のような異常な適応行動に現われます。また、ストレッサーに晒された後に自発する行動が持続されるレベルや、学習性無力感や回避行動のような多様な防衛機制の使用が、異常な適応行動に反映します。

　個人に受け止められた主観的なストレスも、実際に行われる課題の性質に左右されます。課題の複雑さが増し、神経組織のより高度の協応と統合が求められるほど、一定のレベルのストレッサーはあたかもより強いストレッサーのように、課題の実行に影響します。

　それでは、テスト不安が備えている特質には、教育的な目標と実践にとりどんな意味があるのでしょうか。学校の教職員や親は、使用されてきたテスト経験を、子ども達に知らせる機会があることが必要です。テスト結果に関わるフィードバックでも、子ども達のテスト経験を重視します。テストに関連した情動的な混乱を見せた子ども達の反応は、よく注意して考えたいものです。テスト結果が、教育上、ガイダンスに、また学校運営の目的として解釈され使用される時には、特に大切です。

　最後に、テストの結果につき考える際には、子ども達のためにも、積極的で肯定的な態度を取ることを重視したいと思います。つまり、テストにおける回答が正しい場合の数を重視します。例えば、子どもは、"ミスが３個あったね、"と言うよりも、むしろ"回答は７個正しかったね、"と伝える方が、励まされやすいのです。このような方法は、子どもが将来テストを受ける場合のストレスを小さくするのに役立つでしょう。

5章　家庭と学校環境におけるストレス | 109

5月の誕生花　花菖蒲
花言葉　優雅な心

6章

ストレスと子どもの困難

　いわゆる"普通"児から何らかの逸脱をしている子ども達に対しては、多くのラベルが当てがわれてきています。過去に用いられている最も一般的なラベルは、多分、ハンディキャップド（障害のある）という用語です。その本来の意味では、ハンディキャップドとは、物事を達成するのに困難が伴い不利だということです。私は、最近使われるようになってきている**チャレンジッド**（その意味は、ハンディキャップドと同じく障害のある、です）という用語を使いたいと思います。その理由は、本章で扱う子ども達の分類では、最もよく区分けできるからです。

　チャレンジッドの分類は、本章ではストレスと関連しています。（１）疾病、（２）発達的な能力の欠損、（３）学習遅滞、（４）精神的な外傷、の四つの区分です。これらの分類は必ずしもその重要性による順になっていません。ある場合では、分類間で重複が生じています。

ストレスと疾病がある子ども

　ストレスと疾病に関する文献を広く調べてみると、疾病という考え方は、ストレスという考え方がむずかしいほどではありません。比較的分かりやすい考え方です。文献によると、次のようになります。

　ストレスと同じように、疾病には勉強を妨げる量的、時間的な側面があります。一般に、病理的な面が現われるには、時間がかかっています。いくつかの場合には、病理的な面は、多くの年月を要して現われています。それは、疾病における異常はかなり進行しないと、その徴候や

症候が見られないからです。疾病の異常はゆっくり進行する場合があります から、個人が疾病に罹かっている時に、はっきりとした方法で疾病であるかどうかを決めるのがむずかしいのです。疾病の初期の段階を捉えるのがかなりむずかしいと、その疾病が何であるかを概念化するのが困難になります。例えば、顕微鏡でしか見えない程度の微細な癌細胞があっても、主癌の働きで進行性の転移癌が消失している場合があります。

　疾病の病理的な状態を調べるのが困難である理由の一つは、病理的な側面が見かけ上分かりにくく診断が簡単にできないということです。疾病の病理的な状態が最もよく調べられる場合は、この状態に関して常に客観的な指標が得られる時ですが、そのような指標を捉えるには費用がかかり過ぎ、実際的ではありません。疾病や症候に関する罹患者による自己報告や健康管理サービスによる情報はよく用いられていますが、そのような報告や情報はあまり明確なものとは言えません。

　疾病に関する報告や訪問が、医師が求めている医学的な病理を実際に反映していないこともよく知られている事実です。また、ストレスが疾病に影響するという考えが広く知られるようになるにつれ、ストレスのある状況のもとで疾病の状態が捉えられる時には、疾病の症候を調べ報告しようとする場合の可能性が一層大きくなります。ストレスとの関連が問題とされるからです。心理的な障害は、疾病の結果を調べることを混乱させるかも知れません。

　要するに、ストレスと疾病の両者は、むしろ理解しにくい用語なのです。注目すべき点は、概念的な扱いや意味上の混乱は、ストレスと疾病の両者の相互的な関連が曖昧になる傾向があることによるのだ、というところです。もし、疾病が生じている時をはっきりと気付かず、何がストレスかにつき確信が持てないと、疾病とストレスの両者がどのように関連しているかをはっきり捉えることがむずかしくなります。

　ペレティア（Pelletier）は、悲惨な結果を報告しています。ストレス

が関連している心理的・生理的な障害は、数多くの社会的・健康的な問題になり、さらに、大半の教科書によれば、すべての疾病の50パーセントから80パーセントのものが、ストレスに関連している疾病に病源があるとされている、と述べています。

セリエ（Selye）は、さらに進んで、ストレスは**すべて**の疾病に含まれており、すべての疾病はいくつかのストレスが原因であり、適応するための要求が身体に影響している[2]、と述べています。逆に言えば、ストレスはあらゆる疾病の進行で何らかの役割を果たしているのです。ストレスが影響して――よくもわるくも――ここで問題にしている疾病の特徴に、特定の変化が生じているのです。

研究で得られている最も重要な発見の一つでは、ストレスと、疾病と戦う身体の力とを関連付けている証拠が明らかにされていることです。いくつかの研究では、身体の健康が正常な人と厳しいストレスのある人から採血した血液を調べ、白血球の細胞が疾病の感染と戦う作用を比較してみると、ストレス下にある場合に免疫組織に異常な働きが生ずる可能性のあることが、明らかにされています。子どもの場合には、このような免疫組織の働きの異常化は厳しいものとなりますが、それは、子どもの免疫組織の働きが大人の場合よりも弱いからです。

いずれかの時には、子ども達は何らかの種類の疾病に罹るものですが、以前では、厳しさがある程度弱い疾病のある子ども達は、"子ども時代の疾病"に罹っていると言われていました。もし、適切な手立てがあれば、大抵の子ども達は、少しのあるいは長期にわたる影響を受けることなく、そのような疾病に打ち勝つことができるでしょう。ここで関心の対象となっている問題の多くは、一層厳しい急性の疾病や、慢性の疾病、それにこれらの疾病が、子どもや家族にとって原因となるストレスの問題です。いくつかの研究で代表的な研究例を次に挙げてみます。

ピーニング（Piening）は、情動的な生活と腎糖尿病の家族の相互作用とに対して、疾病と関連しているストレスが与える影響につき研究して

います[3]。この研究では、年少の子どもの糖尿病と中年の家族の糖尿病の場合を取り上げ、家庭のストレス状況と糖尿病の子どもの親が子どもをしばしば罰する・非難する態度との関係を調べています。ここで大切なところは、特定の家族が感ずるストレスは、家族の構造、以前からある家族の精神保健の問題、それに家族生活に対する糖尿病の影響に左右されることが多いという事実を、糖尿病と関わっている専門家は知っていなければならない、ということです。

ホランダー（Hollander）とフローリン（Florin）は、14名の9歳以上から12歳未満のぜん息児達と同年齢レベルの14名の対照群（非ぜん息児群）となるぜん息を患っていない子ども達を対象として、子ども達が属している社会的な階級、学業成績を上げることで競争させられるようなストレスを生み出す状況に晒されている子ども達が占めているきょうだいの位置関係と、ぜん息との関連を検討する研究を行っています[4]。この研究では、ビデオ記録を使用して、顔の表情から情動を組織的に分析し、最高の呼吸の速さ（PEFR）が減少する傾向につき、子ども達がストレスを経験する前後で調べています。その結果では、ぜん息児群は対照群である非ぜん息児群と比べると、顔の表情から捉えた情動の頻度と継続度がより少なくなる傾向をはっきり示すことが分かりました。特に、怒り／激怒、楽しみ／喜び、驚き／驚愕が生じた頻度と継続度が、ぜん息児の方がより少ない結果となっています。さらに、顔の表情から捉えた全体的な情動の継続度は、ぜん息児の場合、最高の呼吸の速さの減少と負の相間関係にあることも明らかにされています。この事実は、顔の表情から捉えた情動と呼吸の働きとの間には密接な関係があることを示しています。

バーバリン（Barbarin）とチェスラー（Chesler）は、癌疾患が、親が用いるコーピング方略とストレス、夫婦関係のよさ、医療関係者との関係、友人や近所の人との関係に対し、どのような関連性を持っているかにつき詳しく調べるために、癌を患っている子ども達の家族を対象とし

て研究しています[5]。55の家族から同意を得て、面接と質問紙による調査を実施しています。この報告の資料は、癌疾病に罹患しても生きている子ども達の親から得たものです。癌を患っている子ども達の年齢は、4歳以上22歳未満でした。家族は、黒人の一家族を除けば、すべて白人家族でした。

　調査に応じた家族の母親42名の年齢範囲は、28歳から57歳までです。調査に応じた家族のうち、33パーセントの家族には、白血病の子どもがいました。子どもの癌疾病がリンパ腫である場合が19パーセント、脳と中枢神経系（CNS）の癌が18パーセント、骨肉腫が12パーセント、ウィルムス（Wilms）腫瘍が11パーセント、その他の癌が7パーセントでした。また、コーピング方略では、次のような方略が取られていました。癌疾病に関する情報を求めること、問題の解決を図ること、支援を求めること、情動の均衡を保つこと、宗教に頼ること、楽天的であること、ストレスの否定をすること、ストレスを受け入れること、です。これらの結果では、コーピング方略と医療関係者との関係における質の関連の方が、他の心理的な評価の結果との関連より強いということが示されていました。

ストレスと発達障害のある子ども

　発達障害は、子どもが自分と同じ年齢集団の活動に参加するのを妨げるような障害と考えられています。このような障害の原因は、疾病や事故だと思われますが、出生障害の結果である場合も考えられます。いくつかの発達障害は、視覚障害のように容易に分かります。また、他の発達障害は、聴覚に障害がある場合のように "隠されている" 時もあります。

　発達障害のある子どもは、自分に欠陥があるために、ときには親や他

の家族構成員とも問題となることもあります。特に、親は障害のある子どもが求める要求やその満たし方をよく捉えなければなりません。一方、きょうだいは、一人の家族に発達障害があるために、無視されることがあってはなりません。多くの場合には、発達障害のある子どもに対し積極的によく対応するように、家族構成員は努めますが、ストレスがどの家族構成員にも生まれることがあります。

ガラガー（Gallagher）、ベックマン（Beckman）、それにクロス（Cross）[6]は、発達障害のある子ども達の家族にはどのようなストレス源があるか、ストレスの改善はどのように行われているかの問題に関する研究について概観しています。家族が経験しているストレスと発達障害のある子どもを抱えている家族を助けるのに必要とされる支援要因を明らかにしようとした訳です。

そこで分かりましたのは、まず、家族が経験しているストレスは、子どもの年齢が増すとともに増えるように思われたことです。また、家族のストレスに影響している一般的な要因には、家族の低収入、離婚、分離（別居）がありました。これらの家族では、父親がいるとしても、限られた役割しか果たしていませんでした。社会的な支援のネットワークは、それが公式的であれ非公式的であれ両者とも、一貫していない専門家の支援よりも、これらの家族にとり重要なのです。発達障害のある子どもを抱えている家族は、個々の家族がそれぞれ解決を必要とするような個々の要求を持っているとして扱われるべきですし、子ども達についても同様に言えます。発達障害に関する研究者と実践家は、家族のストレスを問題とする限り、研究や治療で家族を当然の単位としてまとめて捉え、継続して家族に焦点を当てるよう努めることが大切です。

ウィクラー（Wikler）、ハック（Haack）、それにインタグリアタ（Intagliata）[7]は、発達的に障害のある子ども達の親のうち、離婚した母親達を対象とし面接を行い、得られた問題を検討しています。その結果、これらの母親達にとりストレスの多い状況には、"正常な" 子どもの

母親達や発達的な障害のある子どもを抱えても結婚している母親達のストレスの多い状況よりも厳しい面があることが明らかにされています。発達的に障害のある子ども達の親で離婚している母親達のストレスには、子どもの世話、家計上の問題、社会的な偏見像、情動的な問題、それに子育て情報が欠けがちな問題が含まれています。発達障害のある子どもには社会的な反応に欠けるところがあり、それに子どもの気質上の問題が重なり合っているため、必要以上の配慮が求められる子育ては、相方のいないシングルマザー（註相方のいない母親）で強まるストレスと関連し合っているということは、注目されるべき事実です。

　発達的な障害のある子ども達のシングルマザーに対する家族的な介入には、家族支援サービス、家族ネットワーク治療法、家族治療法、集団治療法があります。集団作業療法は、効率的、効果的で有用な家族介入です。親は一人でも、家族支援サービスや家族ネットワーク治療法、家族治療法を受けることができている親の集団に参加できます。これらのさまざまな介入は、うまく働き合い、その作用は重なり合うものではありません。長期的な計画で支援がこれらの患者（発達障害のある我が子への対応に悩む親達）に対して行われれば、これらの支援サービスを継続して方略的に与えることができるのです。

　グリーンバーグ（Greenberg）[8]は、聾児に関する研究で、そのような耳が聞こえない子ども達の家族に対する早期の介入の効果を調べています。それに拠ると、完全に耳の聞こえない聾児達に対する早期の介入計画を評価した結果が明らかにされています。介入計画は包括的なもので、3歳以下の子ども達がいる12の家族に用いられていました。その評価では、介入計画が実施されなかった子ども達に関する評価と組み合わせた比較が行われています。評価では、子どもの発達的な評価と家族の評価（ストレス資源とストレスに関する質問紙）、発達に関する知識、それに家族の働きについて調べてあります。この調査結果では、介入を受け入れた家族では、発達的に成熟したコミュニケーションが行われるこ

と、ストレスが弱まること、より質の高い家族間の相互作用が生ずること、が明らかにされています。

ストレスと学習遅滞のある子ども

　学習が悪化している子ども達の要求は、適切な教授法で満たされなければならないということは、多くの意見の一致するところですが、それに伴い、同一視の問題について関心も高まっています。実際のところ、教室では多くの子ども達が学習遅滞者になるような誤りを犯してきていますが、その主な理由は、読み・書き・算数のような学問的スキルを完全に習得するのが困難であるためです。したがって、**学習遅滞症候**のある子ども達と、知的な機能の遅れより他の要因が原因となり学習上の問題がある子ども達との間にある基本的な違いに関して、はっきり理解しておくことが重要です。

　一般的に、学習に問題がある子ども達は、三つに区分されます。（1）

6月の誕生花　ササユリ
花言葉　清浄、上品

精神遅滞のある子ども達、（2）学習の可能性が低くなっている子ども達、（3）学習障害のある子ども達、です。

　文献によれば、**チャレンジッド**（心身面で努力を必要とする障害があるという意味）という一般的な用語に、すべてのレベルの精神的な欠損を広く包括しています。**学習遅滞者**という名称は、知能検査で測定されるような下位の知的機能が、その機能を連続帯で捉えた場合中程度である子ども達を表しています。これらの子ども達の知能指数は、70あるいは75から90の範囲内に入ります。学問的スキルでは普通か普通より低いレベルの進歩を示しますが、それは精神遅滞上の連続帯のどこに入るかによっています。

　これらの子ども達には、読み・書き・算数のような学問的スキルで学習の遅滞が認められるでしょう。物事を定義する、分析する、比較するというようなさらに複雑な知的領域で能力を発揮するのが困難な状態があります。思考力に劣るところもあります。しかし、行動のすべての側面で同様に遅れている訳ではありません。社会的な適応性や芸術的な努力で普通以上のレベルであるかも知れないのです。

　学習の可能性が低くなっている子ども達の場合は、知的な能力が劣っているというよりも、他の要因が教室における学業成績に影響していることが、ここ数年来で認められるようになってきています。このような要因について理解するために、今日の学校では、社会的・教育的な条件に恵まれなく文化的にも異なる背景を持つ子ども達に対し関心が向けられています。学習遅滞者という用語を正しく理解するには、**生得的な**学習遅滞者の学業成績には限界があることと、**機能的な**学習遅滞者の知的能力が劣っていることとの間を区別する必要があります。後者の機能的な学習遅滞者の場合は、教室における学業成績がよくないのは、学習の可能性に限界があるからだと先生に誤って受け止められがちです。これらの子ども達には、学問的スキルを獲得する上で進歩に限界があったり行動問題を抱えている状況があったりするかも知れません。

6章　ストレスと子どもの困難 119

　しかし、学業成績に限界があるのは、子どもの学習能力を抑制し発揮させないようにする他の数多くの要因が原因になっているのです。そのような要因には、社会経済的な環境が限られているため心理的な刺激が欠けること、聴覚や視覚の働きが不完全であること、家族や遊び友達との間に情動的な問題が起こっていること、栄養不良であること、あるいは一般的な健康に問題があることがあります。しかし、このような要因に生ずる状況は、いつまでも変わらない訳でないことを、よく認識しておくことが重要です。子ども達を教育するプログラムと子どもの身体的、心理的あるいは社会的な健康に影響する条件の両者は、いずれも改善できるのです。

　生得的あるいは機能的な学習遅滞者に入らない**学習障害**のある子ども達は、第三の区分に入りますが、教室での学業成績の状態は、第一と第二の区分に入る学習遅滞者の場合と似ているかも知れません。

　学習障害があり学習遅滞者である子ども達が求める同一視の要求は、極めて大切で必須なものなのです。学習障害のある子ども達は、実際には決してそうではないのに、鈍いとか怠けだと言われてしまうことがしばしばあるのです。このようなラベルを付けられると、将来の学習や自己知覚や個人的な価値観によくない影響が与えられてしまいます。勿論、これらの条件のいずれによっても、子ども達にとりストレスが多くなるのははっきりしています。

　学習障害のある子ども達の問題を明らかにする研究では、子どもの学習は、言語的／非言語的な学習における特定の分野で学習が損なわれていても、**学習の可能性**では普通かそれ以上となることが分かっています。このように、これらの子ども達は、知能指数で90かそれ以上の範囲内に入ります。また、天才児の場合には、知能指数が言語的あるいは非言語的な分野の両分野で、非常に高くなっています。全体的な知能指数は、学習の可能性を決める上で規準として用いられません。その理由は、全体的な知能指数が90以下であっても、それを学習の可否の規準と

すると、全体的な知能を構成している特定の知能の側面が適切な程度の知能の範囲に入る時に、その適切とされる知能が（言語的、非言語的ともに）はっきり捉えにくくなるからです。知能指数が普通の範囲を下回り学習障害のある子どもの場合でも、その知能には多様な内容があると考えられるのです。

　精神的な欠損または学習障害の程度にもかかわらず、何らかのこれらの問題がある子ども達には、ほとんどにストレス傾向があるものと思われます。学習遅滞に伴う心理的な挫折感や要求不満があると、子どもやその家族は、困惑する気持ちに襲われるものです。

　クルニック（Crnic）、フリードリッヒ（Friedrich）、グリーンバーグ[9]の三者による、精神的な遅滞のある子ども達に関する研究によると、これらの子ども達の家族について調べた結果には一貫性がなく、時には矛盾している場合もあるとのことです。この一貫性を欠く結果については、一部には研究方法上に不適切なところがあったこと、研究対象につき単一の様相の調査で単一の要因に焦点を当てていたこと、に問題があったと思われます（訳注 詳しくは、6章の文献として挙げられている学会誌論文を参照）。

　現在までのところ、学習遅滞のある子ども達の家族の適応の問題とその起こり得る範囲を説明する上で、簡潔ずばりの考え方は提唱されてきていません。親、きょうだい、親子の相互作用、家族システムに問題を絞り、批評的に概観したものはあります。一つの広範囲にわたる概念的な考え方が提唱されていますが、それは、以下の二つの事柄を説明するものです。（1）精神的に遅滞している子どもがいることと関連し主観的に受け止められているストレスの影響を含め、積極的な側面と否定的な側面の両者から捉えた、家族的な適応が可能な範囲、（2）家族のコーピング資源と家族のストレスに対する反応とを仲介する上で役立ち、相互的な活動システムとして働く生態的な環境、の二つの事柄です。

　セエシャドリ（Seshadri）[10]は、精神的に障害のある子どもが家族に与

える影響に関する研究で、多様な知能測定尺度と態度測定尺度を、30名の精神遅滞のある子ども達とその母親に適用し、それぞれを測定しています。その主な結果に拠ると、母親が受けた教育は子どもに対する態度とよく関連していることが、明らかになっています。一方、夫婦の適応や親の態度には、何も明確な傾向が認められていません。大抵の母親達は、精神的に遅滞していることへの対処では、厄介さの程度でほどほどからかなり厳しい範囲へとわたっている子ども達への関わりが負担になると感じています。子どもの遅滞の程度が大きくなるほど、母親が主観的に受け止める負担は強くなっているのです。

心的な外傷から生ずるストレス

　ここでは、情動的なストレスや身体的な傷害から生ずる精神的・行動的な状態を意味する**心的外傷**を取り上げます。そのような状態には、家庭や家族内で悲劇を見たり悲劇の状態になったりすることから、2001年9月11日のテロリストによる攻撃のようなきわめて大きな言いようのない悲劇の状態に陥ることまで含められます。

　クリングマン（Klingman）[11]は、地域社会において大規模な予防処置によりストレスを防止する対策の重要な影響について研究しています。風疹の罹患を防ぐため、地域で大規模な予防接種を受けているが治療を必要としない子ども達が通学している学校集団において、短期に風疹を予防するという特別状況の下で、集団的に予備的な介入をすることになる予防接種の影響を調べた訳です。この研究では、51名の6年生女子を、無作為に実施群、非実施群、それに対照群の三つの各群に17名ずつ割り当てています。実施群と非実施群は、予防接種の手続きや認知的、行動的なコーピングスキルにより予防接種に対処する仕方を知らせる情報が与えられています。実施群はこの種のコーピング技法を実際に

使うように促されます。一方、非実施群は予防接種期における介入は自分にとって役立つということを話されるだけです。対照群は予防接種の手続きにつき技法上の情報を与えられるだけです。被験者となった6年生の女子は、すべて児童用状態特性不安質問紙法（STAIC：State-Trait Anxiety Inventory for Children）を介入前と介入後に受検しています。

　その結果によると、実施群と非実施群の両群の子ども達は、対照群の子ども達よりも、予防接種の時期の間に不安が少ないと報告し、一層協力的な行動を示しています。また、予防接種対策を積極的に活動に移すよう指導され、進めるように促された子ども達は、予防接種に拠り有益な結果が得られることを見出す事実が明らかにされています。

　ドリンガー（Dollinger）、オードンネル（O'Donnell）、それにスタレイ（Staley）[12]は、次のような実験的な研究を古典的条件づけの方法を用いて実施しています。無条件刺激にはサッカーゲーム遊びが使われています。サッカーゲーム遊びの内容は参加者（ゲームの選手）の一人がゲーム中に死ぬことになっています。したがって、このゲームをすれば死を恐れるような反応が生ずることが推定されます。勿論、ゲーム遊びには観衆も入っています。この研究に参加した子ども達はすべてこのゲーム遊びをしています。

　一方、条件刺激には被験者の目に照射する光が使われています。この光が目に照射される（LS：Light-Strike）子ども達をLS群名付け実験群とします（以下、LS群と表記します）。このような訳で、LS群では条件刺激として光照射を目に受けた後に無条件刺激として条件反応である恐れを引き起こすと思われるサッカーゲーム遊びをするように促されます。条件反応が成立するとすれば、LS群では光照射で恐れ反応が生ずるようになります。

　これに対して、統制群の子ども達は、無条件刺激であるサッカーゲーム遊びが与えられ恐れの反応が生ずる状況に置かれますが、条件刺激である光照射は与えられません。したがって統制群では条件反応は生じな

いことになります。

　この古典的条件づけの図式では、実験群であるLS群には、恐れの反応が統制群より多く見られるようになることが予想されます。

　研究への参加者は、10歳以上14歳未満の子ども達とその母親達でした。この古典的条件づけの図式に入らない統制群も構成していますので、統制群は二つになります。子ども達の年齢と性は統制してあり、実験群であるLS群と、二つの統制群には、それぞれ29名の子ども達が割り当てられています。子ども達の睡眠の問題と身体的な不調についての調査は母親達を介して行っています。一方、面接者が、サッカーゲーム遊びで選手一人が死亡したという事件が原因だとみなされる情動的な混乱の範囲を各子どもについて評価しています。

　その結果によると、LS群と統制群の間では、LS群が報告した恐れが最も顕著であった点で異なっていることが明らかにされました。恐れの反応の般化の勾配は、古典的条件反射理論で予想されるところとかなり一致していました。子ども達が示した恐れの反応に関する母親の報告と子ども達の報告との対応では、統制群と比べLS群の方がより明確になっていました。子どもが報告している恐れが、母親が報告した睡眠の問題や身体的な問題、それに面接者が評価した子どもの情動的な混乱の程度とかなり関連しているという重要な事実も見出されています。

　オードウエイ（Ordway）[13]は、住居の大火事によって生じたストレスの急性の段階と慢性化した段階に関して研究しています。本研究の著者とその夫（両者とも臨床の精神科医です）、それに夫妻の子ども達は、皆がそろって町から出かけている間に自宅が火事になったことを知らされました。死者や怪我人はなかったのですが、火事のため、住居のあった地域から強制退去をしなければならなくなり、家族は2週間半をトレーラーハウスで生活しています。

　それでも、家族は、情動の混乱、考えの拒否、意見の押しつけ、悲痛感、精神身体的な症候を経験しています。苦悩、混乱、抑うつの症候

は、（1）火事の知らせを受け、火事の現場を目にし、その場を嗅いで経験した時に、最も強く現われています。（2）2か月の間に家の建て直しをしています（天候による損害が残っていました）。（3）次の時期は、火事があってから3か月目に当たり、家の工事は続けられています。（4）火事になってから11か月で、家の建て直し工事の細かな部分が完成しています。この家族は、火事の出来事があった後15か月もの間、火事に関連した問題をいろいろ経験しています。

　バーシン（Bassin）、ウォルフェ（Wolfe）、シェアー（Thier）[14]の研究で明らかにされているように、病院への入院（注 HospitalizationはHZと略記し、以後入院はHZで表わします）は、子ども達にとりストレスに見舞われる経験となります。HZの影響として、HZに対し特定の心理的な反応が生じ、それが子ども達が新しい環境に適応するのを妨げることが挙げられています。この研究では、HZ自体に心理的なストレスがあり、そのために、子ども達の中には医療的な処置に対しよく反応しない者がいることが示されています。HZにおける情動的な要因を知り考えに入れることができれば、病気の子ども達が治療を受け入れるのを速めることになり、それが疾病からの回復に役立つとも考えられています。

　この研究の対象は、精神科医の治療を受けている、12名のアフリカ系アメリカ人とメキシコ系アメリカ人の患児達で、年齢の範囲は8歳から13歳でした。これらの子ども達の精神科HZに対する反応に関し仮説を立てるために、子ども達による芸術細工と物語がデータ・ベースとし用いられています。予想は、これらの入院患児は他の科の入院患児と似た反応を経験するということでした。得られた資料には、個人差と独自の変化があるとしても組織的にまとまりのある一貫性が認められるという予想は支持されています。資料が分析された結果では、分離不安、罰と罪の意識、収容施設への感情の転移が、子ども達による日常生活の描画と言語化された描写に、これまでの研究と同様に繰り返され現われていました。これらの資料は、随伴して生ずるコーピング反応を説明するの

に用いられています。

　バーゼス（Burges）[15]は、性リングとポルノグラフィ（春画、春本のようなわいせつ描画や文書）を子ども達が利用することを含め、レイプトラウマ症候群（強姦心的外傷）について研究しています。研究の対象は、49名の男子と17名の女子で、年齢は6歳から16歳にわたっており、これまでこの研究者が関わりを持ってきた者達でした。面接を試みた結果に拠れば、性リングを見せられた後に、75パーセントの子ども達が、否定的な心理的、社会的適応の型を示していました。性リングを見せられた子ども達の61パーセントを超える子ども達は、わいせつな写真を見せられた子ども達の半数以上の子ども達より、年齢で1年と少しばかり上になっていました。

　追跡研究を行ったところ、子ども達のストレスに対する反応には、外見上の行動的な適応に拠れば、四つの型があることが明らかになりました。出来事を総合する型、出来事を回避する型、出来事における行動を反復する症候を示す型、出来事において行動する者を同一視する型、の四つの型です。出来事における行動の利用を総合した子ども達には、性リングを見る時間が最も少なく、ポルノグラフィを見る時間も最も少ない傾向がありました。

　本章で報告してある研究は、取り上げられるべきものの全体像を必ずしも反映していないことを、読者には再度想い起こしてもらいたいと思います。ストレスと子どもの困難に関する研究のいくつかの代表的な例を取り上げたに過ぎないということを、申し添えておきます。

6月の誕生花　アジサイ
花言葉　ひたむきな愛情

7章

栄養の摂取・ダイエットとストレス

18世紀の料理学者アンセルム　ブリラート　サヴァリン（Anthelme Brillat-Savarin）は、自分の有名な著書『味覚の生理学』（1825）で、"あなたが食べているものを私に話して下さい。私はあなたがどんな人であるかをあなたに話してあげますから"と述べています。現代の格言である"あなたが食べるものがあなただ"は、この古い言葉から引用されている訳です。勿論、それはまさにその通り事実です。現代では、この古い言葉は、研究者達により、身体が神経伝達物質として働き、食物を総合する役割を果たしている、というように捉えられています。著名な多くの栄養士達は、これらの神経伝達物質は、気分、性的動因、食欲、それにパーソナリティさえまでに影響し、脳へのメッセージを中継ぎしている、と考えています。時に応じてある食物を加えたり他の食物を除いたりすることは、人にとり必要なものが何であるかを示していると言えます。

ダイエットとストレスの問題は、"ストレス食い"として一般的に知られていることに関連しています。ガリイ　スモール（Gary Small）博士[1]は、ほとんどすべての人がストレス食いのような食べ方を経験しており、そこには二つの要素が一般的に含まれている現象がある、と述べています。（1）過食の引き金となるストレスの多い出来事があるということと、（2）調理されている食物あるいはデザートを食べる便利な機会がしばしばあるということ、の二つです。

かっては、食べることは楽しみで嬉しいことでした。しかし、近年では、多くの人が"これを食べていけない、あれを食べていけない"症候群の犠牲者になっているのです。栄養の摂取とダイエットのいくつかの

側面についてはいろいろと議論の余地があるので、多くの人は、この栄養の摂取とダイエットに関わるさまざまな問題で混乱しています。本章では、この混乱のいくつかの点を明瞭にしたいと思います。栄養の摂取の問題、食事の習慣、ダイエットに対する関心の問題は、子どもと大人の両者にあります。したがって、これらの問題については、できれば医師と有資格の栄養士による指導と管理の下で、よく考えられ、助言されるのが望ましいでしょう。

栄養の摂取

　栄養の摂取とは、人が食物という物質を取り入れ身体に役立てる過程の全体を指しています。栄養の摂取は食物で身体に栄養を与えることです。この過程には、摂取、消化、吸収、同化が含まれています。

　摂取はラテン語の**ingestus**に由来しています。その意味は"取り入れること"であり、この意味の文脈では、食物を取り入れることあるいは食べるという行為を示しています。**消化**の過程には、腸器官系の内側で**食物が吸収されやすい**物質に変化し血液に入り、身体で役立てられる過程が含まれています。**同化**は、栄養の合併あるいは転換が行われ、摂取された栄養素が原形質になることです。この原形質は、生きている細胞を作り上げているきわめて重要な基礎となるものだと言えます。

　身体の要求は、子どもが成長し発達するにつれ変化しますから、子ども達にとってのよい栄養摂取と、大人にとってのよい栄養摂取は同じではないのです。子ども達は、現在の身体の状態を保つために必要とする栄養素に加えて、身体の新しい組織を作るのに役立ついくつかの栄養素と必要とするのです。

　ジェーン　ブロウデイ（Jane Brody）[2]は、栄養素の摂取に関する標準的な著書で、体重が44ポンド（註約20キログラム）の5歳児は、体重が154

ポンド（註約70キログラム）の人が摂取するのと同じ程度の鉄分、カルシウム、マグネシウムと、それにビタミンDの摂取が必要だ、としています。体重をポンドで比較した場合、子どもは大人よりも全体的に小さくても、5歳の子どもは、25歳の大人と比べ、2倍ものタンパク質、シアミン、リボフラビン、ナイアシン（一般名はニコチン酸）、それにビタミンAとC、また3倍のビタミンB_6とビタミンB_{12}が必要です。この事実は、幼い子どもは大人と同じほど食物を食べていなければならないことを意味するものではありません。むしろ、子どもが消費するカロリーは、栄養物に一層凝縮して詰め込められている状態にある、ということを意味しているのです。

　成長している子ども達は、強い骨と歯を作り上げるのに豊富な何らかのミネラルと、筋肉をしっかりしたものとするために、タンパク質を、エネルギーとスタミナの場合と同様に必要とします。栄養が乏しい子ども達は適切に成長しません。アメリカでは100万人以上の子ども達が毎月ごとに飢えを経験している現実があります。実に恐ろしいことです。この事実は、いわゆる"富める国"と言われている国にとって大変好ましくない記録です。

重要な栄養素と身体におけるその働き

　身体は適切な働きを保つために、多くの栄養素あるいは食物を必要とします。これらの栄養素は、大まかにグループ分けをすれば、タンパク質、炭水化物、脂肪、ミネラル、ビタミン、それに水ということになります。（水は、厳密な意味では栄養素ではありませんが、消化過程で必要であるためここに含めておきます。）カロリーを栄養素とするのは、しばしば取り違えて考えることになるとも思われますが、やはりこの部分で取り挙げておきます。これらの栄養素の主な三つの働きは次の通りです。（1）身体のすべての組織を作り上げ修復する、（2）身体のすべて

の働きを制御する、（3）身体のエネルギーの必要性に応じて熱量を供給する、の三つです。すべての栄養素は、他の栄養素と適切に組み合わさっている時に最もよく働きますが、各栄養素には、それぞれきわめて重要な役割があるのです。

タンパク質について

タンパク質は、原形質の物質で、動物のすべての生きている細胞と組織が形成されます。タンパク質は窒素を源とし、作られているタンパク質のブロックは窒素から形成されます。これらの基本的な物質はアミノ酸と呼ばれ、植物や動物の食物源で見つけられます。

アミノ酸は、消化の過程の間に、作用され、吸収され、次いで新しいタンパク質が形成されるよう再生されます。例えば、食肉のようなタンパク質の多い食物を食べると、消化の過程でタンパク質は即座に分解され、さまざまなアミノ酸に変わります。身体の化学物質が働き、これらのアミノ酸を新しいタンパク質が形成されるよう再び集めます。いくつかのアミノ酸の組み合わせにより、エンドクリンシステムのさまざまなホルモンが形成されますが、その他のアミノ酸の組み合わせは酵素を作り出すのに使われます。

酵素は、血液、胃、身体のその他の器官の固有な働きに必要な内分泌物です。酵素の作用は非常に特殊化しており、血液の凝固を防ぎデンプンを糖に変えるのに役立つような、さまざまな働きを担っています。

アミノ酸のあるものは、脳の化学物質やすでに紹介済みの神経伝達物質を作るのに使われます。脳の三つの化学物質は、ドーパミン、ノーレピネフリン、それにセロトニンです。チロシンと呼ばれるアミノ酸は、ドーパミン、ノーレピネフリン、トリプトファンを作るのに重要です。このチロシンはタンパク質に広く広がってあります。ドーパミンとノーレピネフリンは、筋力の活動、攻撃行動、情動的な状態が高まる場合に必要だと考えられています。

7章　栄養の摂取・ダイエットとストレス | 131

　タンパク質は、生命が始まる時から成長に必要とされる基本的な原物質です。身体の新しい組織を作り、古くなった組織を修復するのに必要です。また、タンパク質は、筋肉が働く時に必要な熱量として作用し、その必要性を失うことは決してありません。身体の物質代謝は連続的な過程ですから、身体の働きがうまく成し遂げられるためには、タンパク質は継続して供給されなければなりません。

　それ自体が形成の過程にある身体——成長している子どもの身体——は、体重で成長の域に達している時には、体重の重さと関連してタンパク質の割合が多く必要となり、消費した組織の修復だけにタンパク質が使われるのです。普通の大人は体重1キログラムあたり1日1グラムのタンパク質が必要ですが、成長している子どもはこの量の2倍から3倍のタンパク質を必要とします。

　子ども達の一つのタンパク質源はミルクですが、多くの栄養士は、子どもは1日当たり1クォート（註約0.94リットル）のミルクを飲むように勧めています。確かに、成長している子どもには、ミルクはタンパク質の重要な源となりますし、加えて、カルシウムやビタミンＤの源にもなります。しかし、子ども達の中にはミルクを好まない子どももいます。それは、多分に"完全な食物"としてミルクを飲むことを子どもに強制するのが原因となっています。

　さらに、ある子ども達にはミルクアレルギーがあり、ミルクを消化する力を失っているものと思われます。また、ある子ども達はミルクを飲み過ぎるリスクを犯しています。ミルクはよい鉄分源ではありませんから、多く飲み過ぎると（他の食物を取るのを軽く考えて）、鉄分が不足する原因となり、子どもは貧血症に罹りやすくなります。

　大抵のアメリカ人は、植物源と動物源からタンパク質を得ていますが、いくつかの宗教団体、菜食主義の人々、牛肉の生産が経済的に見合わない地域に住んでいる人々は、人間に必要な多くのアミノ酸の摂取を、いろいろな多くの植物の供給に頼ることになりがちです。植物に

は、人間が成長するのに必要なすべてのアミノ酸を合成する力があります
すが、人間はアミノ酸を自己充足していません。他の食物から健康と成
長に必要な25種以上のアミノ酸の中から得られるアミノ酸は、少なくと
も8種しか取ることができず、したがって、私達はアミノ酸を十分に合
成するのが不可能となります。身体組織では製造できず、外部のアミノ
酸源から取らなければならないアミノ酸を、必須アミノ酸と言います。

　いわゆる完全タンパク質食物は、必須アミノ酸のすべてを含んでいま
す。このような意味で、ミルク、ミルク加工製品、卵と同様に、動物の
肉は完全なタンパク質食物です。魚もよい完全タンパク質源です。

　一方、世界のかなりの人々は肉をわずかしかあるいは全く食べていま
せん。ある場合には、日常肉製品を全然食べていません。——それで
も、このような人々は、積極的で健康な成人期を迎えています。それは
何故かと言いますと、いく種かの野菜食物で必要なタンパク質がすべて
供給されているからです。穀物食物、木の実、ピーナッツ、ダイズ、サ
ヤエンドウ、サヤマメ、それにイーストは、動物タンパク質ではないタ
ンパク質の中で、とても重要なタンパク質源です。タンパク質の組み合
わせは、身体の要求を満たすのに特に有効であると思われます。

　タンパク質は生命に欠かせないものであり、バランスよく摂取するこ
とは必要ですが、タンパク質をとりわけ重要視するとか、ダイエットで
おおげさに取り立てることになってはいけません。タンパク質は、疾病
で身体が衰弱するに伴い、身体の組織が修復される時に特に重要なので
す。言葉を替えて言えば、タンパク質をあるいは他の食物を続いて取る
ことに関する注意は、タンパク質の摂取で考えられている食事を不定期
的にときおりすること、あるいはタンパク質をいろいろな食事で取り損
なったりすることを単に示しているとは、捉えないようにすべきだと述
べているのです。

　結局のところ、毎日三回の食事を取るということは、栄養上必要だと
いうことよりも、経験で身に付けられてきている反応なのです（このこ

とから、子ども達に関しては、特に重要だと思われます。大半の子ども達は慣習的に日に三回の食事とされている以上に食事を必要としているのが現実なのです）。一定の期間——およそ数日——において人が取る食物の質の方が、日日の食事ごとのその評価よりも重要なのです。しかし、栄養士の人達は、一般に身体が日日必要とするものは何かということについての助言してきているのです。

炭水化物について

　主として糖分やデンプンとして私達の食物にある炭水化物は、炭素と水素という化学的な要素が結合したものです。これらの食物は、消化の過程で分解され単一の糖分になり、血液に吸収されます。組織細胞が、そのエネルギーの要求に応じ糖分を吸収できるのは、血液からなのです。

　食パンや穀類加工食物（あるものは、タンパク質、ミネラル、ビタミンが豊富です）は、パスタ、ペストリーなどを含め、主要な炭水化物源です。ポテトもデンプン源ですが、他の重要な食物源を含んでいます。

　炭水化物の他の大切な働きは、繊維（かつては、一般的に繊維食物とされてきていました）成分を貯蔵し、腸の運動に役立っていることです。近年、ダイエットによる繊維成分の不足に関心が寄せられています。大人は、平均して、必要な繊維成分のほぼ45パーセントぐらいしか消費していないからです。子ども達の中には繊維成分の消費がそれより少ない者もいます。

　一般的に、使用される炭水化物は、少なくとも身体で二つの役割を担っています。第一の役割は、グルコースの形成です。グルコースは、身体の主要なエネルギー源であり、脳、神経、それに肺組織で使われるエネルギーの発生に関わっています。１グラムの炭水化物は、４カロリーのエネルギーを生みます。

　炭水化物の第二の役割は、グルコースからグリコーゲンを形成するこ

とです。グリコーゲンは貯蔵されているエネルギーの形を取り、主に肝臓に貯えられています。少しは筋肉に貯えられています。血液のグルコースは、複合炭水化物と単一炭水化物が含まれている食事から取られています。

　ついでながら、米国科学アカデミー（NAS）から、最近のガイドラインが出され、炭水化物の一日の摂取量について初めて勧告しています。子どもと大人は、脳にグルコースを十分供給するために、炭水化物を日に最低130グラムが必要だとされています。

脂肪について

　脂肪は炭水化物と同じ化学要素から成っていますが、炭素、水素、酸素の構成の割合が炭水化物と異なっています。脂肪は炭水化物よりも炭素を多く、酸素を少なく含んでおり、エネルギー源としては、炭水化物やタンパク質よりも役割を集中して果たしています。また、他の重要な方法でも身体が働くのに貢献しており、したがって、ダイエットで完全に除くことになってはならないのです。

　身体に貯えられている脂肪は、身体の働きに関わる物質を保護し、吸収するのに役立ち、またエネルギーを貯蔵する役割を果たしています。エネルギーの消費が、炭水化物の取り入れで供給されているエネルギーの量を超える時には、特にダイエットの場合、脂肪をゆっくり燃焼させる必要があります。体重を減らしたい気持ちがあったり、循環障害があり危険を伴っている人は、通常、脂肪の摂取を制限するように助言されています。

　ここ数十年で、脂肪は通常のダイエットでの摂取の40パーセントぐらいの取り入れになっています。大人の場合には、脂肪の摂取と心臓の疾患とに関係があるので、ダイエットにおける脂肪の摂取は通常の30パーセントを超えない摂取にとどめるのがよい、というのが、一般的な勧告となっています。

近年の研究では、子ども達の脂肪の消費はかなり多いとみなされています。これは、くだらない食物の食べ過ぎのためだと思われます。たまたまですが、NASによる新しいガイドラインでは、健康なダイエットにおいては、脂肪からのカロリーは20パーセントから35パーセントぐらいを含めることができるとされています。

脂肪の摂取が少なくなるダイエットをしている人達は、ときには脂肪の摂取が不十分になるのではないかと気になるものです。このようなことがあるように思われても、それは起こりそうではありませんからまず心配はいりません。例えば、ニワトリや魚のような脂肪の少ない食物でも、ある程度の脂肪を含んでいます。

厳しくダイエットをしている人達は、脂肪が含まれていることを気にして、これらの食物の摂取を避けています。すべての動物性タンパク質や乳製品食物を食べていない人達は、そのダイエットで、タンパク質、鉄、亜鉛、カルシウム、そしてその他の栄養素の摂取が少なくなり過ぎます。脂肪が少ないダイエットは、必ずしも脂肪がないダイエットではありません。脂肪からのカロリーを20パーセント含んでいるダイエットは、脂肪が少ないダイエットと考えられています。

脂肪は二つの方法で区別されます。飽和脂肪と不飽和脂肪です。飽和脂肪源のいくつかは、牛肉の脂肪、すべての乳製品、バター、それにチーズです。牛乳による脂肪を除けば、子ども達の中には、ダイエットでかなりの量の脂肪を摂取していないことにもなる者もいます。

一方、炭水化物を過度に摂取する子ども達は"甘口"症候群によるものと思われます。最近はマーガリンについては疑問が持たれるようになっては来ましたが、不飽和脂肪源は、油料理とマーガリンです。不飽和脂肪は飽和脂肪よりも使うのが望ましいと、一般的に勧められています。実際、NASの新しいガイドラインでは、牛乳、ナッツ、オリーブ、ダイズ、それにコーンオイルのような健康脂肪源を使用することがよいと強調されています。

ミネラルについて

　身体のミネラル要素は灰成分のようなもののように言われているのが多いようですが、それは、これらの要素が、私達が食物の形で食べている有機複合物の酸化されたものによる残留物であるからです。簡単に言えば、私達は、木材や石炭が燃焼した後に残っている灰をミネラルとなぞらえているのです。ミネラル要素は体重の約４パーセントほどになりますが、この４パーセントのおよそ半分はカルシウムです。

　ミネラルには、カルシウム、リン、カリウム、硫黄、塩素、ナトリウム、マグネシウム、鉄、ヨウ素、マンガン、銅、コバルト、ニッケル、それにフッ素が含まれています。これらのミネラルの大半は微量でよいのですが、よいダイエットには多く含まれています。しかし、カルシウム、鉄、ヨウ素は、ダイエットでかなりの量が必要とされますから、ダイエットでは特に考慮することが大切です。

　これまでに述べたように、子ども達の中には牛乳を飲み過ぎる者がおり、そのために鉄不足になり得ます。何人かの栄養士によると、鉄不足のある大人は、鉄を普通に取っている人と同様に働くことができません。鉄不足の子ども達の場合、注意が働く範囲が狭まり、学習能力が減りますが、摂食により鉄が適当なレベルまでに修復すると、これらの問題は見られなくなります。

　カルシウムの摂取を高めている子ども達は、骨密度を発達させていることを示している研究もあります。これはその通りかも知れませんが、子ども達がカルシウムのサプリメントを取るという危険を犯す可能性に直面するかも知れないことに、大人は注意しなければなりません。カルシウムの取り過ぎで、胃痛や便秘のような副作用が、子ども達に生ずることもあります。自分の子ども達のためにカルシウムのサプリメントを考えている親は、小児科医や有資格栄養士の指導を受け、子ども達にカルシウムのサプリメント、つまり増補をしなければなりません。

　摂取されているカルシウムの重さは、身体のミネラルの重さの約二分

の一に相当しますから、ここでは、特に考慮の対象となるミネラルなの
です。カルシウムは、ダイエットでは非常に重要なミネラルの一つです
が、多くの人達、特に女性は必要なカルシウムの二分の一しか取らない
傾向があります。

　カルシウムは、強い骨と歯の基礎になっていますが、骨には身体のカ
ルシウムの99パーセントが含まれており、血液には残りの１パーセント
が入っています。血液中のカルシウムは非常に重要です。それは、この
カルシウムは、適切な心拍、筋肉の収縮、それに血液の凝固を助けてい
るからです。

　身体におけるミネラルの重要な働きは、身体の物質の形成と調整で
す。身体の構造要素として、三つの一般的な仕方で作用しています。
（１）骨と歯の固い組織に堅さを与える、（２）神経と筋肉の柔らかい組
織の構成要素として働く、（３）ホルモン（例えば、ヨウ素が産出するチ
ロキシン）を生産するの三つの作用です。

　身体過程の調整をする上で、ミネラルは次のような多くの方法で働い
ています。ミネラル（特にカルシウム）は、血液の凝固で欠かすことは
できません。血液と身体組織中の酸とアルカリが多くなり過ぎ蓄積され
るのを防ぎます。心拍の正常なリズムを保持する際の働きに含まれてい
ます。身体組織における水分の交換を助けています。神経衝撃の伝達の
作用に含まれています。

　ミネラルは、物質代謝において重要で多様な働きに使用されていま
す。ミネラルの多くは、炭水化物、脂肪、タンパク質の物質代謝に必要
ですから、ストレス反応が生じる時に求められるエネルギー反応で重要
なのです。ミネラルは、バランスのよい量で摂取され、過ぎた量で摂取
されないことが重要です。過剰な摂取がされると、栄養上かなり有害に
なるからです。

　人は、一般に塩でよく味付けをした食物を好みますし、塩の使用を少
し減らすように注意されると、ときにはその訳をいぶかしいと思うもの

です。塩はナトリウム（40パーセント）と塩化物（60パーセント）でできています。ナトリウムは身体の水分と細胞の間のバランスを保つのを助けていますから、身体にとり重要なミネラルです。また、ナトリウムは神経衝撃の伝達と筋肉の緊張緩和にも重要です。

　アメリカでは、公式の一日の摂取量（RDIs）については、一日のナトリウムの摂取量は2,000ミリグラムを超えない方がよいとされています。残念ながら、ほとんどの人達は、これよりも多くの量を摂取しています——　一日につき7,000ミリグラムも摂取されている場合が、ときによってはあります。ナトリウムが摂取され過ぎると、血圧が上がり、異常な水分の保持や貧血が生じます。高血圧とその他の心臓疾患のある人は、一般に塩分の摂取を減らすようにと医師から忠告されています。食物の味付けで塩に代わるものとして、ハーブや、ニンニクの粉末、ディル（註セリ科の植物でその果実は薬用・香辛料になる）、バジル（註シソ科の植物で葉は芳香があり食用になる）、タイム（註シソ科の草状の低木でその葉は香辛料になる）のようなスパイスがあります。

7月の誕生花　ラベンダー
花言葉　期待、幸せが来る

7章　栄養の摂取・ダイエットとストレス 139

ビタミンについて

　ビタミンが基礎的な栄養素であることが分かれば、科学的な基礎のある学問として栄養素の研究の分野ではっきりと位置付けることができます。タンパク質、脂肪、それに炭水化物のような栄養素とは異なり、ビタミンは身体の構造の一部にはなりません。むしろ、身体の内部でさまざまな化学反応の触媒として、つまり、そのような反応が進むための仲立ちとして役に立っているのです。

　これらの化学反応には、摂取された食物を、身体の種々な細胞に必要な要素へと変える作用が含まれています。例えば、ビタミンＤは、カルシウムが物質代謝で血液と骨に使われるようにするのに役立っているのです。

水について

　水は、人間の体重で最も多い割合を占めています。この液体は、身体の表面で気化し蒸気として流れ、また吐き出されていますが、人が生きているには、絶えず新しく補給されなければなりません。人が生きていくためには、食物として摂取された物質に化学的な変化が生じる必要がありますが、そのような変化は物質が溶解した状態だけで起こるのであって、水はこの変化の過程で必要とされる溶剤になります。

　身体は、飲み物として摂取する液体、食べている食物、身体の中における食物の酸化から水を得ています。身体は、腎臓から出される小便、腸器官系から排泄される大便、皮膚からの汗、肺臓から吐き出される息で、水を失っています。

　身体的な活動、環境の熱さ、それに日々の身体的な過程でも水を失うことになります。もし、このように水を失うことと水を摂取することとの間のバランスが崩れ、失う水の量がより多くなると、脱水症状が生ずることになります。この期間が短ければ、このように水を失うことは害になりません。渇きになり、多く水分を取ることで、身体の水と体重は

普通のレベルに回復します。しかし、脱水の状態が長い時間にわたり続くと、身体の働きは、そのすべての面に水が使われているため、非常に危険な状態に陥ります。

　よく問われる疑問として、次のような問いがあります。日にどのくらい水を飲んだらよいのかということです。その答えとして、第一に言えることは、水を摂取することは単に水だけを摂取することではないということです。果物と野菜は、他の液体と同様に水を含んでいます。一人が毎日飲むべき水の量につき助言する際に、医師の意見は意外とさまざまになりやすいものです。医師でも、ある人は、毎日朝起きた時と夜寝る時にグラスで8オンス（註約227グラム）ぐらい飲み、食事ごとにも同じくらいの量を飲んだらよいと勧めています。また別の医師は、日にグラスで6杯から8杯ぐらいでよいと助言しています。

　毎日摂取するのに望ましい水の量については、このような具合に実に任意な助言が多くなされてきています。しかし、人が水を求める要求には——食物の液体の内容、人の活動量、環境の気温のような——多くの要因が影響し合っており、助言をする際の手がかりとして渇きの程度が考慮される傾向になりやすいものと思われます。

カロリーについて

　一般的に誤った考え方として、カロリーが、脂肪、炭水化物、あるいはタンパク質が栄養素であると同じようにみなされている点を挙げることができます。実際のところ、カロリーは、オンスとかインチのような測定の単位なのです。身体は働くのにエネルギーが必要であり、熱量はこのエネルギーの副次的産物です。1カロリーは、1キログラム（2.2ポンド）の水の温度を百分度で1度上げるのに必要な熱の量です。食物は燃料源ですから、科学者達は、身体がさまざまな活動を行うのに使用しなければならないカロリー数を計算するのと同じように、いろいろな食物から得られるカロリー数を計算することに関心を払ってきました。

7章　栄養の摂取・ダイエットとストレス　│　141

　これらの研究の結果では、私達が自分の要求をよく満たすのに十分な
エネルギーを得るために生産しなければならない食物のカロリーあるい
は熱量が単位でどれくらいであるかという情報について示されている、
ということです。

　これらのエネルギーが必要とされる側面は二つの種類に区分されま
す。随意的な側面と不随意的な側面です。随意的な活動は私達が制御で
きます。一方、不随意的にエネルギーが必要とされる側面は、私達が起
きていようと寝ていようと、絶えず生じています。不随意的な活動に
は、消化、心臓の働き、排泄、呼吸と、それに、情動的な興奮、ストレ
ス、環境の熱さのような要因により自動的に生じる特殊な要求が含まれ
ます。

　多くの人達は、幼い時期から特にキャンディやデザート食品を好むよ
う慣らされてきています。親達の中には、子どもが自分の皿を洗った
り、食べたくない食物でも我慢して食べたり、何か他のことでも行儀が
よかったりしたことに対して、褒美にこれらの食物をよく与えてきてい
る人達がいるからです。

　身体的な要求が過剰な場合には、これらの食物から生じるカロリーは
空カロリーと呼ばれています。これらの食物には栄養価がほとんど無い
か、全く無いからです。実際、これらの食物は、肥満を生みやすく、他
の栄養価のある食物が必要な時でも、食欲を満たしています。ペスト
リーやキャンディをダイエットから完全に除く努力をしても、つい口に
したくなる気持ちに誘われ、これらの甘味たっぷりの特徴に潜む危険を
少なくすることを忘れてはなりません。

　結局のところ、果物、野菜、ジュースは、同様に満足できる食物です
（正しく言えば調理済みであっても）。カロリーは比較的低く、栄養価は
高い食物であり、不必要なエネルギーという問題で困ることが生ずるこ
とのない食物です。

　１歳の子どもは一日に約1,000キロカロリーが必要ですが、３歳児で

は1,300キロカロリーに、6歳児では1,700キロカロリーにまで増えます（過度の空カロリーの消費は、これらの量をかなり高めます。）。普通の大人の男性の場合使われるカロリーの量は2,700キロカロリー、女性の場合は2,100キロカロリーです。

　読者の皆さんが、自分に必要なカロリーを調べる方法を一つ挙げておきます。身体を全く動かさず座っている場合は、体重を10倍して下さい。体重が150ポンド（註約68キログラム）なら、毎日1,500キロカロリーが必要となります。かなり活動をしている場合は、体重を12倍から13倍します。非常に激しく運動している場合は、体重を15倍して下さい。

　ところで、NASの新しいガイドラインでは、使用に必要なカロリー数は、身体的な活動をどのくらいしているか、その程度と直接に関係付けるのがよいと勧告しています。

消化について

　身体の消化組織は、入口から出口まで、つまり口から肛門までが30フィート（註約9メートル）以上の長さがあり、この粘液があり線状の中が空洞の管の壁の中で生じる化学的な過程は実に複雑です。食物が口から摂取され廃棄物が肛門から排泄されるまで、身体の化学的な装置は働いています。さらに、肝臓と膵臓の二つの付加器官は消化組織を完備するために必要です。この二つの器官は小腸につながっています。これらの二つの器官からはきわめて重要な消化液の多くが分泌されます。

　すでに述べていますように、消化組織の働きは、摂取している食物の構成物を変化させることです。その食物がより簡単な化学物質に変えられると、腸の内壁を介して循環組織により非常に多くの身体細胞に吸収されます。これらの消化の最終産物は、単純な糖、脂肪酸、ミネラル、ビタミンの形をとります。

　消化には機械的な活動が伴います。まず、食物は歯の砕く活動で噛み

砕かれます。（子どもの時には、"食物はよく噛んで食べるのよ。よく噛まないで飲み込むようなことはしないのよ"と、たびたび注意されるものです。）食物を噛みこなすことで、いろいろな消化液が作用できるように食物の表面は驚くほど増加します。次いで、食物は、飲み込まれついには**蠕動運動**と呼ばれる過程で栄養の導管を動いて行きますが、この運動は、消化器官系の中にある内容物を混ぜ合わせ前の方へ動かす一連の筋肉運動です。

　人によっては、**ラクトース（乳糖）アレルギー**のため、牛乳を消化するのに問題を抱えている場合があります。牛乳にある糖であるラクトースを分解するのに必要な酵素が減っているのです。牛乳アレルギーのある人は、牛乳を飲む代わりに、バターミルク、豆乳、ヤクルト、あるいはチーズのようなものを望めば摂食できます。ラクタイドと呼ばれる、ラクトースのない食物を利用する人達もいます。

消化とストレスについて

　子どもが"腹痛"を訴える場合にストレスの多い経験をしていることがあります。このような腹痛の訴えは、**神経性の消化不良症**（あるいは胃弱）として一般的に知られています。そのような場合は、消化器官系が情動的な状態に非常に強く過敏に反応しています。幸せな気持ちが満ちている状況で食べている食物は、消化されやすいのです。反対に、厳しい情動的なストレスが組み合わさっている時には、消化がかなり長い期間（一日前後）妨げられ、ときには止められることさえあるかも知れません。

　消化器官系における広い範囲にわたっている神経連結が、ストレスが原因で生じる障害を器官系が受けやすい状態にすることがあります。ストレスが原因である障害の例として、吐き気、下痢、大腸炎（大腸の炎症）があります。そのような障害では、そこに含まれている器官が必ず

しも疾病の状態になるとは限らず、その器官の働きが損なわれるだけであるかも知れません。しかし、多くの権威ある専門家達は、情動的なストレスが長引けば、消化器官系に厳しい疾病が生じるという点では、意見が一致しています。

ドナルド モース（Donald Morse）とロバート ポラック（Robert Pollack）[3]は、ストレスは消化器官における障害の主な理由だ、と言っています。両者によるストレスと唾液に関する研究では、ストレスは口が渇く原因になることを明らかにしています。この事実は特に重要です。消化は口の中で始まり、唾液はデンプンの消化を始めるのに必要だからです。

ダイエット

ダイエットは、規則的に消費される食物と液体に関して用いられる包括的な用語です。そこで、バランスの取れたダイエットとは、その内容がどのような構成になっているのかという疑問がしばしば持ち上がります。バランスの取れたダイエットは、十分な液体とともに、四つの基本的な食物群からの食物を含んでいます。牛乳製品群、食肉群、野菜・果物群、パン・穀物群の四つの群です。

一般的な勧告では、子どもには、日々乳製品群から三種、食肉群から二種、野菜・果物群から四種かそれ以上、パン・穀物群から四種かそれ以上の食物を供給するのがよい、とされています。供給する食物の量に関する勧告は、子どもの年齢に応じてさまざまですが、一般的に言えば、各年齢に応じ１テーブルスプーンの量は供給すべきだとされています。例えば、６歳の子どもには、６テーブルスプーンの量を一回の供給で与えるべきだ、と勧告されています。ここでは、任意のダイエットは避けることが強調されていますが、同時に、食物とその食物の割合がダ

イエットの働きを最善のものにするということについても知っておくことが重要であると、指摘しています。摂食に際しては、食物の種類と食物間の割合が適切であることが大切だ、とされているのです。

　アメリカの国立癌研究所と農林省による研究では、若い人達の約1パーセントだけですが、四つの基本的な食物群からの食物の一日の消費に関しては、行政の勧告内容のすべてを満たしていました。また、これらの若い人達の16パーセントが、すべての食物群で必要とされる食物を満たすように摂食していませんでした。このような研究の結果は、子ども達を食物の選択で助ける時には、低脂肪、低付加糖分の食物を選択するよう強調する必要があることを示唆しています。例えば、果物、野菜、穀物を消費するよう助言するのが望ましいと思われます。

　家族のダイエットでは、多くの有害食物の成分——例えば、コレステロール——を含んでいる場合があります。この動物性の油と脂肪の化学的な成分が過剰な量になると、血管に溜り、それが動脈硬化の原因となり、心臓疾患が発症します。

　コレステロールは、最近では、身体の健康を問題とする時にしばしば取り上げられるようになってきています。コレステロールの身体の健康上の意義については、1988年の11月の9日から11日にかけて、ヴァージニア州のアーリントンで開催された、第1回全国コレステロール協議会で、身体の健康の危険因子として検討されています。この会議は、全国コレステロール教育プログラム協力委員会が後援していますが、この委員会はおよそ25の専門機関で構成されています。この協議会は、研究者、医師、それにコレステロールの研究という急速に変化している分野での知見とプログラムの成功例を共有している専門家が含まれている、ユニークな協議会でした。

　この危険要因についての一般的な関心は、次のような統計的な検討を経て証明されています。

1．アメリカ人の50パーセント以上の人のコレステロール値は高過ぎる。

2．アメリカ人で自分のコレステロール値を知っている人達は約8パーセントに過ぎない。

3．もし、検査を受け、自分のコレステロール値を下げる行動を取っていれば、毎年250,000人ほどの人達の命が守られる。

4．自分のコレステロール値を下げた人の1パーセントの人で、心臓疾患に罹る危険性が2パーセント減っている。

5．自分のコレステロール値が265（血液の1デシリットルあたり全コレステロールの量が265ミリグラムであることを意味しています）かそれよりも高ければ、コレステロール値が90かそれよりも低い人と比べ、心臓疾患に罹る危険性は4倍になる。

6．10人中9人は、自分のダイエットを変えることで、自分のコレステロール値を下げることができる。

　医師達の間では、コレステロール値で容認できる範囲についての考え方はかなり広く異なっていますが、二、三年前では、コレステロール値は150から300の広い範囲で正常値だとされていました。しかし、この問題に関する考え方は、急速に変わってきています。例えば、全国心臓・肺・血液研究所では厳しいガイドラインを公示しています。血液中の全コレステロール値は200を超えてはいけないとされています。
　国家コレステロール教育プログラムでは、大人と比較して次のように子ども達のコレステロール値を示しています。

コレステロールの勧告値

	子ども （mg/dl）	大人 （mg/dl）
普　通	170未満	200未満
境界線	170-199	200-239
高　い	200以上	240以上

ダイエットとストレスについて

　ストレスの問題に関して、大抵の著者達は、一般的な健康の物差しとしてダイエットの重要性を強調しています。しかし、次のような疑問が湧いてきます。ストレスを妨げるのに役立ちストレスに対処するのに貢献するような特別なダイエットの形式はあるだろうか、という疑問です。この点に関して、J. ダニール　パルム（J. Daniel Palm）[4]が理論を提唱しています。その理論によれば、ストレスに始まる多くの障害は、血液中の糖のレベルが規制されることに原因がある、ということになります。

　この理論は、研究の条件に統制を加え得られた資料を拡げて発達させて来た理論で、脳に供給される血液中の糖が不十分であると、健康に有害な条件が増してきて、それがストレスとなり、いろいろな障害をもたらす、生理的な反応と行動的な変化が生じる、とされています。多様な障害と関連しているとして知られている、血液中の糖の不足は、障害・疾病の結果ではなく、主要な最初の生理的なストレスなのです。行動的な変化は、ストレスの影響を受けた人がその影響を補うには適切さを欠く試みなのです。もし、血液中の糖の不足によるストレスが妨げられれば、さまざまな種類の異常行動は制御されると考えられるのです。

　ダイエットのプログラムが、このストレスを除くために提案されています。このダイエットは、**フルクトーゼ**（果物の糖）の物質代謝の特徴を基礎とするものですが、グルコーゼや他の炭水化物が変化する時に、

このフルクトーゼの有利な点が生かされます。この際、炭水化物はグルコーゼに消化され吸収されます（フルクトーゼ自体はサッカロース＜蔗糖＞の通常の成分ですが、日常卓上で用いる砂糖です。また、多くの果物に自然に生じており、その花みつの半分の成分です）。

　前に紹介しましたモースとポラックは、フルクトーゼが過剰であるのも問題だと注意しています。フルクトーゼが過剰になるのは、ソフトドリンクや加工食物を摂取した時です。果物やジュースではフルクトーゼの濃度の濃縮が生じているからです。このような食物を摂食した場合には、個人の一日のダイエットでフルクトーゼは多くて約20パーセント増します（通常は10パーセントから12パーセントまで）、全コレステロールは11パーセント増加し、トリグリセリドは56パーセントをわずかに上回って増えます。

子どもの食習慣

　食事における大人による管理、特に親による管理は、子ども達の食習慣の形成にとり最も重要です。不幸にも、この点については、親は子どもの最も好ましくない敵であると言えます。子どもが好きでない食物を、強いて一方的に子どもに食べさせようとして口うるさい親は、子どもの現在及び将来の食習慣に対してかなりの害を与えているのです。

　人生の最初の年の終わり頃になると、子ども達の食事の習慣は見違えるほど変化してくるものです。その一つの例を挙げると、子ども達の食物の摂取量が、通常は、かなり減る様子が見受けられます。多くの親達は、子どもの発達過程の傾向を理解せず、この摂取食物の減少を不必要に心配します。生後1年頃になると、実際に起こっていることは、子どもが成長する速度が減り、その結果として、子どもの体重1ポンド（註約454グラム）当たりのカロリーの必要量も減るという事実なのです。

7章　栄養の摂取・ダイエットとストレス　│　149

　このため、子どもの食欲は減ります。食欲は、日々の食事ごとにも変わることにもなり、ときには、子どもが行う活動の種類や量にも影響されます。子どもの成長に伴うこのような変化が気になる親は、生後6か月で食物を食べた方法から、生後2、3年の子どもが食事をする仕方を予想し難くなるのでしょう。親は、子どもが食事で食べる食物の量よりも質により関心を向けることが大切なのです。

　子ども達は、ときには、食物に対し突然好き嫌いをするようになるかも知れません。例えば、子どもは、箱入りの褒美を貰うために特別の穀物食物を欲しがるかも知れません。そのような褒美の魅力が失せ、好まなくなるため、いままで食べたがっていた食物を、あまり食べなくなるかも知れません。幸いにして、そのような食物の好き嫌いは、しばしば見受けられるものではありませんし、通常は長く続きませんから、大人は子どものこのような食物の好き嫌いをあまり気にしないことです。

　子どもの人生で早い時期に、いろいろな食物を与えることはよいことだと思われます。子どもに食物の好き嫌いの態度ができるのを防ぐのに役立ちます。大人は、自分自身で特定の食物を嫌うようなことをせず、子どもに強く影響するような、好き嫌いをしないよい手本を見せてやることです。

　親は、特に子どもが食事が下手だと小言を言うことが多くなりがちです。そこで、この食事が下手な習慣の原因を明らかにすることが重要です。よく一人だけで食事をする子どもは、他の友達と楽しく時を過ごす機会を失いやすいものです。一人だけで食事をする部分が生活の中でかなり増え、子どもがその食事をすべて終わりまでしなければならないと思い込むようになると、特に一人だけの時間が多くなります。勿論、このような状況は、子どもにとり大変好ましくないことです。食事の時間は、楽しい、幸せなひと時でなければなりません。子どもが心から喜んで食べないと、それを責めたり、脅したりする時間であったりしてはなりません。大人の側がそのような行動をとると、子どもをストレス下に

追いやることになり、そうでなければ生じないような、よくない食事の行動を生み出すことにもなるのです。

　９歳から10歳の子ども達を対象として、私自身が行った研究では、子ども達は、健康に最も役に立つ食物と役に立たない食物について気付いていることが分かりました。子ども達の回答を百分比で整理すると、次のようになりました。

　健康のために最もよいとされる食物は、野菜（36パーセント）、果物（28パーセント）、牛肉（26パーセント）、パン（８パーセント）、それに牛乳（２パーセントだけで、これは少しばかり意外な回答でした）です。健康に最もよくない食物としては、キャンディと他の甘口の菓子（65パーセント）、スナック菓子（17パーセント）、塩味の食物（９パーセント）、コーヒー（５パーセント）、それに脂肪食物（４パーセント）です。（ここに挙げた食物は、子どもの健康に関する知識としては役立ちますが、必ずしも健康のための実践の指標となるものではありません。）

子どもの肥満

　2002年11月26日のことですが、ABCのテレビ放送のニュース番組で、ニューヨーク市に在住している８人の子ども達（そのうち一人の男の子は体重が400ポンド（註約181キログラム）でした）の関係者が、子ども達の肥満の原因だとして、マクドナルドレストランを訴えていると報道していました。レストランが食事に関する健康上の危険性について何も情報を提供していなかったことが原因だという訳です。この訴えは取るに足らないものだとする批評もありましたが、このような訴えが起こり報道番組に取り上げられるのは、時代の一つの徴候だとする意見もありました。

　この訴えを起こした男の子の肥満の原因は、明らかに脂肪の取り過ぎ

です。肥満には厳しい危険を伴います。糖尿病や心臓疾患のような障害の原因になるからです。子ども達にとってみれば、これらの健康上の問題はずっと先のことのようにも思われますが、肥満の心理的な影響には困惑させられます。肥満児は、否定的な感情、自尊感情の喪失、個人としての価値観の欠除のような好ましくない気持ちを抱くようになってくるかも知れないのです。

　子ども達の肥満は、過去20年で３倍を数えるまでになってきています。エール大学の食事・体重障害研究センターの所長であるケリー　ブロウネル（Kelly Brownell）とハーバード大学のデイヴィッド　ルドウィッグ（David Ludwig）の両氏は、肥満の流行には多くの原因があるが、ダイエットの悪化がほとんどその原因だ、と述べています。ファーストフードは、日常の生活でかなり多くを占めていますが、高度に加工された炭水化物と最もよくない脂肪を含んでおり、繊維成分はわずかしか含んでいなく、場合によっては全く含んでいません。これらの要因は、いずれも肥満が増える危険性と関連してきています[5]。

　肥満が原因で糖尿病に罹る機会は非常に増えています。子ども達のような（肥満が流行的に増えてきている状況が急速に高まっています）大人の糖尿病予備軍といわれる者達は、脂肪を摂取する上で困難を経験していますし、また、たまたまそのような問題に陥っている、と報告されています。このように、糖尿病の発症の傾向は、すでに20歳代に始まっているのです。

　肥満の原因が内分泌腺の状態だとされる場合もありますが、大半は過食の結果とみなされています。簡単に言いますと、身体エネルギーにとり必要以上のカロリーがある食物が摂取され、この余分の食物が脂肪として身体に保存される時に肥満になるのです。結局、肥満は脂肪の取り過ぎだとも言えます。

　多くの著名な栄養士達は、肥満には遺伝的な側面がある、と言います。両親の体重が普通である時には、７パーセントだけの子どもが太

り過ぎになります。片親が太り過ぎの場合には、太り過ぎである子どもの割合は40パーセントまでに高まります。両親が肥満であると、80パーセントの子どもが同様に肥満となります。このような事実は、肥満には強く遺伝する傾向があることを示してはいますが、必ずしもそうだとは言い切れない面もあります。家族の環境——特に、親の食事と食習慣——が、遺伝以外の肥満の要因として考えられます。遺伝は個人が肥満になることを予測する上で非常に重要だと、かつては考えられていましたが、遺伝が肥満で果たす役割ははっきりしたものだとは言えないのです。

7月の誕生花　ツユクサ
花言葉　尊敬

8章

身体活動・実行とストレス

　身体的という用語は、人間という生活体に関して用いる時には、身体と身体の要求に関することを意味しています。**活動性**という用語は、"活動的"という語に由来し、その意味の一つには活動が必要なものということがあります。このような訳で、身体的と活動性の二つの語が共に用いられる時には、その用語は身体活動を意味します。これは意味が広い用語であり、意図的な運動と無意図的な運動を含んだ用語です。そのような身体活動が、**身体的適切性**を発達させ維持する目的で実行される時には、通常、**身体的実行**と呼ばれています。本章では、広い範囲の身体的活動性とより特殊な範囲の身体的実行の両者につき述べ、さらに、これらの要因が健康とどのように関連しているか、ストレスとどのように関係しているかの問題を取り上げます。

パーソナリティの身体的な側面

　パーソナリティの身体的な側面について述べる一つの方法は、人には身体があるという点でしょう。背の低い人がいれば高い人もいます。身体が痩せている人もいれば太っている人もいます。子ども達が生まれてくる時には、大きさはさまざまですが、すべての子ども達に、環境の影響を受ける生得的な能力があります。

　人間に関する限り——早期の子どもの時代から大人の時代に至るまで——身体は、私達の作用（器官・心などの）の基地であり、"身体的基地"と呼ばれてもいます。全パーソナリティの他の構成要素——社会的、情

動的、それに知的——には、ややはっきりしないところがあります。これらの構成要素はいろいろな仕方で現われますが、身体的な側面が見えると同じ様に、実際にはそのもの自体は見えません。子どもの時代に、身体的な側面、あるいは身体を制御しようとする基礎的な試みは、さまざまな厳しさを伴いますが、とても重要になってきます。勿論、これをなし得る能力は子どもによって異なりますが、かなりの程度、身体的適切性の影響を受けます。

　身体的適切性の広い領域は、いくつかの構成要素に分けられます。個々人が、これらの構成要素を考えに入れ、生まれつきの能力を最善に生かし物事を達成することが重要なのです。身体的適切性を区分けすることには、いろいろな考え方もあり、それが完全に一致するまでには至っていません。しかし、基本的には次のように考えられます。

1. **筋肉の強さ**：これは筋肉の収縮力を表わしています。筋肉の強さは、普通、力量計あるいは握力計で測定されます。特定の筋力群が単一作業で最大限の努力に使われる力量の程度を計る測定用具を使用する訳です。

　　人が生きていることと、それが有効であることは、筋肉の働きに影響されます。身体全体の運動、身体各部分いずれの運動も、骨格についている筋肉の運動がなければできません。

　　身体が生命に関わる働きをする場合も同様です。呼吸、消化、排泄の作用は、筋肉の収縮に影響されます。生命に関わる筋肉の働きは、骨格筋の働きが使われることの影響を受けます。心臓の脈拍が速くなること、血液がかなりの速さで体内を循環すること、呼吸が深く速くなること、皮膚の表面で発汗することには、筋肉の収縮が大きく関わっているのです。

2. **筋肉の耐久性**：筋肉の耐久性は筋肉が仕事を実行する能力を指しています。筋肉の耐久性には二つの種類があります。**等尺性**と**等張**

性の二つです。等尺性では筋肉の収縮が最大限になります。等張性では、ウェイトトレーニングや腕立て伏せのように、筋肉の負荷を中程度にし連続して上下する際に、筋肉の収縮が生じます。等尺性では筋肉の収縮は固定された長さで保たれます。等張性では筋肉の収縮が短くなり長くなるという具合に、筋肉の収縮の短・長が交互に起こります。

　筋肉の耐久性では、ある程度の筋肉の強さを想定しなければなりません。しかし、筋肉の強さと耐久性の間には違いがあります。同じ強さの筋肉群に程度の異なる耐久性があるということです。

3. **循環－呼吸の耐久性**：循環－呼吸の耐久性には、比較的長い期間にわたり大筋肉群の適度な収縮が生じるという特徴があります。この期間には、長距離走や水泳のような、身体の活動性が必要とされる循環－呼吸系で最大限の適応がなされます。明らかに、筋肉の強さと耐久性が必要です。しかし、この両者自体だけでは十分ではありません。筋肉の強さと耐久性は、よく発達している循環－呼吸系の働きを保障する訳ではありません。

　パーソナリティの身体的な側面に関しては、人間の主要な目的は、身体的適切性のふさわしいレベルに向ければならない、ということになります。この点は、次の論議で話題にします。

身体的適切性の適切なレベルの維持

　身体的適切性があるということは、よい食物を適切に摂取し、適度の量（時間）の休息と睡眠を取っていることを前提としていますが、これに加えて、身体の大筋肉を含む活動性を欠かすことはできません。そこで、次のような疑問が生まれてくることもあります。人生の各段階ごと

で、どれくらいの身体的適切性が保持されなければならないか、そのレベルの高さはどのくらいがよいのかなどが問題となります。しかし、これらの疑問に対し明確な答えを出すのはなかなかむずかしいのです。

　明らかに、若い運動の代表的な選手は、中年の普通の人が考えるレベルよりかなり高いレベルの適切性を考えなければならないでしょう。

　身体的適切性については、いろいろな人達がさまざまな方法で述べてきています。しかし、これらの考えのすべてをまとめるとすれば、その異なっているところよりも似ている点は取り上げやすい、と思われます。ここでは、ある身体的な課題を行うのに必要な人間の能力のレベル、あるいは、別の見方になりますが、筋肉の努力が必要である、さまざまな特殊な課題を実行する際の身体的適切性について述べることにします。

　この点で、一つの重要な疑問があります。多くの人々にとって非常な努力を要する活動性が実際に必要でないのに、多くの努力がなくてすむような工夫が利用できる現代でも、かなりレベルの高い身体的適切性が望まれるのはなぜか、ということです。この疑問に対する一つの回答として、私達の先祖が、未開の時代から逆境を長い間切り抜けて生き残ってきたからこそ、私達は今ここに生きているのだ、ということを挙げることができます。生きることに強さと耐久性がある者だけが適切に生き残ってきているのです。現在まで生き残るため、身体的適切性を備え、生きるため懸命に働いてきたのです。

　生物の系統発生的な視点で捉えれば、自分自身の系統樹から大きく離れることなしに、生きるために忍耐強く非常に活動的に働いてきた人々がいたということが、分かると思います。力強い身体的な行動と身体的な忍耐強さは、私達のいわば生物学的な遺産なのです。人間にはそのような生物学史的な背景がありますから、私達の身体は活動的である時に、とてもよく働くのです。

　子どもの発達に関する専門家達は、子どもの時代における旺盛な遊び

は、身体のさまざまな器官や組織が十分に成長するには欠かせない活動だとする点では、ほとんどが一致する考えを持っています。"遊びは子どもの時代の仕事だ"と言われてきています。この"仕事"をうまく、楽しくするには、子どもは身体的に適切でなければなりません。よい栄養、休息、学校で適切に行われている身体活動は、子どもや青年の身体的適切性が発達し保持される点でなすところが非常に多いのです。この身体活動を人生を通して絶えることなく行うことは、すべての人々にとり欠かせない目的でなければなりません。

　実践という言葉には、強い教訓的な意味合いを帯びる傾向があります。それはあなたによいことなのだと言われている多くの事柄のように、退屈や憤りのような感情も生み出します。このような場合、人によっては、"実行をしているよう感じる時には、すぐ横になってその感情が自分から遠のくまで休むことだ。そうすれば、実行をしている友人に自分の気持ちを受け止めてもらえるから"という古い言葉を繰り返して言っているうちに、練習することを、いわば肩が張らないように受け入れています。

　以前に体育の教師でもあった者として、そうすることで初めて生活で意味のある経験となるということで、身体的適切性のレベルを実行で高め保持することに関する私の感情をまとめてみました。これらの経験には、屋内と屋外のスポーツを含め、あらゆる身体活動と実行が入っています。そして、これらの身体活動と通常関連して生じている、豊かで好ましい相互的な対人関係も含めています。さらに、あるレベルの身体的適切性を保持する経験には、通常では十分に評価の対象となっていない他の価値もあります。この価値は、個々人の全パーソナリティは、その身体的な基礎の影響を受けている、という考えに関わっています。

　全パーソナリティ——社会的、情動的、それに知的な構成要素からなる——は、その身体的な構成要素、その作用の基礎が弱く、不安定である時には、生活する上で脅威に晒されます。適切性の問題を熱心に取り

上げる人達は、学業成績、情動の制御、社会的な適応は、適切なレベルの身体的適切性がさらによくなり、多くの生育歴や臨床的な資料により、ここで論点にされているところが支持される傾向にある時には、改善されると主張しています。

　ほどほどにしっかりした身体的な基礎があれば、不安定な基礎よりも、パーソナリティ資源としてはよく働き、役立つようになるのです。他の言葉で言えば、人がよい食物だと感じ取り入れるものは、よりよい身体的な基礎になり、生命力は高まり、よい効果を長期にわたりもたらすものになる、ということになります。

身体の型と身体各部の型と身体的適切性

身体の型について

　自分の身体の構造と主な身体各部の釣合を知ることは、自分自身を理解することにとり、基本的に重要です。身体の構造は、いろいろな方法で区別されますが、主な三つの型にまとめることができます。（1）ふっくらし、腰が広く、比較的肩幅が狭い型（エンドモーフ型）、（2）肩幅が広く、腰が狭い筋肉型（メソモーフ型）、それに（3）細身の身体が真っすぐな型（エクトモーフ型）の三つの型です。勿論、“平均的な”女性は“平均的な”男性とは同じではありませんが、これらの一般的な型の分類は両性に適用されます。

　興味深いことに、これらの身体の型は異なる情動と行動に関連しています。例えば、エンドモーフ型は、陽気で、食事を喜び、快楽的に楽しみ、外向的（内臓緊張型）になりやすい、とされています。メソモーフ型は、競争的、攻撃的で、運動を好み、両向的（筋骨緊張型）となる傾向があり、エクトモーフ型は、きまじめ、知的で、読書を楽しみ、内向的（頭脳緊張型）な傾向があります。だれでも、この標準からずれるこ

とはあります。

　ときどき、個人は、典型的に当てはまるという意味で"純粋型"になります。しかし、大抵の人は第一の型と第二の型の混合型（エンドモーフ・メソモーフ型）あるいは第二の型と第三の型の混合型（メソモーフ・エクトモーフ型）です。例えば、身体が一方の型で上回り、もう一方の型で下回る人達がいます。例を示すと、腕と胴はメソモーフ型、脚は比較的エクトモーフ型と思われることで、少しばかり自己意識的になり、不安な気持ちを抱いている人の場合を挙げることができます。しかし、現在の自分の身体の型の状態が当人にいくらか役に立っており、あるいは自分が望んでいることの大半をすることを少なくとも妨げていることにはならず、自分の身体の型を気にしないでいることもあるのです。

　遺伝、遺伝子が混合する機会、それに確かに他の要因が働いており、これらの条件のため身体の基礎的な型を決めるのに完全な情報が得られないのです。このような場合には、個人は自分の身体の基礎的な構造を変えるにもほとんどなすところがないので、自分の身体の型をそのまま受け入れなくてはなりません。

　学習をすれば、自分が身体の型で備えているところは大半が分かります。自分の身体の型がよく分かっていれば、自分の身体的適切性のレベルを満足できるまで上げ、それを保つことが可能です。自分の身体の型に、エンドモーフ型あるいはエクトモーフ型の傾向が非常に強く認められても、身体を力強い耐久性のあるものとし、自分が好む活動性で技術を高めるよう学習するのです。身体が太っていて体重が重い人は、大抵、ダイエットでデンプンや脂肪の摂取を少なくし、規則正しく食事をすることで体重を制御できます。また、痩せて細った人でも、タンパク質と炭水化物の食物をほどよく増し摂取できるようにという基本的な勧告に従えば、体重を増やし"ほどほどの適正な重さの体重"にすることができます。もし、体重が目に見えて増えなくても、自分がしたいと思うことを十分に楽しむことが大切なのです。好む食物で食事をすること

を楽しみたいものです。

　自分自身の特別の体型がどんな体型であっても、活動的で楽しい経験をすることが重視されている大抵の活動プログラムに、うまく参加できるものです。しかし、あるスポーツを特にしたいと思う時には、自分の身体の型に適するものを選ぶべきです。勿論、運動型（メソモーフ型）の人は、大半のスポーツの中でスポーツを選ぶ機会がありますが、その人がベストと思い活動するところがどこになるかを決める上で重要な要因は、その人の身体の型がエンドモーフ型あるいはエクトモーフ型に重みがかかり傾いているか、という点にあります。

　しかし、身体がよく発達している細身の人（エクトモーフ型）は、中距離走、長距離走やテニスのような他者と身体の直接の接触がないスポーツで優れている傾向があります。筋肉型で体重のある人（エンドモーフ型）はフットボール（例えば、前衛）のようなスポーツをする機会があり、冷たさから回復する力や海水で隔離されている状態に耐える力に優れていることが求められる遠泳では、しばしば力を発揮します。エンドモーフ型の構成要素の多い人は、重量上げや重量級のレスリングで際立った成績を上げるものです。

　ある身体の型であることで、すべてのレクリエーション・スポーツから締め出されるようなことがあってはなりません。競争のレベルがかなり高度である場合は、運動型の人にできるものとして開かれている運動の範囲はきわめて大きくなります。しかし、エンドモーフ型の人やエクトモーフ型の人でも興味があれば、そのような範囲も相応に開けてくるのです。

身体の部分の型について

　身体のさまざまな部分の大きさは、身体的な行動と重要な関係があります。例えば、二人の男性の脚の長さが同じで、他の点でも同じである

場合は別として、一方の人の脚が他方の人の脚より長ければ、ひと跨ぎが大きくなるという利点があるので、競走をすればしばしば勝つことになるでしょう。脚の長い方の人は大きいギアで走ることができるのに対して、脚の短い方の人はギアが小さくなりぜいぜい息をして走ることになるでしょう。しかし、普通の人にとってより大きな関心は、身体の大きさや小ささを決める場合に、身体のいろいろな部分の大きさがどんな役割を果たしているか、という点にあるように思われます。

　もし、何人かの身体の大きさがほぼ同じ人達を机の角に座らせ、首、胴、上肢、下肢の長さを比較すれば、これらの身体の部分の大きさが、人によってかなり異なることが分かるでしょう。一人の人は身体のある部分で大きく、他方、別の人は身体の別の部分で大きくなるものと思われます。背の高い男の人と女の人が背丈を除けば、他の部分では実際に大きさはあまり変わらないということもあるのです。身長の低い人達の中には、首が短いことを除けば、友達と同じくらいに大きい者もいます。

　伝統的には、北アメリカの人達は、大きさが“最良”だとしているようにも思われます。私達は、最も大きな建物があり、最も大きい市があり、最も大きな車を運転するので、何か優れているように感じます。このことは、同じように、人、特に男性の場合に当てはまります——背が高くても、脚の長い女性も注目されます。ここで重要な点は、“大きいことは最も良いことだ”という考えは、車の質とか人の人間性を判断する場合に必ずしも使えないような、全く任意な規準に従った判断だということです。さらに加えて言うならば、大きさや小ささについてものを言う場合、下肢の骨が長いというようなことが専ら問題になっているのであって、身体が行う全体的な仕事が比較的重要でないと思われるところから話が始まっている点に注意することが大切です。

　人によっては、大きさを重んじているようであっても、非常に“おかしい”としているのではないのです。このような訳で、人が頭が非常に

優れているとか劣っているとしても、少し"風変わり"だと考えられやすいのです。人は、さまざまな統計学者が計算している数値の"基準"内であれば適切だと思いやすいのです。このことと関連して言えば、バスケットボールで、男性（それに女性）の背が高いことは差し支えないとされる前に、背の高い青年男女は"普通"に見えるようにと、いつも前かがみで歩き、座っていたので、ときたま、みすぼらしい姿勢に見えるようになってしまうのです。

　勿論、身体が生活で適切であるように身体を使うことを学び、身体を使いやすく、少しでも魅力的にするために、自分の身体に磨きをかけることは、一定の限度内ですができるのです。人は"精神を磨くこと"では、通常、そうしようと考える傾向があります。自分の身体を——理解して受け入れる——話題として取り上げ論じるということは、本章の冒頭で触れたところですが、私達が何かできるという身体の側面を含め、パーソナリティは私達自身であり、任意の標準化という作業を介するものではありません。人間として私達自身を受容するところがパーソナリティについて論じる場合の基本的な要因となるのです。

実行の型

　一般的に言いますと、実行には三つの型があります。（１）自己受容－促進性、（２）等張性、それに（３）等尺性です（154頁から155頁にかけて身体的適切性の構成要素について述べてあります、筋肉の強さ、筋肉の耐久性、循環－呼吸の耐久性の部分に目を通して下さい。参考になります）。

自己受容－促進性の実行について

　これらの実行は、さまざまな洗練された運動の型からなっています。運動に含まれている次の要因は、実行を実際の行動にする場合に重要な要因です。（1）時間、（2）力、（3）空間、そして（4）流れ、です。

　時間は一つの運動を完成するのにどのくらい時間がかかるのかということを意味しています。例えば、子どもが降ってくる粉雪を表現するのに身体運動を創り出そうとしている場合のように、ゆっくりとよく考えられているような運動が生じる場合があります。また、一定の目標に向かって合図で走り出すような、突然に急速な運動が生じる場合の時間もあります。

　力は、身体あるいは身体の部分の一つを運動の状態に置き、その運動の速さや方向付けを変化させるために必要です。つまり、力は運動に要する力の強さはどのくらいかということを意味しています。例えば、立ち幅跳びで腕を振る力は、身体を前方に一定の面を跳び越える力より小さいなどと言えます。

　一般に、時間と力の二つの要因は**空間**と関係しています。これらの要因は、特定の運動をするのに必要な空間の量と利用できる空間を実際に利用する、ということです。

　すべての運動には、その運動を行う際にある程度のリズムがあります。**流れ**はこのようなリズム運動を含んでいる一連の運動の系列のことです。

　これらの四つの要因は、さまざまな程度ですべての運動に含まれています。これらの各々の要因がうまく組み合わされて使われる程度が、運動が技術を使用して行われる範囲を決めます。これは、運動が自己受容－促進的に行われる場合の基本的で欠かすことのできない条件です。さらに付け加えて言えば、この型の運動の実行には、次のようなさまざまな要因の組み合わせが含まれています。

1. **筋力**：最も短い時間に瞬発的に最大限の筋力を発揮する筋力。例：立ち幅跳びをすること。
2. **軽快さ**：身体の位置や方向を変える場合の速さ。例：身体をかわして走ること。
3. **速さ**：同じ種類の連続的な運動が実行される速度。例：50ヤード（[註]約46メートル）疾走をすること。
4. **柔軟性**：一つの関節あるいは一連の関節における運動の範囲。例：膝を曲げずに手で床に触れること。
5. **バランス**：身体の位置と平衡を、運動で（力動的バランス）あるいは静止して（静的バランス）保持する能力。例：直線あるいは平均台上を歩くこと（動的）；片足立ちをすること（静的）。
6. **協応**：特定の課題を実行する場合に身体の筋肉と器官を一緒に働かせること。例：物を投げたり受け取ったりすること。

8月の誕生花　ホテイアオイ
花言葉　温かい心

等張性の実行について

実行にはよく知られている三つの型があります。等張性の実行は、一つあるいは複数の関節で生じる運動が関わる全範囲で用いる力に対する、克服可能な最大限の抵抗の大きさを含んでいます。例として、重量上げや砲丸投げがあります。

等張性の実行では、ある程度まで力の強さを伸ばすことができます。また、運動の全範囲を増し保持するのにも非常に役立ちます。このような運動の範囲は一生を通して保持されます。ただし、関節炎のような筋骨格障害で、この運動可能な範囲が加齢とともに減ってくる場合もあります。この疾病では筋肉の繊維組織構造が短くなり、そのために運動の通常の範囲が限られることになりやすいのです。

その他で、等張性の実行における重要な特徴は、ランニング（ジョギング）や水泳のような活動で、循環－呼吸の耐久性を強めることです。

等尺性の実行について

等尺性の実行は、身体の運動の通常の範囲を広げたり、筋肉の耐久力を伸ばす方法の上ではなすところが多くはありませんが、筋肉の強さや量を増やすのに最も役立ちます。等尺性では、筋肉は収縮しますが、筋肉の長さは、リラクセーションの時期の間のように、一般に筋肉が収縮している間も同じです。この筋肉の収縮は、二つの関節を筋肉で固定し、関節間で筋肉を収縮させることで生じます。この際の筋肉の最大限の力は、固定されているものの抵抗に対して、人が全力で働きかける時に使われます。例えば、固定されていて動かないものに対し、押したり引いたりする場合があります。壁に手を当ててできる限りの力で押すと、いくつかの筋肉を収縮させることになりますが、筋肉の長さは基本的には変わらず同じままです。

活動性のプログラムの発達

　身体活動——力強い、楽しい身体活動——を大人と子どもに勧告することは、慢性の疲労を減らし、除き、あるいは避け、急性の疲労から生じる衝撃を弱めることになるだろうという意味で、期待できるところが大きいと考えてよいと思います。私はそのような勧告を、いろいろな方法でうまく身体を動かす能力と身体を動かすのに適切な時期について助言することが、人間の経験として基本的で喜ばしい、意義が大きい結果を期待させるものだ、という考えに基づいて、行ってきました。そのような勧告で、要するに、私達は身体を持った人間であり、生きているのだという点を重視し、指摘してきたつもりです。

　伝統的な勧告では、身体活動のプログラムを取り入れる前に医師に相談するように勧めています。医師はこのプログラムを使用するに際しては特に制限はないが、もし、何か不都合な問題が見つかれば、そのプログラムを訂正することだと言っています——そして、個人として自分に一層適しているものにプログラムを修正するのが望ましいと助言しています。

　プログラムは、個人的なもので、自分自身の要求や希望に適したものでなければなりません。言い換えると、人がこのプログラムで幸せにならなければ、個人の目標に関する限り、プログラムは成功し難いのです。それぞれの人が自分に最善である生き方はどんな生き方なのかをこのプログラムで決めることになります。そのようなプログラムは、個人に特別化されている実行、レクリエーション・スポーツ、それに、両者を組み合わせたものです。一つの実行プログラムを構成する場合に、考えに入れておくべき三つの重要な要因があります。（1）**頻度を考える**、（2）**一貫性を大切にする**、（3）**積極的な強化をする**、です。

　いったん実行プログラムが決められたら、その決められている実行あ

るいはレクリエーション・スポーツをするか、次に、これらの活動を週に何回するか、という運びになります。"たまに"とか"いつも失敗なしに"とスパートする、あるいは週に三、四回の規則的なスケジュールを維持しようとする試みのような極端な実行は避けるのが賢明です。日を交互して——月曜日、水曜日、そして金曜日、あるいは火曜日、木曜日、それに土曜日——プログラムを続けていくのもよい考え方です。プログラムを実行する日の時間は、必ずしも問題ではありません。しかし、もし、その身体的適切性のプログラムが、重要度で程度が高いようでしたら、規則的な訓練を週単位のスケジュールに切り換えて習慣にするのがよいと思われます。

　一貫性を大切にしっかり守ることは、活動性あるいは実行すること自体と同様に、どんな実行プログラムにも重要です。よりよく長く持続する実行の効果は、一週間は毎日厳しい実行をしその後は二週間あるいは三週間全く訓練をしないというようなプログラムよりも、訓練は毎週三、四回必ずするという規則的な訓練を続けて得られるものです。一旦、実行の適切性が望ましいレベルになったら、訓練の効果を保持するプログラムで、実行への取り組みを少しずつ減らしていきます。

　心理学的な研究では、強化される反応は、強化されない反応より繰り返されやすいことが明らかにされています。この種の研究が最初行われた時には、望ましい行動には賞を与え、望ましくない行動には罰を与えると、反対の効果が得られるものと考えられていました。賞を与えた行動は繰り返され、罰を与えた行動は繰り返されなくなる、という訳です。しかし、このような考え方は当たらないことが直ぐに明らかにされています。賞に比べ罰には永続的な効果は少ないと思われますし、罰は与える時に意図された結果とは反対の結果さえもたらすようでもあるのです。罰した反応が罰で繰り返されるようになることもある、という訳です。

　そこで、私達は積極的・肯定的な強化（つまり賞）を求めていること

になります。多くの積極的な強化が、適切性を形成する目的のプログラムに組み込まれている（よりよくなると期待し感じている）ように思われても、誉めることや励ますことが、他の面から生じてくることもあります。このプログラムを二つの方法で働かせます。もし、家族の人達が自分達の身体的適切性を変えようとしていれば、励ましたり、誉めたりするものです。この適切性のプログラムに対して、自信や熱心さを抱く気持ちを完全に取り払うのに最も簡単な方法は、プログラムに対する取り組みに関して非難をしたり、いやがらせをすることだと言えますが、勿論、そのような方法を口にしないことです。

ストレスの減少における身体的な実行の重要性

　多くの人々にとって、身体的な実行は、多様なストレスを減少させる上で役立ちます。ストレスに晒されている多くの人達は、ストレスに対し挑戦するあるいは回避する反応を経験しているものです。この反応は、ストレスが関連しているホルモンの分泌や交感神経の活動に拠る筋肉の緊張の増加、血圧の上昇、それに心臓の拍動の高まりで特徴付けられています。そこには、物事に対する敏感さが増し、挑戦の強さ、あるいは回避の速さが高まるという傾向が認められます。しかし、このような状態が続いたり、あるいはリラクセーションの時期が次に伴わないと、さまざまな身体的、情動的な問題が生じる原因となります。

　身体的な実行（以下、実行とします）は、これまでに用いられていなかったエネルギー源を解放する（はけ口を与える）ことにより、ストレスを軽減します。場合によっては、ストレスが多くなりがちな思考を、実行で追求している活動に取って代え、ストレスによって生じる情動的な反応に対してよい結果をもたらすかも知れません。エンドルフィン（脊椎動物の脳、その他の組織に存在する一群のペプチドで鎮痛作用が

ある）の分泌が増え、幸福感が高まり、苦痛に対する抵抗感が強くなります。"走者はよい感情を抱くものだ"ということをよく耳にしますが、人は実行の後に自分自身についてよい感情を持つものです。実行を止めると、心臓の拍動と血圧が下降し、呼吸がゆるやかで規則的になり、筋肉の緊張が消えます。さらに、実行の後の間に、情動の側面でも好ましい結果が得られるように心が和らぎ、物事を静かに深く考えることができる状態になります。

　近年、ストレスを減少させる手段として、実行にある価値につき、いろいろな研究文献で論じられています。ウォルター　マックォーデ（Walter McQuade）とアン　アイクマン（Ann Aikman）[1]は、人が受けている多くのストレスのうちの一つは、自分自身にうっ積している攻撃性から生まれている、と述べています。そして、人が身体活動を介して、このような動因を表現する時に、利するところがあるのは、実行がこの種のストレスを一掃するだけではなく、一般に、身体がストレスと戦うようにしてくれるからだ、と指摘しています。

　同様に、ビータ　ジェンクス（Beata Jencks）[2]は、身体的、情動的な外傷を経験すると、身体と精神の働きのバランスが崩れ、多くのエネルギーが筋肉の緊張で消費され、不必要な疲労と極度の疲労感が生じる、と報告しています。このことは、ストレス反応が、習慣の型を取るまでになると、筋肉と腱が短く厚くなり、組織が過度に結合し、その結果、筋肉組織の全体的な硬化が生じることを意味しています。すでに述べていますように、交感神経系の活動で過度にエネルギーが解放され、直ぐにではなくても、筋肉の緊張が生じます。この筋肉の緊張は、実行の形式を取る筋肉の活動を介して解消されます。

　C. オイゲン　ウォーカー（C. Eugene Walker）は、異なる観点から、実行は不安を減少させるのに非常に効果的だ、と述べています。原始人にとってみれば、非常に適応的であった身体的な攻撃的活動で、大筋肉を使うことは、人間の進化的な要求を満足させていましたが、高度に文

明化し、座ったままの生活といってもよいライフスタイルでは、生活全般でそのような機会は減ってきていると指摘しています。

客観的で科学的な調査になりますが、調査の諸条件を制御した数多くの研究によると、身体活動は、ストレスを減らす個人の能力を高めるという証拠が明らかにされています。代表的な例には、リチャード ドリスコール（Richard Driscoll）[4]の早期の研究があります。この研究では、限られた時間でのストレスの処置、身体的な努力の組み合わせ、それに不安に対する積極的な想像の効果について調べられています。

高度に不安がある生徒達が、六つの条件で調査を受けていますが、三つの群が構成されています。そのうちの、一つの群は標準的な系統的脱感作（一つの行動修正を行う形式）を受けた群、もう一つの群は実行と想像的な活動の処置を受けた群、それに何も処置を受けていない対照群の三群が構成された訳です。ストレスが多い一連の場面を目撃した後に、効果的に不安を減少させるのが最もうまくできた群は、走ることで身体的に努力し、加えて自分自身が静かに落ち着いていると想像した群でした。このように、ドリスコールは、積極的な想像と身体的な努力の組み合せを処置すると、不安の減少が最も大きくなることを明らかにした訳です。この研究では、ストレスの多い出来事から回復するのに効果的な方法を示しています。

子どものための身体活動

私達が生きているということで最も重要な特徴の一つは、運動することです。私達の生活には、必然的にいろいろな事柄が含まれますが、実際に、物事を達成する場合すべては、私達の動く能力に基づいています。明らかに、非常に幼い子どもは、抽象的な思考をするという点で、よく進化していません。しかし、幼い子どもは、発達の過程で象徴を扱

い、経験を知性化していく能力を徐々に獲得してくるのです。一方、子ども達は運動を創り出します。子どもが成長し、発達し、学び、ストレスからほどよく自由になることを助けるためには、この運動の重要性を十分に考慮しなければなりません。

　実際、すべての子ども達——筋無力性の障害のある子ども達は別としても——は、機会が与えられれば、身体活動をするものです。子ども達は、走り、跳び、登り、またこれらの運動技術を必要とするゲームでよく遊びます。大人の中には、このようないわゆる"自由遊び"は、あまり意味がないと考えている人達がいます。しかし、反対に、子ども達が空間の中で自分の身体を動かすために、いろいろな方法を採るのは、子ども達にとりとても大切なのです。このような非組織的な形式の活動に加えて、子ども達のために、さまざまなタイプの組織的な身体活動のプログラムがあります。一般に、これらの活動は、学校のプログラムと学校外のプログラムの二つの幅広い種類に区分けされます。

学校のプログラムについて

　大抵の標準的な小学校では、よくバランスの取れた内容で体育を行うようにしています。丁度、低年齢の子ども達は、読み、書き、算数の技術を学習する必要がありますから、基本的な身体的技術も学ばなければなりません。これらの技術には、次のものが含まれています。（1）歩く、走る、跳ぶ、ジャンピングをする、ホッピングをする、ギャロッピングをする、スキッピングをする、それにスライディングをする技術。（2）スタートをする、止まる、身をかわす、回転する、着地する、それに倒れる、のような身体活動のための補助的な技術。（3）投げる、打つ、蹴る、そして捉えるような身体活動を含む、推進し回収する技術です。

　低年齢の子ども達の場合、できるだけ効果的、能率的に動くことができるということが、さまざまな基本となる身体的技術を実行に移せるよ

う熟達することに直接関係付けられています。子ども達が、いくつかの運動技術を必要とする身体活動で成功することは、これらの運動技術を実行で使用することに熟達している程度に大きく影響されるのです。このような訳で、有効で能率的な運動は、学校の体育における身体活動で成功するのに必要とされる基本的な運動技術が実行に生かされる上で欠かせない前提となる条件なのです。これらの身体活動には、活発なゲーム活動、リズム活動、それに体操活動が含まれています（親達に、子ども達の身体活動の範囲を知っておくようにと助言している学校もあります）。

ストレスが多い教室場面における実行について

　ストレスが多い教室場面における身体活動の実行は、組織化されている学校プログラム（教育課程）の一部ではありませんが、子ども達が、通常の教室場面でストレスに対処するのを助けるのに有効です。前にすでに述べていますように、学校の環境には、ストレスの多い条件がかなりあります。ここで述べることは、ストレスの多い状況における、子どもの積極的な行動に関わっています。もう少しはっきり言えば、子ども達が教室におけるストレスの多い状況に対処するのを助ける上で、先生は子ども達にどんな身体活動の実行をさせるのがよいか、ということです。

　これまでに、信頼できるさまざまな意見がありますが、ストレスに対しては即時の身体活動が有効だとする考えを支持する意見が多いようです。一般に、ストレスの多い状況にある人達の大半は、受け身でそのような状況に留まる姿勢をとるより、むしろ何か活動している状況に入ることを選んでおり、その方がストレスを減らすのに非常に有効だとされています。

　人は、一定の状況で単に身体活動を起こすだけで、自分の心理的、生

理的なストレス反応を変えるかも知れませんし、そのような身体活動を
することが、その状況について評価することにもなり、その結果、スト
レスに対する反応を変えることになるとも言えます。

　先生が、ストレスの多い状況に対する反応として、子ども達に行うよ
うに促すことができる身体活動の実行には何があるでしょうか。教室の
床の面に跳び降りるとか、腕立て伏せをしたり、教室の回りでジョギン
グをするような等張性の身体活動に入ることは、明らかに適切ではあり
ません。ここでは等尺性の身体活動を実行することが勧められます。勿
論、独創的に物事を実行に移す先生なら、ここに挙げる身体活動とは別
の身体活動を考え出すこともできるでしょう。

1．**手と頭を圧する**：左右の手の指を一本ずつ交互に織り合わせるよ
　　うに組み、そのまま肘を開き、手を頭の後ろの方に当てる。続い
　　て、頭で後ろの方へ手を押し、前に引く。これは、机で立ったり
　　座ったりしてできる。

2．**壁を圧する**：壁に背を向けて立つ。腕は身体の両側に下げる。手
　　は壁の方に向け、手のひらで壁を押す。腕は真っすぐに伸ばしたま
　　まにしておく。

3．**手を引く**：右の肘を曲げ、手のひらを上げて右手を身体の前に近
　　づかせる。次いで、左手を右手で持つようにする。さらに右腕を上
　　の方にねじ曲げ上げる。左手で抵抗するようにする。同時に、これ
　　と反対に右手で抵抗するようにもし、これを繰り返す。これは、机
　　で立ったり座ったりしてできる。

4．**手を押す**：手を手のひらで握りそのまま腕も一緒に胸の方に近づ
　　ける。そして手を一緒にしっかり圧する。

5．**脚を圧する**：机かテーブルに座るが、この際、右足首を左足首の
　　下になるように重ねて交し両足は床の面の上に置き、両脚を直角に
　　近くなるまで曲げる。次いで、右脚を真っすぐに伸ばすようにする

が、左脚はこれに抵抗するようにする。次に、左足首を右足首の下になるように重ねて交し、両足は床の上の面に置き、両脚を直角に近くなるまで曲げ、左脚を真っすぐに伸ばし、右脚はこれに抵抗するようにし、この身体活動を交互に反復する。

6．**握る**：一方の手を他方の手に置き、しっかり握る。他の方法として他のものを何か握ることでもよい。立っている時ならば椅子の後ろを、座っている時ならば、椅子の肘かけを握ってもよい。

7．**椅子を押す**：机あるいはテーブルの所で立ち、手を椅子の肘かけの上に置く。椅子から尻を上げる。一方、あるいは両方の足を床面から上げる。両足を床についたままでもできる。

8．**尻を上げる**：机あるいはテーブルに座り一方の尻を上げ、次いでもう一方の尻を上げる。この際、頭は動かさないようにする。手は身体のバランスを取るために机の椅子のわきに置く。

9．**足とつま先**：立った姿勢でつま先を上げる。次いで、両つま先と両かかとを上げる。かかとを元に戻す。

10．**握りこぶしをしっかり握る**：右手の手のひらで左手のこぶしをしっかり握り、次いで手を広げるが、その際できるだけ指を開く。次いで、左手の手のひらで右手のこぶしをしっかり握り、次いで手を広げるがその際には、できるだけ指を開く。

ここに挙げた項目は、等尺性の身体活動を実行する代表例です。**ストレスを減らす実行**として、実際に、何人かの人達が取り上げています。これらの身体活動の実行の形式は、学校のような環境で使いやすい方法だとして勧められていますが、他の所でも使われます。これらの方法がどこで使われるとしても、緊張－解消の方法として用いられるものです。手短に言いますと、まず緊張それから解消ということになります。（この点については、10章で詳しく触れるつもりです。）

ここで紹介しました等尺性の身体運動の実行は、実際にストレスの多

い学校の状況で、先生が子ども達に奨励し、成功している方法です。

学校外のプログラム

　学校外のプログラムは、ボーイスカウト、ガールスカウト、地域のレクリエーション・センターなどのようなさまざまな団体から得られます。これらのプログラムの有用性は、プログラムが適切に使われる範囲の質、プログラムを管理し行動に移す場合に必要な資格のある人達がいるかいないかにより、大きく異なります。親は、子ども達の状況が最もよく理解される条件で、これらのプログラムがしっかり実施されるように、プログラムを十分に検討しておく必要があります。プログラムによっては、子ども達の福祉のためというよりも、大人達の誇りを強調するような、非常に競争的なものになっている場合があるかも知れません。そんな場合もけっこうあるものです。しかし、そのようなことが、学校外のプログラムに対する批判になると考えられては誤りです。学校外のプログラムの多くのものが満足できるものとして用いられているからです。

　家族によっては、一般に使われている組織化されている学校外のプログラムならどんなプログラムでもよいとは考えずに、自分達自身の身体活動のプログラムを作り、使用している場合もあります。このような身体活動のプログラムが、家族全員に与えられる身体活動となり、きめの細かい家族関係を生み出すことも考えられます。

8月の誕生花　ヒマワリ
花言葉　光輝、愛慕

9章

身体の回復とストレス

　ここでの話の文脈としては、**身体の回復**という用語を"休息と睡眠を介して疲労から回復する"ことを意味するものとします。大抵の大人や子ども達にとり、生活を有効で楽しいものとするためには、回復の時期が必要です。休息と睡眠は、私達が生活していく上で担っている責務に対し、適切に挑戦できるように、私達自身に新しい活力を与えることを意味しています。

疲労について

　疲労について論じる前に、まず、身体の回復に関して話題を取り上げるのが妥当と思われます。日々の生活活動で、無駄な疲労を最少限にとどめ、生きるために、私達は、生活上の諸問題を処理し、疲労を減らす方法を、自然から与えられています。しかし、実際、私達が疲労に対処する場合、どのような方法で疲労を減らすのかにつき考えてみなければなりません。疲労には二つのタイプがあります。急性疲労と慢性疲労です。

急性疲労について

　急性疲労は、持続的あるいは激しい活動の自然な結果です。血液中の筋肉の激しい活動の副産物、過剰な酸素負荷の蓄積のような身体的な要因──筋肉の仕事で消費される酸素量と同量の酸素を取り入れる身体の

能力の無力化——に拠っているのです。心理的な考え方も急性疲労では重視されなければなりません。例えば、自分がしていることに飽きてきている人、不快と思っていることを続けてしている人は、同じことをしていてもかなりやる気になっているので飽きない人、不快と考えていない人よりも疲労するものです。個人によっては苦しい疲労を生む活動でも、別の人には、中ぐらいのあるいは楽しさのある激しい活動になるかも知れません。

　蓄積疲労の程度の違いは、本質的には、身体的適切性のレベルあるいは身体活動の差異によるものと思われます。例えば、うまく散歩をする人や踊りをする人でも、激しく走ったり水の中を泳いだりする時には、すぐ疲れを覚えるものです。早めに疲労することや過剰な疲労を制御したり、そのような疲労に陥らないようにするためには、自分がしている身体活動で十分に訓練することです。一定の時間においてできる自分の身体活動について知っていることも、過度な疲労をもたらす激しい活動を避け、どんな予備的な訓練が必要かを決める上で重要です。大人は、子どもに見られるどんな疲労の症候でも早めに見込みを付けることが必要です。

慢性疲労について

　慢性疲労は長期にわたる疲労です——回復期を伴い、比較的短い時間内に"普通"までに回復する急性疲労とは対照的な疲労です。慢性疲労の原因は、疾病から栄養不良までの範囲に至る多様な医学的条件によるものと思われます（そのような条件は、医師が関心を抱いているところになっています。これらの医師は、疾病がそのような条件でないことを明らかにするために、慢性疲労の多くの場合について検討しています）。慢性疲労は、極度の退屈や、長期にわたり、したくないことをしなければならないことについての心配のような心理的な要因に拠る場合もあり

ます。

休息について

　一般に、大抵の人は、"休息を取るのはやさしい"と休息について考えています。休息の主な目的は緊張を減らすことですが、休息をすることで、身体は疲労から一層よく回復します。休息には、はっきりした活動は含まれてはいませんが、外部の環境につき意識しなくなるのではありません。休息の必要性は、個人がしている活動で求められている激しい活動と通常は直接つり合っていますから、活動が激しい時ほど休息に必要な時間も多くなります。

　学校における忙しさは、テニスゲームをする時のようには、疲れがはっきり分かりません。それでも、賢い人は、休息の時間が必要な時には、身体でそれを語らせています。目を閉じて椅子に5分から10分ぐらい座っているのは、活動した日の流れで異なります。子ども達にとり休息が有効となることは、個々の子ども自身と子どもがリラックスできる能力に大きく左右されています。

睡眠について

　睡眠は、完全に明らかにされていない、また、理解されていない現象ですが、"重要な貯蔵庫"だと名付けられていますし、ウェールズの格言では"病気と睡眠ははるかに離れているもの"とも言われています。睡眠は、身体の主要な働きにとり絶対に必要であり、自然の睡眠は疲労から回復するのに最も満足できる方法だという考えは、この問題に関する専門家で一致するところです。

睡眠中には、身体はそれ自体で新しい活力を得ています。身体の働きが、ゆっくりと行われるようになり、休み過ぎず、新しい細胞の形成と、組織の修復が行われます。このことは、睡眠中だけに、身体の形成と組織の再生が行われるというよりも、むしろ、このような身体の働きが進みやすくなる上で、身体の自然の働きが役立つ時間が睡眠の時間だ、ということを意味しています。睡眠中には、身体の代謝の速さが小さくなり、エネルギーが貯えられます。

　睡眠の本質に関しては、さまざまな理論が提唱されてきていますが、睡眠とは実際にどういうことなのか、睡眠では分子的なレベルではどんなことが起こっているのかに関して、分かっていることはそんなに多くありません。むしろ、依然として分かっていないところが少なくないのではないかというのが実情のように思われます。

　睡眠は、覚醒中に形成される**アデノシン**と呼ばれる脳の化学物質を除くのに役立つという報告がなされてきましたが、なぜアデノシンが除かれなければならないのか、他のどんな化学物質が、眠け、精神的な疲労という主観的な感情が生まれるのに関わっているのかについては、明らかにされていません[1]。

　専門家達は、今のところ、睡眠については十分に分かっていないところがある、という意見を述べています。例えば、ジョンズ ホプキンス大学の睡眠障害研究センターのリチャード アレン（Richard Allen）所長は、次のように述べています。"私達の社会では、適切な睡眠が不足しがちな傾向があります。"また、"覚醒の量は増えていますが、質がよくなくなっています。"と強調しています[2]。

　ある統計によると、100万人のアメリカ人は、標準的に見てよい睡眠を取っていないとのことです。さらに、全国的に、かなり多くの人達が、いわば慢性的な睡眠不足の生活を送っているとも言われています[3]。皮肉にも、近年の報告では、一晩に6、7時間睡眠を取っている人達は、睡眠時間が8時間以上の人達よりも実際に長く生きているので

す[4]。このような睡眠の実態に関しては、睡眠を**もっと多く**取るように
と助言を受けている人達の結果であることから、疑わしいところがある
と言う著名な睡眠研究者達もいます。

　睡眠の必要性についてはよく認められていますが、重要な疑問が残っ
ています。身体の負担を回復するのに時間はどのくらい必要かという疑
問です。この疑問に対しては明確な回答はありません。睡眠は個人的な
問題であり、質よりもむしろ量が問題とされています。大人には、通常
24時間で8時間の睡眠を取るのが望ましいと勧告されていますが、これ
はごく一般的なことです。多くの人達は、これよりも少ない睡眠時間で
も身体の働きをよくしていますが、一方、別の人達は、これよりも多く
の睡眠時間が要るようです。（必要とされる睡眠時間は、勿論、子ども
達の年齢水準に応じて多くなります。）24時間の間で、睡眠を取る時間
はどのくらいがよいのかではなく、最善の時間に関しては、人が適切と
感じる時間が問題となるのです。

　人が、普通に機敏であり、精神的にも健康な気持ちを抱いており、
ユーモアが分かる状態であれば、多分十分な睡眠を取っているものと思
われます。睡眠が身体にもたらす休息は、一般的には、過ぎた情動的な
緊張にとらわれることなくリラックスできることに影響されます。十分
にリラックスできない睡眠では、身体の疲労からの回復は期待できませ
んが、リラックスを学習することは、一晩で得られるような技術ではあ
りません。

　睡眠不足は危険なのでしょうか。この疑問はよく問われます。繰り返
すことになりますが、その答えは簡単ではありません。普通の睡眠習慣
がある健康な人にとってみると、たまたま睡眠不足になっても厳しい結
果は生じません。しかし、長い期間を超える睡眠不足が度々繰り返され
ると、危険になります。明らかに身体的な損傷が生じ慢性疲労の原因と
なるのは、たまたま一時的な睡眠不足になったというよりも、毎晩のよ
うに睡眠不足を繰り返すことです。しばしば睡眠不足となった場合に、

通常考えられる影響としては、一般的な健康不全、神経質、短気、気が散る、努力が続かない、疲労が激しい、などを挙げることができます。日頃、物事に機敏で賢明な先生は、家庭で睡眠を十分に取っていない子ども達に直ぐ気付くものです。

　いくつかの研究では、食事を取らない時間よりも睡眠を取らない時間の方が長くなりやすいと言います。場合によっては、寝不足が長く続くと肥満になるとも言われています。しかし、身体が健康な条件であれば、一晩睡眠不足になっても、その後に長い睡眠時間があれば、個人は普通の状態に回復します。多くの条件に精神的苦痛や心配が含まれていると、休息のできるまどろみが身体から奪われるかも知れません。いわゆる不眠症は、自分が不眠症だと思い込むだけかも知れませんし、自分の睡眠が少ない状況を不眠症的だと心配することなのかも知れません。

　慢性の不眠症は、熟眠するのに問題を抱えており、普通の睡眠を取っている人より早く覚醒する結果、疲労感に襲われており、どうにかして熟眠したいと願っている人達の場合です。とにかく、不眠症と慢性疲労は、医師にも注目されており、次のステップとしては正常な形式で睡眠

9月の誕生花　菊
花言葉　高潔、高貴

9章　身体の回復とストレス　｜　183

をするには、どうしたらよいかということが、問題となります。医師が
処方箋に頼るとすれば、睡眠薬を処方するということになります。

記憶、脳の働きと睡眠について

　記憶と脳の働きに関する、1,000名を超える大人を対象とした研究[5]に
よれば、睡眠が、普通毎日の脳の働き、特に記憶の働きを維持するのに
重要な役割を果たしていることが明らかにされているところが少なくな
い、と言えます。この研究の対象となった人達のほぼ半数の人達は、睡
眠は脳の休息に役立っているという効果を示しています。実際、脳のい
くつかの部分は睡眠中により活動的になるものと思われます。一方、熟
眠の際には、脳は蓄積されている情報を分類し、優先順位を付け、検索
しやすいようにします。この過程は、その日の出来事を遡及的に回想
し、その結果、時を後ろ向きに次々と思い出すように心が働く過程であ
り、朝目醒めるまでに、子どもの時代の記憶の中に経験したことを埋め
込むのです。

　記憶することに加えて、睡眠は、精神を集中し、学習をし、技術を行
動に移すことを保持する上でも非常に重要です。概観的な研究に拠る
と、大多数の人々が、睡眠が取れていない時には、精神的な能力がよく
ない影響を受けることを認めています。これらの人々は、睡眠が欠ける
と、身体的によりも精神的に影響を受けると述べていますし、その40
パーセントに当たる人達は、最も大きな問題として、ストレスが増すと
訴えています。この点に関しては、特に女性の場合がよく当てはまるよ
うです。

　十分に睡眠が取られていないと、情報を短期記憶から長期記憶貯蔵庫
に移す能力が損傷されることにもなります。例えば、試験前に情報を詰
め込むように学んだ学習でも、学習の前にいくらかの時間睡眠を取って
いれば、そのように睡眠時間に気を付けなかった場合よりも、より多く

の情報が保持されているのです。したがって、問題の解決が必要であり
あるいは重大な決断をする時には、"しっかり睡眠を取る"ことは、よい
考えです。

睡眠と心臓の働きについて

　多くの心臓病の発症には、その直前の時期に不眠症が経験されてい
る、と言われています。この場合、睡眠の質とタイプが重要です。ある
種の睡眠の状態は、心臓病の発症の場合と同様に、厳しい心拍の異常と
関連していることが見出されているからです。これらの心臓の問題は、
急速な眼球運動（REM：rapid eye movement）を伴っている睡眠の時期
に、特に生じやすい、と言われています。このREM睡眠の時期は、夢
を見ることと関連しています。このREM睡眠は、朝の自発的な覚醒の
直前の時期に最も多く生じますが、交感神経系の活動とストレスに関連
したホルモンの分泌が高まり、その結果、血圧の上昇、心拍数の増加、
血小板の凝集、血液の凝固（血栓）のような生理的変化が生じます。あ
る報告によれば[6]、午前6時と11時の間に、多くの心臓病が発症しやす
いと言われています。

睡眠とストレスについて

　すでに述べたように、数多くの人が何らかの睡眠障害の影響を受けて
います。かなり多くの人が、しばしば生じるストレスが関係している周
期的な不眠症に罹っています。多くの人にとってみれば、睡眠の剥奪に
は、過重な労働時間、仕事のローテーション シフトに伴う問題、ミー
ティングのための最終準備、近親家族の死のような想定外の出来事、そ
れに、勿論のことですが学生にとっての試験の準備、を挙げることがで
きます。

働きに出ている親（特に、母親）は、多忙な仕事のスケジュールや子育てのために、しばしば早起きをしなければならず、睡眠が十分取れないことの原因になっているかも知れません。

大抵の人は、一晩で7、8時間の睡眠が必要ですが、私の調査では、恐らく二人に一人の人は必要な睡眠時間を取っているようです。このような睡眠の現状では、多くの人が物事に対して過敏になり、生活上の満足で問題を持ちやすいものと思われます。

ストレスは、一時性の不眠症の主な原因であり、慢性の不眠症は、持続的な抑うつ症状のある患者に、大抵は一般的に見られる問題です。また、このような抑うつ性は、ストレスと関係していることが少なくありません。ストレスが不眠症の主な原因であるように、睡眠不足は、多くの人達には、ストレスの重要な原因になります。短気と疲労に加えて、慢性の睡眠剥奪は、多くの障害の原因となりやすい問題です。これらの障害は、循環して、睡眠を妨げる副次的なストレスを生み出します。

健康な夜の睡眠を取ることについて

健康な夜の睡眠を取るために、いろいろな勧告がなされています。多くのさまざまな条件が、休息となる睡眠を身体から奪っています。最も確かな点では、精神的な苦痛や悩みがあると、睡眠の時間が減ったり睡眠自体が妨げられる上で、非常に大きな影響が生じます。睡眠の質に作用するいくつかの要因として、飢え、寒い環境、退屈、それに激しい疲労を挙げることができます。

私達は二つの方法でこの点について考えることが必要だと思っています。物事を**する**と同じように**しない**ことです。空腹は睡眠の質に影響しますが、同時に、就寝時間際の過食は睡眠を妨げます。"過剰"であることは、消化の問題を引き起こし、眠気を妨げます。勿論、温かいミルクはしばしば適切な精神安定剤として役に立ちます。

就寝時刻しばらく前にカフェインを含んでいる食物を取らないように
することは、一般に助言されています。同様なことは、アルコール気の
ある食物についても言われています。このような食物は眠気を誘うかも
知れませんが、睡眠の質が劣るようにしやすいのです。

　よい夜の休息を得るのに重要な要因は、睡眠環境です。そのような条
件は、睡眠を満足させてくれる心地よさです。"心地よい睡眠の気象"と
いうことをよく耳にしますが、それは、部屋が実際に適切な気温になっ
ていることを意味しています。一般に、部屋の温度は、華氏で65度と68
度の間がよいとされています。しかし、このような室温は個人的な事柄
であり、人は自分に最も適切だと思われる気温に適応できるのです。

　休息にふさわしい睡眠を一貫して求めるには、特別の決まりに従う必
要があります。この決まりの過程は毎晩同様であり、ほぼ同じ時刻に睡
眠に就くことができるようになり、ほぼ同じ時刻に休息になるよう眠り
に入ることができなければなりません。つまり、自分の就寝時刻が通常
午後10時であるなら、就寝の準備は午後9時30分ぐらい早くか、できれ
ば9時までに始める必要があります。自分がしていることを中止したい
時には、少なくとも決めている睡眠の時刻の30分前にしたいものです。

　連合睡眠協会と呼ばれている研究組織が研究で得ている証拠に基づい
て、日常生活上きわめて大切なものとしての睡眠の重要性が指摘されて
います。付け加えておきますと、アメリカ全国で公認されている睡眠の
研究センターは、ほぼ150の数に達しています。睡眠の問題が日常生活
でいかに重要かということの認識の程度がよく分かります。

子どもの睡眠の習慣

　子どもは、生後最初の一年間は、午前と午後の二回の仮眠を取るのが
普通だとされています。1歳児はしだいに午前の仮眠をしなくなり、夜

の睡眠と同じ様に午後の仮眠が増える傾向があります。加齢につれて、午後の仮眠は減ってきますが、その結果、子どもの夜の睡眠時間が長くなってきます。子どもが午前と午後の仮眠をしなくなる時に関しては、多少異なる意見もありますが、就学前の子どもなら、少なくとも一日に一回、午後の仮眠をするのが一般に望ましいとされています。

　年少の子どもの場合、仮眠は欠かすことができないといえます。大人の場合ですが、実際、仕事のストレスに関する研究で、私が行った調査によると、何人かの雇用者の中には、被雇用者達のために、実際に"仮眠室"を設けていることが明らかになっています。これらの雇用者達は、適切な時間に短い仮眠を取れば、仕事の実行によい成果が得られる、と考えているようです。ボストン大学心理学科のウイリアム A. アンソニイ（William A. Anthony）教授は、仮眠の考え方について詳しく述べています[7]。

　大人の場合と同様に、就学している子ども達は、必要としている睡眠の時間で異なっています。一般に、24時間で10時間程度の睡眠時間が必要とされています。就寝時間は幸せな心地よい時間でなければなりません。親は、子どもが就寝することが、葛藤の生じるような問題になるようにしてはなりません。年少の子ども達にとってよい決まりは、就寝に際してベッドに"行かされる"よりも、むしろ自分から進んでベッドに"行く"ことでしょう。就寝の時間になる少し前に、子どもに楽しい物語を読み聞かせることは、就寝の時刻に突然生じる親子分離の影響を少なくするのに役立つ読み聞かせとして、子どもの成長のためによい決まりです。不眠症や夜尿症のようないくつかの睡眠障害の原因が、就寝時刻に生じる、ストレスの多い心的外傷的な親子分離に直接行き着くことがあるのです。

　これまでの研究では、休息することで睡眠についての評定がよりよい段階へと移る[8]ことが示されています。国立心臓・肺・血液研究センターでは、子どもの睡眠に関して、親としてあるべき視点を、次のように、

いくつか挙げています。

1．睡眠時間と登校日の起床時間を決めておくこと。
2．就寝時間に近い時に、食物を多く取らないこと。就寝時間の前６時間は糖分とカフェインのある食物を制限すること。
3．睡眠に対しよくない影響を少なくする時間となるようにリラックスできる就寝時間の決まりを作り上げること(就寝時間を前にして、子どもを神経過敏にし、睡眠を妨げるような、ビデオゲームやテレビ視聴をすることを避けること)。
4．静かで暗い部屋を設けること（子どもが暗闇を恐れているなら、常夜灯は恐れを除くために役に立つから、利用すること)。

　睡眠の複雑な本質を明らかにする問題は、睡眠に関連する分野を専門とする科学者や有資格の専門家が取り上げる領域ですが、睡眠の価値をしっかり認識し、日々の生活に生かすことは、すべての人々にとっての責務なのです。

９月の誕生花　野ばら
花言葉　才能豊かな人

10章

リラクセーションによるストレスの減少

リラックスを！この言葉をどれほど耳にすることでしょう。リラックスという言葉は、"楽にして"と人に語りかける手段として、その真の意味に気付くことなしに、しばしば使われています。大抵の人は、毎日の生活で経験する緊張を解消するために、何らかの形式のリラクセーションを必要としています。本章の目的は、子どもと大人のためにリラックスした状態を生み出す条件を取り上げ、リラクセーションのさまざまな様相を探ることにあります。

多くの方法が、人のリラックスする能力を改善し、ストレスを減少させるのに役立っています。しかし、ある人を満足させる方法が他の人を必ずしも満足させる方法とならないのです。

リラクセーションの意味と関連した用語

一般に、リラクセーションには二つのタイプがあります——受動的リラクセーションと深筋肉リラクセーションです。受動的リラクセーションには、読書をするとか音楽を聴くなどのような活動が含まれています。深筋肉リラクセーションでは、筋繊維の一つの働きが使われます——筋繊維が収縮します。この収縮は、運動神経を介して運ばれる電気化学的な刺激の衝撃に対する反応です。深筋肉リラクセーションは、この刺激を解消することになります。

リラクセーション反応という用語は、何年か以前に、ハーバード大学のハーバート ベンソン（Herbert Benson）[1]により導入された用語であ

り、深筋肉反応が経験される時に生活体に生じる数多くの身体的変化が含まれています。"過剰ストレス"に対する反応は、これらの身体的な変化をもたらし、さらに身体がより健康なバランスを回復するように働きます。このような訳で、どのような種類のリラクセーションを行うにしてもその目的は、リラクセーション反応を導き入れることになるのです。

11章と12章では、ストレスを減少させる技術である**黙想**と**バイオフィードバック**を取り上げますが、両者ともリラクセーションの技術だとみなせます。そこで、これらの技術の基礎となっている理論についてまず述べたいと思いますが、いずれも、精神－身体の相互作用に関するものであり、リラクセーション反応を取り上げる理論です。

漸進的なリラクセーションでは、身体の筋肉がリラックスできれば、精神が穏やかになるという考え方が取られています。黙想では、精神が穏やかになれば、身体の他の組織は一層よく安定するようになる、ということが想定されています。また、バイオフィードバックを実行すれば、いく種類かのリラクセーションと黙想の統合が生じるというのが、理論の基礎となっています。脳は、管理する身体組織のすべてを意図的に制御する可能性を備えており、また、これらの組織のすべてに影響されています。このように、精神と身体の間には密接な相互作用があるのですが、この機制を介して人は生物学的な活動を意図的に制御することを学び得るのです。

生理学者の見方に拠れば、リラクセーションは、人が神経筋肉組織で対処できる、ゼロあるいはゼロに近い活動だということになります。つまり、リラクセーションは、身体各部分あるいは身体全体にある筋肉緊張を減少させ、あるいはこの緊張を完全になくすような、神経筋肉的な活動なのです。リラクセーションが備えている主要な価値は、脳と脊髄－索状組織の活動を低下させることにありますが、この活動の低下は、筋紡錘体と感覚の末端、腱、関節構造に生じる神経衝撃の減少から生ま

れています。

リラクセーション、**リフレッシュメント**、**レクリエーション**の意味が
よく混同されます。これらの要因はすべて人間の幸福にとり重要なので
すが、取り替えて用いられないことが大切です。リフレッシュメント
は、脳の中枢や筋肉が疲労し消耗している状態から新鮮な状態に"回復"
するように、脳や筋肉に改良された血液が供給される結果なのです。こ
の事実は、じっと座っていることから生ずる疲労を克服すること（7回
のストレッチ（註野球の試合で7回の表が終わった時に、観衆が起立して、四肢
を伸ばしリラックスする習慣)）や、激しい運動をした後の疲労からの回復
を早めること（運動選手がレースの後に短い距離をゆっくり走ることを
しばらく続ける）で、なぜ軽い筋肉活動が望ましいか、その理由を説明
しています。

レクリエーションは、人が"元気を回復させている"という感情を伴
う経験をしているということを意味しています。一つのグループのメン
バー全体にこの経験をもたすような単一の活動があるという保証はあり
ませんし、最近その活動をしたからと言っても、その活動をした人に必
ず再度繰り返し同様に元気を回復させる活動があるという具合に保証さ
れている訳でもありません。これらは、個人独自の心理的な経験なので
す。レクリエーションのための活動にとって重要で欠かすことのできな
い条件は、個人がその活動に専念集中するということです。つまり、個
人がすべて注意を、他のことに分けて向けることなく、その活動に注ぐ
ということです。レクリエーションは、全体的に統合されている活動の
回復的な効果を、注意散漫のような心理的な混乱の影響で崩さないた
め、実際にそのような状況を免れる経験なのです。このような効果を生
む経験は、テニスのような激しいゲームから一連の漫画を読むような活
動に至るまでの広い範囲にわたっています。

人によっては、レクリエーションとリラクセーションは同じだと見な
しています。緊張を軽減するのに役立つ、一種の精神的な転換がレクリ

エーションだと考えられると言うのです。精神的な側面と筋肉の緊張は相互に関連していますが、緊張の状態がはっきり示されるのが筋肉です。

　多年にわたり、個人がリラックスし、その効果を得るために適用する方法に関して、勧告がなされてきています。これらの方法のいくつかの例については、引き続き次の話題で取り上げます。どのようなリラクセーションの技術に関して考える場合にも、取り上げなければならない一つの非常に重要な要因があります。リラックスを学習することは技術だということです。この技術は、緊張（**トーヌス**）に関わる（筋肉・関節・腱における）運動感覚的な意識に基づいています（この場合の緊張は、大抵の筋肉にある、正常な程度の緊張で、必要な時には、働きやすいように常に筋肉の状態を保っています）。具合がわるいことに、ほとんどの人がこの技術を実行に移していません。その理由は、この緊張がどのように働くかについてあまり注意していないからだと思われます。

　リラックスを学ぶ第一歩は、まず緊張を経験することです。つまり、身体にある緊張に気付くようにならなければなりません。それには、一定の筋肉群を意図的に収縮させることですが、最初は非常に強く、それから続いて少し弱め、さらに弱めるという具合に筋肉群を収縮させます。ここで大切な点は、最初のステップとして筋肉に生じている緊張、あるいはリラックスしているサインを見つけることです。

　この現象を示すのに従来から使われている方法があります。まず、一方の腕を上げます。その際、手のひらが自分の顔から離れるようにして顔に向けます。続いて、手首を後方に曲げ、それから指を顔に向け、次いで前腕の方に下ろすようにします。そうすれば手首の関節で何らかの緊張を感じます。これは、手を後方に向ける場合に生じる筋肉の収縮によるものです。今度は、指を下に向けたまま手を身体の前方で揺らします。すると、**緊張−リラクセーション**の循環を経験できます。

　筋肉の技術を身に付けるいずれの場合でもリラックスの仕方を学ぶに

は時間を要しますし、この学習では完全になるまでの満足を直ぐに得られるものと考えないようにすることが大切です。

気分がよくなるリラクセーションの技術が見つかった場合は、十分満足が得られる結果が出るまで、そのリラックスの技術を実行するように心がけます。

漸進的なリラクセーション

漸進的なリラクセーションの技術は、何年か前に、エドムンド ヤコブソン（Edmund Jacobson）が提案したものです[8]。この方法は、多くの文献にも紹介されてきていますが、最も広く適用されているものの一つです。この技術では、一つの筋肉群を順次漸進的にリラックスさせ、次いで、他の筋肉群でも漸進的なリラックスを行います。この技術の基本は、緊張とリラクセーションの間の差異を比べる方法に拠っています。すでに述べておきましたように、リラクセーションの感情を経験するために、緊張を感じ取る必要があります。

リラックスの学習は、漸進的リラクセーションの原則を適用することを介し発達させることのできる技術です。しかし、さまざまな筋肉群を緊張させリラックスさせる方法を提案する前に、次のようないくつかの予備的な原則を述べておくことが必要と思われます。

1．この方法で必要な時間と、技術を実行することで生じる熟達度を調べること。
2．漸進的なリラクセーションは自発的に行われない。緊張－リラックス活動では一度に20分から30分の時間を要すること。
3．この方法を適用する一日における特定の時間が重要である。この問題は個人的な事柄である。漸進的リラクセーションは毎日行うこ

と。

　望ましいのは、昼間に一回、寝る前にも一回行うこと。朝、学校や仕事に出かける間際に、その日の一回目を行うようなことにはしないと、多くの人には、この方法を行うのは難しくなるように思われるので、まずリラックスすることからその日の生活を始めるよう助言するのが望ましいこと。

4．緊張－リラクセーション活動を実行するのに適切な場所を決めることは重要であること。再度繰り返すことになるが、これは個人的な事柄であり、ある人はベッドや長椅子を選ぶかも知れないし、他の人は気楽な背もたれのある椅子を選ぶかも知れないこと。

5．緊張とリラクセーションの違いを感じることができるためには、一定の筋肉が緊張するのに必要な時間の量を決めておくことが大切であること。それは緊張では４秒間から８秒間を超えない時間が保持されていることが必要だということが意味されていること。

6．筋肉を緊張させリラックスさせる上で呼吸は重要な働きをすること。三回かそれ以上深い呼吸を約５秒間ずつ行うことで、よりよい呼吸のリズムを生じさせること。

　呼吸を制御すれば、リラックスもしやすくなるし、そのような呼吸を深くゆっくり行えば、効果は最も大きくなること。筋肉が緊張している時には、呼吸で空気を深く吸い込み、筋肉をリラックスさせる場合には、空気をゆっくり吐く呼吸をすること。これは、ごく一般的な助言になっていること。

さまざまな筋肉を緊張とリラックスさせる方法について

　筋肉群は、いろいろな方法で区別されます。ここでは、四つの群に分類してみます。（１）頭、顔、舌、首の筋肉、（２）胴の筋肉、（３）上肢の筋肉、（４）下肢の筋肉、です。

頭、顔、舌、首の筋肉について

　頭には、二つの主な筋肉があります。頭の後部を覆う筋肉と頭蓋骨の前部を覆う筋肉です。顔には、眼窩とまぶた、唇、舌、首の筋肉を含み、ほぼ30の筋肉があります。しかめ笑うには26の顔の筋肉が必要だとされています。

　これらの筋肉群は、次のように緊張しリラックスするのに使われます（リラクセーションは緊張を"解放する"後に生じます）。

1．眼をできるだけ広く開け、右のまゆ毛を上げる。額にしわができているかどうか鏡を見る。
2．くしゃみをしているように鼻の両側の筋肉を緊張させる。
3．鼻孔を大きく広げる。
4．口を横に広くあけ笑うようにし歯を食いしばる。
5．口の片方のすみを続いてもう一方の口のすみを引き上げて"せせら笑いをする"ようにする。
6．できるだけ胸の近くになるようにあごを引き下げる。
7．できるだけ頭の後部を背に近くなるように後ろの方に引き、頭の上部を引き上げる。

胴の筋肉について

　この筋肉群には、背、胸、腹、骨盤の筋肉が含まれています。そこで、これらの筋肉を緊張させることができる方法を紹介しておきます。

1．胸を前の方に出し肩をできるだけ後方にそらすが、この際、両肩胛骨ができるだけ近くになるようにする。
2．肩を回し両肩胛骨が遠のくようにする。ここでは、基本的には、1．の場合と反対に肩と肩胛骨についても同じようにすることになる。

3．首を下方に向けるようにしながら、肩を耳の方に上げ、肩をすぼめる。

4．深く息を吸い、少しの間吸ったままにし、それから肺から一気に、速く空気を吐き出す。

5．胸が胃から遠のくように胃の筋肉を引き寄せる。胃を突き出すようにすることにより、胃の筋肉を使うことになる。

上肢の筋肉について

この筋肉群には、手、前腕、上腕、肩の筋肉が含められます。胴にある多くの筋肉は、上肢の筋肉群と同じグループになりますが、その働きは、上部の手を胴に付け、肩と腕を動かすことです。これらの筋肉群では二つの筋肉群や三つの筋肉群で、重複が生じて働く場合があります。次に、これらの筋肉群を緊張させる方法を挙げておきます。

1．握りこぶしを握りしめ、それから、指をできるだけ離しながら、手を広げる。

2．一方の腕を前方に伸ばし肩の高さまで上げ、床面に平行になるようにする。ひじを曲げ、手を肩に向ける。手で肩に触れ、次いで、手から遠のくように肩を動かす。反対側の上腕筋肉を同じような方法で曲げる。

3．一方の腕を身体の側面に向け、真っすぐに伸ばす。次いで、身体の後方に向け、指差す。もう一方の腕についても同じようにする。

4．2．の場合と同じ方法で腕を上に上げる。しかし、この場合、手のひらを身体の方に向け、指を身体の内側に向ける。もう一方の腕についても同じようにする。

5．一方の側の腕を身体の側面に沿い伸ばし、握りこぶしを握り、次に手首をゆっくり回す。もう一方の腕についても同じようにする。

下肢の筋肉について

　この筋肉群には、腰、大腿部、脚、足（くるぶし以下の部分）、臀部の筋肉が含まれます。次に、これらの部分の筋肉を緊張させる方法を挙げておきます。

1. 一方の脚を真っすぐに上げ、次いで、足の指をできるだけ前の方に向ける。もう一方の脚についても同じようにする。
2. 1.の場合と同じような方法で、一方の脚を真っすぐに上げ、今度は足の指をできるだけ後ろの方にそらす。もう一方の脚についても同じようにする。
3. それぞれの足をできるだけ身体の外側に向けて回し、緊張をゆるめる。次いで、足をできるだけ身体の内側に向けて回し、緊張をゆるめる。
4. 大腿部の筋肉を引き上げ、筋肉の形が見えるようにする。
5. 椅子に座っている時に、臀部を押しつけるように座り、臀部を緊張させる。もし、横になっていれば、緊張で臀部の筋肉を引き締める。

10月の誕生花　ゼラニウム
花言葉　愛情、幸福

これらの方法は、身体のさまざまな筋肉を緊張させることができるいろいろな仕方を示しています。これらの方法をいくつか実行してみれば、筋肉を緊張させる方法が分かり、実行できるようになります。この筋肉を緊張させる方法を実行する初期の段階では、いくつかの筋肉でけいれんが生じることがありますから気を付けます。このようなけいれんは普通起こるものですが、日頃よく使っていない筋肉で起こりやすいと言えます。

　筋肉を緊張させるこれらの方法の使い始めでは、よく注意して、ステップを追い進めます。これらの方法を使った日々を記録しておけば、必要の時に、これらの緊張の経験を参照できますから、記録を取ることを勧めます。そうすれば、これらの方法を実行した経験を見直しながら、新しくそれぞれの方法を使い始めるのに役立ちます。

子どもにおけるリラクセーションの使用

　これまでには、ストレスを減少させる方法として、リラクセーションが大人に限って用いられてきた向きがありました。しかし、最近になって、リラクセーションが子ども達にも非常に有効であることが分かってきました。

　リラクセーション訓練は、これまでに、衝動性、攻撃性、運動過剰性のような、子ども達の状況が複合・交差した運動行動性を含む問題に適用されてきています。運動過剰な子ども達にリラクセーション訓練が適用されていることについてですが、このリラクセーション訓練は、一般的な攻撃性や学習問題にも使われてきています。

　運動過剰な子ども達にリラクセーション訓練を用いた研究では、訓練を受けていない運動過剰な子ども達である統制群に比べ、訓練を受けた子ども達は、訓練後に筋肉の緊張が減少し、親達による子ども達の行動

についての評価でも、行動に改善が認められた、というのが一般的な結果となっています。外見では、このような訓練は運動過剰の治療に有効であると思われることを示しています。しかし、リラクセーション訓練が、それに代わる他の治療に比べ優れていることが明らかにされている訳ではありません。

この分野の研究で得られていることに関しての結論には、研究対象とした子ども達が被験者としての等質性を欠いていたということ、研究対象者数が不適切であったということ、統制群自体や統制条件の適切性についての検討が不十分であったことを含め、研究の方法上、計画性で限界があります。リラクセーションの間に働くいくつかの要因は、運動過剰の子ども達の行動に変化を生みます。しかし、研究が示している事実は、運動過剰の子ども達の行動に変化をもたらすこれらの要因が何であるかを明確にしているようには思われません。

リラクセーション訓練が、さまざまな学習、攻撃性の問題を治療するのに使用されている根本的な理由は、運動過剰の問題の治療に用いられている理由と似ています。心身に緊張がありあるいは混乱が生じている子ども達は、自己制御がよくでき緊張のない子ども達よりも、学習課題に取り組む上で困難があり、要求の満足が妨げられたり、要求を満たすのに駆り立てられた時に、他の人達に対し攻撃的に反応しやすいものと思われます。リラックスすることを教えられている子ども達は、それまでの行動に代えて、新しい情報を求め学習行動を一層よく進んでするようになるものと考えられます。

学習問題や攻撃行動のある子ども達に、リラクセーション訓練を適用した結果は複雑です。いくつかの研究では、リラクセーション訓練には、統制群を超える積極的で有効な効果があることが示されています。しかし、一方、他の研究では、リラクセーション訓練を受けた子ども達と受けなかった子ども達を比較してみると、訓練の効果がない、という結果も明らかにされています。ただ、リラクセーション訓練が行動に生

み出す結果については、訓練を受けない統制群の場合よりもよくないというような事実はありませんから、これらの問題領域の治療に対してリラクセーション訓練を適用することが、子ども達のリスクになるとは考えられません。これらの研究では、多様なリラクセーション訓練が用いられており、訓練を反復することが、リラクセーションの技術を獲得する上で、また一般化して学校環境におけるリラクセーションの技術を身に付けるのに必要であることについて、大人に関する研究論文の中でも論じ合われる傾向が高まってきています。

　リラクセーションと回避行動に関する限り、リラクセーションは人が不安や恐れを抱くようになることや、嫌悪的な活動や嫌な刺激に接するようになることを避けさせる働きがある、生理的、認知的、行動的な刺激となるものとして理解するのがベストです。リラクセーションは、好ましくない刺激に対し張り合う刺激として役立つだろうという推測に拠り、リラクセーション訓練は長い間適用されてきました。加えて言えば、リラクセーションは、ストレスの多い状況で、より適応的な行動を実行するように仕向ける働きをしているという訳です。

　回避行動を減少させるのにリラクセーションを用いることに関する研究論文の報告には、かなり一貫するところがあります。回避行動は、続いて行うリラクセーションで明らかに減少しますが、一貫した認知的、生理的な変化は必ずしも生じていません。多様なリラクセーションの方法を取れば、多様な刺激次元に影響が見られるようです。筋肉リラクセーションに関する検査では、明白で行動的な大きさで、リラクセーションに関するはっきりした、一貫する、好ましい効果が分かるだけです。ただ、このようなリラクセーション訓練に拠ると思われる効果に差異が出てきている機制については、現在のところよく分かっていません。その理由は、多様であり、効果を一つにまとめて捉えることのできる数値で、異なるリラクセーション訓練の内容につき比較が行われていないからです。

特定の緊張あるいは生理的な刺激を受け生じた結果や、その結果が保持されていると考えられる医学的な問題に対して、リラクセーション訓練はしだいに適用されるようになってきています。このような訳で、リラクセーションは、特定の種類の医学的な問題に主要な治療法だと、考えられています。特定の身体的な症候に対し薬物療法が使用されるのに似て、リラクセーション訓練は、特定の反応に焦点を当てています。例えば、特定の問題に関係があると思われる条件が生じていたら、訓練に含まれている技術を使用するように教えられています。

　一般に、子ども達の医学的な問題にリラクセーション訓練を適用することについては、その効果に期待できるところが少なくありません。例外がなくはありませんが、リラクセーション訓練が行われている分野で得られている結果では、この訓練により、ぜんそく、頭痛、発作、不眠症に改善が認められています。しかし、これらの症状の改善における臨床的な意義については、残念ながら今のところ明らかではありません。ただ、いろいろなリラクセーション訓練の方法が、医学的な面で生じているいろいろな問題の改善を図る上で必要だと思われるところは確かな事実です。本章で残っている検討の対象となる課題を、子ども達にリラクセーションを特殊に用いる視点から考えてみます。

創造的なリラクセーションについて

　創造的なリラクセーションでアプローチをするということは、ここでは、想像と緊張と解放の形を組み合わせることになります。個人や集団で、個々の筋肉、筋肉群、あるいは身体全体を緊張させ、リラックスさせるように計画した運動を創出するのです。

　創造的なリラクセーションとは、緊張と解放の効果を与えるような対照的な創造的運動があることを意味しているのです。この考え方をよりよく理解するために、例を挙げてみます。

上肢（腕）の筋肉の対照性（緊張と解放）は、その例です。次の質問を取り上げてみればよく分かります。"野球のバットと縄跳びの縄の間でみられる主な違いは何ですか"。

　そこで、この質問に対する回答を考えてみると、野球のバットは固くて曲がりにくいのに対し、縄跳びの縄は柔らかくて曲がりやすいという、対照的な大きい違いがあることが分かります。そこで、次のようなことが続いて話題となるでしょう。"それでは、一方の腕を野球のバットのようにすることができるでしょうか、考えてみましょう"（この運動は創造的に考えられています）。"では、今度はすぐ腕を縄跳びの縄のようにすることができますか"（この運動は緊張している腕を自由に緩めることになる点で創造的なリラクセーションです）。

　これらの質問を使用し、ここでの経験は評価されます。"腕を野球のバットのようにした時に、腕をどのように感じましたか"　"腕を縄跳びの縄のようにした時に、腕をどのように感じましたか"のような問いかけを介して評価されるのです。

　創造的な人は、リラクセーションの現象について理解がよく進むように話し合いができます。しかし、これは、一つの例であり、発達している者における想像だけに限られているものです。

リラクセーションを実行するためのゲーム化について

　好ましい、満足できる結果が得られるリラクセーションの方法として、リラクセーションをゲーム化することも考えられます。この方法の利点は、一定の構造化がされている方法を使う場合に生じると考えられる退屈さを避けることができるように、使用する者にとり面白味が増すところにあります。

　ゲーム化した方法をうまく使い、緊張と解放の側面が組み込まれたゲームとして、『サイモン・セイズ』というゲームがあります。"サイモ

ン・セイズ"でゲームを始めますが、その際に、各筋肉群が緊張し、次いでリラックスすることが期待できます。

　この子どもの遊びの一種であるゲームでは、リーダーが"サイモン・セイズ"、と言って始める動作と命令を他の者全員がまねしなければなりません。"サイモン・セイズ、目を閉じて・・・・サイモン・セイズ、まゆ毛が髪の毛に触れるようにして・・・・"というような訳です。この場合、どの筋肉も４秒あるいは５秒間緊張させ、次いで、筋肉を８秒から10秒間リラックスさせることになります。筋肉をリラックスさせる順は、"サイモン・セイズ"と言った後に生じさせることになりますが、例えば、次の通りです。

　１．頭部
　　　a．まゆ毛を髪の毛に触れるようにしなさい。
　　　b．目を閉じ締めるようにしなさい。
　　　c．鼻にしわを寄せるようにしましょう。
　　　d．唇を合わせ一緒に押すようにしましょう。
　　　e．口の中の上の方に舌を当てて押しましょう。
　２．肩と背中
　　　a．肩を上げて耳につくようにしましょう。
　　　b．肩をできるだけ後ろの方に反らしましょう。
　３．手と腕
　　　a．握りこぶしをできるだけしっかり握りましょう。
　　　b．腕の筋肉を見ましょう。
　４．腹部
　　　a．腹をできるだけ固くしましょう。腹を内の方に引きつけるようにしましょう。
　５．上肢（またからひざまで）
　　　a．左の上肢（うえのあし）を上げて足を床から離しましょう。

ｂ．ひざを一緒にして押しましょう。

6．下肢（ひざから足首まで）

ａ．足首を一緒にして床を押しましょう。

ｂ．足を一緒にして床を押しましょう。

この遊びでは、リーダーが"サイモン・セイズ"と言わなければ、他の者全員は動かないままでいます。また、例えば、リーダーが"サイモン・セイズ。足首を一緒にして床を押しましょう"と命じた時には、全員がそうします。しかし、ゲームで遊んでいても、リーダーでない他の遊び手が、サイモン・セイズで、"足首を一緒にして床を押しましょう"と言っても、遊び手は、その命令を実行しません。

精神的な実行とイメージについて

精神的な実行とは、大筋肉運動のない時に行う、身体的な活動を象徴的に復唱することです。これは、一定の活動を実行する方法を心の中で思い浮かべることを意味します。**イメージ**は、活動の実行で役に立つと思われる心的なイメージの発達に関わりがあります。精神的な実行では、人が、自分が行おうとしていることを介して考え、イメージでその状況を思い浮かべ、あるいは他の人がイメージでその状況を表すとき、その際に、その状況に関する精神的なイメージでよい結果が出るように努めます。

運動技術を実行する場合に、精神的な実行を使用することは、新しいことではありません。実際、この一般的な領域における研究は、50年を超えて行われてきています。この研究では、一つの運動を心に描くことで、その運動が実際に達成されるかどうかにつき一定の筋肉群に報告を求め、その筋肉から生ずる電気的に記録できるような行動の可能性が生み出されやすいことが、明らかにされています。つけ加えておきます

と、大抵の精神的な活動には、通常、筋肉の緊張が伴っているのです。

　リラクセーションを精神的な実行に使う一つの方法は、自分自身について回想することです。大抵の場合、子どもの時代の早い時期に、人は、他の人から寄せられる言語的な指示に基づき活動することを学びます。後の時期になると、自分自身の言語的な活動に基づいて、自分の行動を導き、方向付け始めます——文字通り、自分自身に語りかけ、指示を与えます。このような考え方は、子どもと大人の間で交わされるコミュニケーションの形として話すことは（訳注大人が子どもにあれこれと言語的な指示を与えるなど）、後になると、子ども自身の行動を総合する手段になるとみなしている研究で、長い間支持されてきています。

　つまり、子どもと大人の間で両者を区別するようにしている外的な働きが、人では内面的な行動として機能するようになるのです。次にこのような場合の例を挙げておきます。

　　私は、完全にリラックスしようとしている。まず最初に、前額と頭部の一部の筋肉をリラックスさせる。次いで、前額と頭部の筋肉のすべてをリラックスさせ、完全に休むようにする。しわが前額にできて、身体のその部分が完全にリラックスする。そこで、新たに、顔の筋肉をリラックスさせる（このような方法を頭から足の指先までイメージして順次続ける）。

　イメージは、"一枚の羽根のように浮かぶ" あるいは "氷のように融ける" というような**比較をする**言葉でリラックスしている状態を高めるようにも使えます。創造的に物事を行う人は、リラックスした状態を生み出すのに役立つように、多くのこのような比較をする言葉を考え出すことができます。

　リラックスした状態を生み出すのにイメージを用いる他の方法もあります。例えば、この目的で私が作りました下記のような話を使うことも

その一つです。この方法では、大人が子どもにその話を読んで聞かせます。その際、いろいろな程度で大人の指導を入れます。子どもは、リラクセーションが高まるように自分自身で反応を創り出すことで、大人が話で語る読みの中において、その活動を心に描くようにします。

こなゆきさん

こなゆきさーん。
こなゆきさんが降ってくる。
こなゆきさんがどんどん降ってくる。
どん、どん、どんと。
あっちこっちに。
こなゆきさんのように　動けるかな。

ゆきだるまさんとたいようさん

ゆきだるまさんを　見てごらん。
たいようさんを　見てごらん。
ゆきだるまさんが　たいようさんを　見ているよ。
ゆきだるまさんが　いっちゃうよ。
いっちゃうよ、いっちゃうよ、いっちゃうよ。
ゆきだるまさんが　いっちゃった。
ゆきだるまさん　いてよ。

　創造的な大人は、自分自身の話を創り出すことができます。次に挙げるガイドラインは、この目的に沿うものです。一般に、子どもにとり新しい言葉を限って使うことにします。言葉の繰り返しを進めます。話の文の長さや文の複雑さは、子どもそれぞれの読みのレベルを超えない材料となるように気を付けます。

　最後に言い添えますと、リラクセーションは学ばなければならない技

術であるということを重ねて述べておきます。このことは、イメージによるリラクセーションで、直ちに積極的な結果が得られる訳でないということを意味しています。しかし、イメージに拠るリラクセーションの訓練をすれば、子どものストレスを減らす優れた方法として役立つ程度までになると言えます。

10月の誕生花　バラ（白）
花言葉　約束を守る

11章

黙想によるストレスの減少

　黙想（註瞑想とも言いますが、本書では章全体の文脈上黙想としておきます）という技術は、2000年以上も遡って使われています。近代になるまで、この古代の技術は、文化的な意味合いもありますが、宗教的な側面も関連してきています。1960年代に入り、この技術は、生きることやリラックスをすることでより自然な手段を取るための道しるべとなるものとして、既成文化を否定する新しい文化の中でも使われるようになってきています。今日では、人々は、実際の経験を重視して生活を送り、黙想は人の精神と身体に好ましい積極的な影響をもたらすことだと、はっきり理解しています。

　しかし、多くの人々が、どのようにして黙想を実行するかについては、厳密に決めかねているのが実情です。私自身の研究では、従来の研究と比べ最も多くの人達を研究対象としていますが、そのほぼ４あるいは５パーセントの人達が、ストレス減少の技術として黙想を使っていることが明らかになっています。この結果に対する一つの例外になりますが、精神科医の間では、ストレスを減少させるのに黙想を使っている人達は約20パーセントだとする報告があります。精神の障害の治療を専門とする医師達が、他の人達よりもこの技術を自分自身で実行しているとしても、それは驚くほどのことではありません。10章で述べておきましたように、黙想に関する理論では、精神が静かに安定すれば、身体の組織も安定しやすくなる、と言えるのです。

　ケネス　ペレティア（Kenneth Pelletier）[1]は、個人の信念の体系あるいは他の認知過程ではなく、個人の実際の注意を含んでいる実験的な実行が黙想であるとして、時間が長く延びているような個人自ら導いている

昏睡と混同してはならない、と述べています。黙想のような状態では、神経組織は、適切な働きを維持するために、外部刺激の強さと多様性を必要としています。

ロバート　ウールフォーク（Robert Woolfolk）とフランク　リチャードソン（Frank Richardson）[2]は、黙想は、精神に休息を与えますし――ストレスや心配から短い休暇を取り休むようなもので、旅行業者は要りませんし、仕事や家族に対する責務から自由になる日も必要でない、と示唆しています。黙想は、最終的にはストレスを生み出すことに関わっている脳の情報処理機制の働きを、あたかもすべて一時的に打ち切るもののように捉えられています。黙想では、私達が直面するどんな困難に関しても、バランスのある見通しを立て、そのような困難を処理するのに必要なエネルギーを増すことができるのです。

多くの黙想技術はありますが、**集中・専念**は、これらの技術の大半で成功する上で貢献する重要な要因です。ある考えが他の考えへと自然に移っていく精神の流れは、個人の集中・専念により生まれる静かで安定した精神の状態です。精神的な活動を低めるのはやさしい課題ですが、散在している思考のほぼ全体を心から除くにはかなりの時間が必要ですし、黙想する側面で実行する負担も大きくなります。

そこで、ときには疑問が生まれてきます。睡眠と黙想は同じことではないのか、という疑問もその一つです。睡眠と黙想は関連しています。両者は共に物質代謝が過少な状態です。つまり、身体の物質代謝が低下し、休んでいる状態なのです。しかし、黙想は睡眠の形を取っていません。睡眠と黙想では、いくつかの似た心理的な変化が見出されていますが、両者は全く同じものではなく、一方の働きでもって、もう一方の働きを交替することはできません。いろいろな研究では、黙想では睡眠よりもエネルギーが多く貯められることが明らかにされています。

黙想に関する数多くの積極的な意見は、現代の著名な科学者の何人かから寄せられていますが、これらの科学者達は、ストレスの研究にかな

り時間を当ててきています。しかし、最近になって、黙想を反復することが、ストレスで苦しんでいる人々に、積極的で好ましい影響を与えることが、科学界で多く明らかにされてきています。また、さまざまな科学的な研究に拠れば、黙想は、ストレスが関連している障害に罹る可能性を実際に減らす上で有効であり、黙想をする人達はしない人達と比べ、ストレスの多い状態に置かれた時に、ストレスから回復するのが速い、ということが示されています。特に、生理的な見方によれば、黙想は身体の物質代謝の速さを低下させます。身体的な働きの低下には、次のような点を挙げることができます。

1．酸素の消費の減少
2．呼吸の速さの低下
3．心拍の速さと血圧の低下
4．交感神経系の活動の低下
5．血中の乳酸（ストレスの多い状況で血液中に生ずる化学的物質）の減少

　勿論、黙想は、それを行っている人達で、心理的な能力を高め、不安を低める傾向を示す場合もあります。研究では、黙想が健康をよりよいものへとする道を開いているように思われるのです。

いろいろな黙想の型

　黙想に関する研究文献を徹底して検討してみると、20を超える黙想の型を区別できます。興味深いことに、ストレスを扱う方法を改善するに際して、ある技術が他の技術の場合とほぼ同様に好ましいことが分かります。黙想の型を、話を進める上で、任意に四つの型に区別してみまし

た。（１）キリスト教的な黙想、（２）黙想的に走ること、（３）方略的な
黙想、（４）超越的な黙想の四つです。

キリスト教的な黙想について

　一般の人に、黙想について質問をしてみれば、その回答には、通常、
"座って考えること"、あるいは "静かに祈ること" ということが何より
もまず含まれています。基本的には、これがキリスト教的な黙想です。
いくつかの経験を思い出し、自分の生活で生じてきたいくつかの活動を
評価することを、黙想しているとしています。

黙想的に走ることについて

　二人の著名な研究者であるダイアン　ハルス（Diane Hales）とロバー
ト　ハルス（Robert Hales）[3] は、黙想することと走ることの組み合わせ
について、一つの考え方を報告していますが、私はこの考え方を、"黙
想的に走ること" と述べることにします。走ることと黙想することは完
全に反対の状態のように思われますが―― 一方は、非常に活発な状態
を、もう一方は、非常に平静な状態を意味しています――人は、両者共
において変わったという意識を持ち、身体と精神に深く影響する状態と
考えています。黙想し仕事をし終えたとしている人は、自分の心臓と肺
の働き方を文字どおりに変えています。黙想している人は、酸素をより
少なく燃焼させ、エネルギーをより効果的に使っています。

方略的な黙想について

　アマージット　S. セシ（Amarjit S. Sethi）[4] は、方略的な黙想と名付け
た考え方を示しています。彼は、"計画的な思考" と "非計画的な思考"

のバランスを取る過程として、黙想を定義しています。この考え方に特殊性を与えるために、方略的な黙想という名称を付けた訳ですが、そうすることで、この黙想を他の黙想と区別できるのです。この黙想の過程は、いろいろな文脈（物事の流れ）の中で生じますが、一定の環境に関わる事実と価値の両者を含んでいます。計画的な思考と非計画的な思考をする場合において、事実と価値の間で生まれる相互作用を知ることが、方略的な黙想の過程になるのです。

　この黙想が方略的である理由は、黙想により、物事の問題が検討され、問題の性質が明らかにされ、問題の解決の見通しが立てられるためです。この一連の過程が黙想的である理由は、人が問題とその解決に向けて気持ちを集中させることを通し、問題－解決的な方向付けを変え、非計画的と言われてきている比較的 "問題解決が自由に行われる文脈"で情報を独自に処理するからです。ここでは、意識のレベルで言えば、**面白い**という用語が当てはまります。この黙想の過程で物事を実行するということを強調すると、物事につき複雑に計画し詳しく決めることから、物事を選んで理解することへと、黙想の過程で変化が生じているのです。これは、問題が自由な文脈で捉えられるようになることを意味しています。

　方略的な黙想を実際に行うためには、問題について自分自身で診断する力を伸ばすことが必要です。問題解決は、ストレス源を探る過程になり、方略的な黙想の一部として総合されます。この側面は、環境を理解し、問題を分析し、新しい解決を計画する面を含んでいます。問題解決の過程は、方略的な黙想の過程に総合されているのです。

超越的な黙想について

　いろいろなタイプの黙想のうちでも、超越的な黙想（註TM：Transcendental Meditation 以下TMとします）はよく知られています。この

黙想は、マハリシ マヘス ヨギ（Maharishi Mahesh Yogi）が1960年代にアメリカへ導入した黙想です。超越的なという用語は（文字通りの意味は"超える＜超えて進む＞"です）、この黙想の過程が、目を覚ましている経験のレベルを超え、機敏さが高まっている状態を伴う深い休息の状態のレベルへと導く、ということを示す用語として使用されているものと考えられています。

　TMでは、目を閉じリラックスしている姿勢で黙想に耽ける人（黙想者）と共に、一日に15分から20分ぐらいマントラ（言葉あるいは特別な音声）を繰り返します。ほとんど例外なく、TMを実行した人達は、TMには積極的で好ましい効果があることを証明しています。他の形式の黙想にもそれぞれ特殊な方法がありますが、大抵の黙想は、何らかの点で、基本的なTMに由来しているとみなしても、まず間違いないと思います。次に紹介します話題は、このタイプの黙想に基づいています。

11月の誕生花　サフラン
花言葉　節度ある態度

黙想の仕方

　ここでは、成功したことが明らかになっている黙想の仕方を紹介します。私が指導している多くの学生達は、これから紹介する仕方で黙想したところ、成功したと思われる結果を報告しています。しかし、黙想は個人的な事柄でもあり、ある人には有益であっても、他の人には必ずしも有益だとは言えません。

　実際に、黙想のプログラムを始めるに当たっては、いくつかの基本的な注意点につき配慮をします。下に挙げる項目は、実際上、一般的に留意すべき点を述べています。この留意点は、あくまでも基本的で一般的な事柄ですから、個人の要求や関心に対して適切になるように、教示の仕方を変えることはできます。

1. 静かな場所を決めて気分のよい位置を取ること

　　静かな環境が重要ですが、それは、静かな環境では、精神の集中・専念が促進されるからです。黙想と考えられる姿勢は個人的な事柄です。気分がよい姿勢を取っていると思われた時でも、"気分がよ過ぎる"ということで、身体の位置を改めてもよいのです。気分がよ過ぎる時には、眠ってしまう可能性があり、それでは、黙想をする目的が失われます。このような理由で、黙想をする際には、背筋を伸ばす位置を取るように気を付けましょう。

　　この位置については、ある程度身体が揺れる自由を含めておきます。そうすることで、気分のよい姿勢が得られますし、眠ってしまうのを防ぐこともできます。15分間ほどこのような方法を維持し、気分がよい状態でいるように心がけます。

　　このような位置で、床の上に脚を交えて座り、背筋を真っすぐに伸ばし、脚と臀部を床面に置きます。頭は立て、手はひざの上に置

きます。床の上よりも椅子に座りたければ、背もたれが真直ぐな椅子を選びます。気分のよさを判断し、少し時間を取り、精神の集中・専念とその維持ができると感じられる身体の位置を選びます。

2．精神を集中・専念させること

前に述べて置きましたように、精神の集中・専念は、黙想が成功するために、重要で欠かせない条件です。一つの物や音、あるいは個人的な感情のような、一つの特殊な要因に精神を集中・専念させていると、自分の考えが混乱する可能性は減ります。これからしようと思う旅行を空想すること、すでに出掛けたことのある旅行を思い浮かべてみること、訪ねたことのない場所を頭に描くこと、あるいはある物音や歌に耳を傾けることに、精神を集中・専念させることなどを考えてみて下さい。

3．意味のない語や句を用いること

TMのような黙想の技術には、黙想をする場合に、特定の語（マントラ）を唱えることもあります。黙想に耽ける黙想者にとってみれば、マントラには重要な意味がありますが、特定の語として無意味語を選んでもよいと思われます。無意味語は、多くの思考を方向付けるものの中で、一つの考え方を示すような意味付けを欠いているからです。したがって、精神の集中・専念を妨げることのある場合も予想されますが、無意味語は、精神の集中・専念をさせる要因の中では、最も有効なものだと思われます。

ついでながら、黙想を行った私自身の経験では、無意味語のような綴りを唱えることは、黙想には非常に効果がありました。

4．自然のリズムの呼吸に気付くこと

自然の呼吸のリズムが重要であることを過少評価しないことです。事実、何人かの臨床発達心理学者達は、精神の集中・専念の手段として、自然の呼吸のリズムを活用することを勧めています。息を吸い込む回数を数えることができますし、この吸気の回数を数え

ること自体には、精神的な活動をリラックスさせるところがあります。

5. 黙想に要する時間について

　黙想は精神を落ち着かせる活動ですから、毎日が終わる頃に黙想を実行することは避けます。この時間の頃は、精神はその日のさまざまな活動を省みている、非常に積極的に働く状態になっているのが通常です。私自身の経験によると、午前に15分から20分ぐらい、午後（晩）もその程度の長さの時間で、黙想します。もし、できれば夕食前がよいのですが、夕食2時間後ぐらいでもよろしいかと思います。

　そこで、上に述べたような点に心がけて、黙想を実際に行ってみて下さい。黙想を始めるには、できるだけ活動的でない環境を選び、静かな場所に気分がよいと思われる身体の位置を考えて決めて下さい。

　精神の中から、あちこちと気持ちが駆け回るような考えはすべて退け、目を閉じたままでリラックスした身体に気持ちを集中させます。そして、かなりよくリラックスしたなと感じられた時に、無意味語や句を反復することを始めます。この反復は黙ってでも口頭で音声に出してでも、いずれでもよいと思います。私自身個人的には、精神を介して黙って反復した方がよかったように思われます。

　自分が選んだ無意味な語あるいは句を唱え、他の考えが頭の中を過ぎらないよう頭を明瞭な状態に保ち、ここで述べた方法を何度も何度も反復します。最初は非常にむずかしいように思われますが、実際に行っているうちにやさしくなってきます。

　黙想を始めて15分から20分ぐらい時間が経過した後に（もし、時間をそれよりも短くしたければ、そうしてもときにはかまいません）、無意味な語あるいは句を反復することを止めます。すると、自分のリラックスした身体の状態に気付くようになります。そこで、自分の身体が、そ

の場の環境に再び順応するために身体を動かす前に、少し時間を取ります。黙想の好ましい結果が長く続くように考えるとしますと、一日に15分から20分のスケジュールで黙想を二回実行すればよいと思います。

　もし、自分自身で黙想をし始めるのがむずかしい時には、実際に経験を積んでいる、黙想がよくできる人の援助と指導を受けて下さい。最近は、地域によっては黙想を指導するセンターが設置され、黙想する活動も一般的になってきています。

子どもにおける黙想の使用

　子ども達にも黙想を実行することが有効であることを示す証拠はあります。家族（大人）なら、一般に、黙想の技術を学ぶことはできますし、子ども達でも、10歳ぐらいになれば、15分より短い時間ですが、黙想の技術を学び使うことができます。年の幼い子ども達でも、家族でこの技術を使い始めると、黙想することを学ぶのに関心を持つようになる場合は少なくありません。

　いくつかの事例によると、TM技術を学ぶコースが小学校の子ども達のために準備されており、先生がその技術を教えています。他の場合でも、このタイプのプログラムが、子ども達の創造性を改善、進歩させるのに役立っています。児童心理学を専門とされている方々には、早期における発達一般と創造性に対する、子ども向きのTM技術の効果につき研究してもらいたいと願っています。子ども達のための黙想については、かなり多くの研究が行われ、何年間にわたり文献に報告されてきています。しかし、黙想に関する一般的な意見とは対照的に、子どもの黙想については最近導入されている黙想についての意見ではありません。そこで、子どもの黙想に関する研究分野で、初期の研究で明らかにされている事柄のいくつかについて、以下に紹介します。

子どもの創造性に関しては、ゴーワン（Gowan）[6]が、黙想による創造性の促進につき研究しています。不安とストレスが原因で生じた精神的なブロックを除くために、治療的な方法を計画的に実施するとともに、創造性の概念が生まれてくる事実を明らかにした訳です。また、TMを用いたいろいろな研究で、創造性が高まり、不安が低下し、ストレスが制御されるようになることを見出しています。これらの研究では、子ども達は、いくつかの黙想の技術を知り実行することにより、創造性を高めるのに役立たせていることが示されているのです。

　ロズマン（Rozman）[7]の初期の研究では、３歳から13歳の子ども達に、黙想の技術を教えるという実際的な経験に基づき、子ども達が、グループで行う作業を衝突もなく、平和的にまた統合的に進める上で、意味があり役立つように黙想を生かしていること、黙想は、個人的な問題やストレスの解決で、子ども達が支援されていることが明らかにされています。また、加えて、ロズマンは、黙想は、天才児、精神発達遅滞児、そして普通児あるいは運動過剰児にも有効な働きを備えていることを見出しています。

　いくつかの非常に興味深い研究が、子ども達の注意深さに関して行われています。マードック（Murdock）[8]は、小学校の先生が、知能が普通の水準の普通児、知能がかなり高い天才児25名に対し、黙想の実行の仕方を教え、息を吸うことや筋肉を緊張させ弛緩させることを、黙想の過程に入る前に、これらの子ども達に行わせた結果、子ども達の注意の範囲のレベルが増大する様子が認められた、と述べています。

　レッドファリング（Redfering）[9]は、注意の働きも取り上げた研究をしています。研究に参加した子ども達は、８歳から10歳の年齢で18名です。これらの子ども達は、仮称、治療群と非治療群に分けてあります。

　治療群は、ハーバート　ベンソン黙想－リラクセーション法を受けています。非治療群は、治療群と同様に５日間にわたり日一回20分間のリラックスをする機会を与えられています。両群につき注意をしない（注

意を意図的に働かせないことを意味しています）時の行動が、治療処置の時期に記録してあります。得られた注意に関する資料を検討してみると、注意をしない時の行動尺度点には、治療群と非治療群に平均点で差異が認められています。治療群は、注意をしない時の行動で、明らかに行動尺度点が減少していることを示しています。（黙想－リラックス法を受けると、意図的に注意を働かせない場合の行動に有効な影響──行動尺度点の減少──が生じるという訳です）

　クラッター（Kratter）とホーガン（Hogan）[10]は、注意の欠損障害と運動過剰につき研究を行っています。24名の子ども達が研究の対象となっていますが、これらの子ども達は、運動過剰を伴う注意欠損障害があることが、いくつかの診断基準に照らして診断されています。子ども達は、いずれか一つの群に入るように分けられています。黙想訓練群、漸進的リラクセーション訓練群、統制群（黙想、リラクセーションのいずれの訓練も受けない）の三つの群です。

　訓練を受けた子ども達は、4週間にわたり毎週二回ずつ各回20分間訓練をされ、そのたびに、自分の訓練における注意欠損障害に関わる基準点を示されています。

　黙想訓練群の子ども達は、目を閉じて座り、ゆっくり深く息を呼吸し、それからサンスクリット語のアーナム（ah-nam）を始めは声に出して言い、それから口には出さずに、2分間から8分間まで時間をしだいに増すようにして、口の中で唱えます。

　漸進的筋肉リラクセーション訓練群は、手、前腕、二頭筋、肩、腹、大腿筋（もも）、ふくらはぎを、2分間から8分間まで、順次時間を増すようにし、緊張ついでリラックスをさせるようにします。

　このような条件を加えた結果によると、黙想訓練群と漸進的筋肉リラクセーション訓練群の両群は、衝動性のレベルが低下していましたが、統制群の衝動性のレベルには変化が認められませんでした。

　選択的な注意と注意の非散漫度の尺度では、訓練を受けた子ども達の

行動で、黙想訓練群だけに、注意の改善、進歩が見出されています。子ども達の行動に関する親による評定では、訓練を受けた両群の子ども達に、改善と進歩が反映していました。

特殊教育の分野では、ファーグソン（Ferguson）[11]が、特別の教育が必要な子ども達にTMを適用した場合、その適用の可能性と効果を、生理的、知覚的、心理的な側面から検討しています。その結果では、学習、記憶、学業成績（の段階）、対人関係、それに認知的−知覚的な機能で改善が認められたという点で、黙想が教育で重要であることが明らかにされています。また、黙想は、特殊教育あるいは発達障害の治療教育で、子ども達に適用できることが分かります。

ここに報告されている研究は、子ども達における黙想の有効性に関わる分野で行われている、かなり多くの研究の一部であるかも知れません。しかし、大半の研究で、これらの例のように、黙想には、教育、治療の上で、非常に大きな効果のあることが示されています。ただ、これらの研究の結果について解釈する場合、その研究の結果に関する適切性についても慎重に注意することが必要ですし、ある程度の制限があるものと留意して欲しいと思います。

ストレスを減少させる技術として黙想を選ぶ場合には、黙想はあくまでも個別的な事柄だと考えたいものです。ストレスに対処する手段として黙想を使用した私の研究については、その数は比較的少ないのですが、これまでに報告してきています。しかし、黙想を実践に役立つように利用できると報告している人達は、すべてが大きな効果を上げていますし、黙想の使用を勧めています。

11章　黙想によるストレスの減少 | 221

11月の誕生花　ワレモコウ
花言葉　明日への期待

12章

バイオフィードバックによるストレスの減少

　バイオフィードバックについて話をする時には、少し複雑な問題を扱うことになります。この現象に関しては、そこに何があり、何がなされるのか、という点で論じることになります。バイオフィードバック訓練（BFT：biofeedback training）の早期の段階では、訓練をする資格のある人からスーパービジョンを受ける必要があります。BFTに関心のある人、ときたまBFTに参加する人いずれにしろ、この分野で訓練をし終えた人のサービスを受けることが必要です。

バイオフィードバックの意味

　フィードバックという用語は、いろいろな意味で用いられてきています。自動制御の手段を含んでいる制御組織（註機構あるいはシステムとも言いますが、以後組織とします）と関連のある工学に端を発して用いられてきました。これらのフィードバック制御組織は、家庭の室温のレベルを制御している温度自動調整器のような、環境上の変化に対応する働きをしています。フィードバックの問題に関する最も初期の権威者の一人である、バーバラ ブラウン（Barbara Brown）に拠れば、**フィードバック**と**制御組織**という用語は、身体の機能がどのように実行されるかということにつき理論付けを行った時に、生理学者達が適用したものです。
　学習理論家達は、人が学習をする場合に、自己の反応の正否に関する情報を与えられる過程を**結果の知識**と表現することに代えて、フィードバックという用語を用いています。換言すると、行動の実行者が自分自

身の行動に関し捉えている、さまざまな種類の知識がフィードバックなのです。運動−技術学習を特に取り上げてみますと、結果の知識の形を取っているフィードバックは、運動−技術を実行し学習していることを制御している変数（要因）のうちで、最も強く作用する重要な変数なのです。さらに付け加えますと、フィードバックがなければ、運動−技術学習には何ら進歩はありませんが、フィードバックがあれば、この学習には漸進的な進歩が生まれ、フィードバックがなくなった後は、学習の進歩は起こらず低下が生じます。

　バイオフィードバックは、さまざまな方法で述べることができます。心臓、汗腺、筋肉、それに脳のような、自己の内的な器官の機能について、私達が捉えている情報は、すべてバイオフィードバックなのです。他の述べ方をしてみると、私達自身の知覚の働きを介して与えられる、生活体としての生物的な活動に関する情報が得られる過程が、バイオフィードバックと言えるのです。

　このようなバイオフィードバックの見方に拠れば、個々の人が、筋肉の緊張や手の温かさのような身体からの信号をチェック（監視）し、自分の身体の内部で生じていることを、外部の情報を取り入れる場合と同様に、正しく捉えることができるよう、精細な内部装置を使用して取り込むことが、バイオフィードバックだとされるのです。

　人間の身体には、多くの個々のフィードバック組織があります。五つの感覚は外部環境に関する情報を捉え、制御の中枢、通常は脳に伝えますが、この脳では、この捉えられ、伝えられた情報が他の関連のある情報に統合されます。この感受された情報が、人間の生活に十分に意味のあるものであれば、脳の制御中枢は、適切な身体の変化が生じるように身体の器官に対して指令を出します。

　これらの感覚は、**知覚**組織として考えられているものとも言えます。つまり、私達が環境から情報をどのように得て、それを何に使用しようとするのかが、知覚組織の機能なのです。学習理論家達は、**聴**知覚、**視**

知覚、**運動**知覚、それに**触**知覚は、すべて学習に含まれている知覚の形
式であるとする点では、意見が一致しています。

聴知覚は、人が聴いたことに関する精神的な解釈です。視知覚は、人
が見たことが何であるかについての精神的な解釈です。運動知覚は、身
体運動の感覚についての精神的な解釈です。触知覚は、触感覚を介して
人が何を経験したかに関する精神的な解釈です。これらの点について
は、学習理論家達の間で、聴覚的フィードバック、視覚的フィードバッ
ク、運動的フィードバック、触覚的フィードバックを引用することが、
ごく一般的に行われていると言えます。

バイオフィードバックの器具

すでに述べてきましたように、人間の身体自体は、何らかの内部的な
活動に対し敏感に反応するような、複合的で複雑なバイオフィードバッ
クの器具であるとも言えるのです。しかし、人間の生理的、心理的な反
応活動をモニターするのに、鋭敏に働く器具が必要だと考えている研究
者は少なくありません。以下に挙げる器具は、研究と治療の目的で使用
されており、広く知られている、バイオフィードバックの器具です。説
明はできるだけ簡潔にしてありますから、参考にして下さい。

筋電計 (*EMG：electromyograph*)

筋電計 (EMG) は、筋肉が収縮している時に、筋肉に生じている電気
的な現象を記録する器具です。計測針あるいは電極が使用され、オシロ
スコープ（信号電圧の波形を観測する装置）に繋ぐと、筋活動のポテン
シャルを見ることができ、記録されます（オシロスコープは電波を蛍光
色スクリーンに視覚的に示します）。筋電計が利用できるようになる前

は、運動に筋肉が働いているかどうかを決めるために、受検者の推定に基づく報告に頼っていました。

筋肉が完全にリラックスしているか活動していない時には、筋肉には電気的なポテンシャルはありません。しかし、筋肉が収縮し緊張している状態になると、電流が生じます。

EMG訓練では、筋肉の深いリラクセーションと緊張の緩和が生じるものと考えられています。測定器具のダイヤルを見たり、器具が発する音を聴くことにより、筋肉に緩和あるいは緊張が生じている程度が分かりますから、フィードバックを得ることができます。研究や他の目的でEMG訓練によく用いられる筋肉は、頭の前の部分における前額部の筋肉です。

フィードバック体温計

体温計によるフィードバックの目的ははっきりしています。体温を記録することです。体温計は反応が非常に鋭敏な測定器具であり、体温の変化がわずかな程度の増加であっても示すことができます。視覚的あるいは聴覚的な信号で情報を捉えることができるのです。このフィードバック器具の使用では、これまで、ストレスや不安を減少させることや自律神経組織のリラクセーションに役立つとして勧められてきています。

脳波計（*EEG：electroencephalograph*）

脳波計（EEG）の目的は、脳波の振幅と頻度を記録することですが、この器具は多年にわたり、研究で使用されてきています。また、いくつかの臨床的な疾病を診断する上で有効であることからも、活用されてきています。さらに、EEGによるフィードバックは、心理療法やストレ

スと痛みを減少させる場合にも使用されてきました。

　最近、比較的よく取り挙げられるようになった、EEGフィードバックの興味深い使用範囲に関するところですが、創造性（創造的な活動）や学習にどの程度までこのフィードバックが含まれているか、という問題があります。実際、創造性に富む人の中には、以前には回答できなかった問題に回答する場合に、EEGでシータリズム（振幅が高い脳波のパターン）の状態の発生を示すことができる人達がいることが分かってきました。

　シータ波は、人が眠気がするあるいは実際に眠りに入っている時に、一般に記録されます。このような記録が見られる理由は、"眠りを学習している"ような状況があるからだと言う人達もいます。シータ波が生じる時は、眠りに入る直前の状態になっている場合でもあり、"黄昏を学習している"黄昏の時期のようだと言う人もいます。

12月の誕生花　ポインセチア
花言葉　祝福する

皮膚電気反応計（*GSR : galvanic skin response*）

　皮膚電気反応（GSR）は、刺激に対する人の感情反応によって起こる皮膚の電気伝導の変化のことですが、いろいろな種類のGSR計が、感情反応を捉える目的で、皮膚の電気抵抗における変化を測定するために使われています。この測定器具は、人が出す汗の量に応じ反応し、聴覚的あるいは視覚的な信号で電気抵抗の変化を知らせます。

　GSR検査の一つの形式に、ポリグラフ（多元記録器のことで、身体の数種の活動——呼吸や脈拍など——を同時に記録する機械）あるいはうそ発見器があります。GSRフィードバックは、リラクセーション、緊張の減少、睡眠能力の改善、あるいは情動の制御を捉えるものとして使用するように、よく勧められています。

　一般に、バイオフィードバックの機器の目的は、身体がどのように機能しているかに関する個人の意識を高め、自分の身体の活動に対する個人の意識の影響を示す上で、正確で信頼できる資料を提供するところにあります。

　この情報は、人が自分自身の幸福のために（註勿論、他者の幸福を犠牲にすることなく）、積極的な自己利益を取り入れる上で有益なものです。そのような情報が、この専門分野の有資格者による指導の下で獲得されれば、相談や訓練のためによく練られた計画に基づき、一定の指導を受ける機会も生まれます。このような機会における指導、助言も含めて、個人がものにできる自分自身の自律神経系の制御は、最高の段階に達しているフィードバックの働きだとも言えます。

　バイオフィードバックの機器は、一般的でよく注目を浴びるようになってきていますから、身体それ自体をバイオフィードバックの器具として使うことで、かなり多くの研究や治療の目的が達成されると思う人達があっても、それは批判されるには当たりません。一般に、バイオフィードバックには、次のような要因があります。

1．多様な筋肉のリラクセーション

2．心拍の速さと体温の変化

3．呼吸のパターンの変化

4．ストレスと不安の減少

5．精神的なリラクセーション

6．自律神経系のリラクセーション

7．頭痛、背中の痛み（特に腰痛）とその他の痛み、それに激しい痛みの減少

8．集中と想起の働きを高めることを含む学習能力の進歩

　しかし、批判があるとしても、ある種のバイオフィードバックの器具、特にEMGの場合、疾病や障害のある患者の再訓練に重要だとして、その適用は容認されています。

　バイオフィードバックの将来がどうなっていくのかについて、明確に決めることはむずかしいと思います。勿論、人が自分自身の生理的な機能を制御できる存在であるという考え方には、バイオフィードバックは大きく影響してきています。この観点によると、バイオフィードバックが果たしている大きな貢献の一つは、このフィードバックの経験を通して、各個人が自分の個人的な幸福に関する責任感を自ら創り出していくところにあります。

子どもにおけるバイオフィードバックの使用

　バイオフィードバックを子ども達に使用してもかなり成功することが分かってきています。また、この分野における研究も、近年かなり多くなってきています。しかし、黙想の研究の場合のように、子ども達を対象とした場合、この研究の範囲や、どのくらいの期間にわたって行われ

てきているかということについては、あまりはっきりしていないように思われます。ここでは、子ども達を対象としたバイオフィードバックに関する初期の研究のいくつかを紹介します。

バイオフィードバックは、子ども達に対しては、臨床場面や学校環境で用いられてきています。しかし、臨床場面でより広く普及しており、大抵の研究はこの臨床場面で行われています。

カーター（Carter）とラッセル（Russell）[2]は著名な研究者ですが、私の以前の共同研究者でした。両者が行った研究を紹介しますと、次の通りです。まず、11の処置の組み合わせを作り、三つの年齢範囲の子ども達を研究対象としましたが、全132名の子ども達のうち、114名が処置プログラムを完了しています。

各子ども達は、6週間中、1週当たりで2回の処置の組み合わせを、ランダム（無作為）に割り当てられています。4種の処置が取られましたが、それは次の通りです。(1)各回20分間のEMGバイオフィードバック（筋電計によるバイオフィードバックになります）を与える、(2)文字の手書きをする、(3)録音されたリラクション・テープを聴く、(4)録音されたテープで宿題をする、の四つの処置です。

子ども達は、スロソン（Slosson）知能検査を含む広範囲にわたる総合テストを、処置開始1週間前と処置終了1週間後に受けています。その結果、録音されたリラクション・テープを聴く場合が、読みの理解（実施された知能検査の下位の問題です）で成績が最もよくなること、EMGバイオフィードバック訓練を受けた場合も、読みの理解でよい成績を上げる可能性が高まること、が明らかになっています。

実際、この研究のプロジェクトで、EMGバイオフィードバックを受け、また録音されたリラクション・テープを聴いた子ども達は、11の測定尺度の内10の尺度で測定値が変化することを示しています（註処置を行う前後に、1回ずつ2回同じ尺度で測定していますから、処置の効果は、2回の測定値間の変化の有無を検討すればよい訳です）。処置によるこのような

変化は、処置を行った時期を越えても維持され、あるいは改善されています（10か月間、処置による測定値の変化を追跡調査しています）。

　処置を受けなかった子ども達は、11の測定値の内１測定値のみで改善を示しているだけで、追跡検査によれば得点は、僅かではありますが減っています。ただ、この得点の減少は統計的に明確な意味のあるものではありませんでした。この研究で統計的に意味のある改善は、読み、語の綴り、算数計算、聴覚的記憶、目と手の協応、書きによる表現の項目を含んでいる言語的知能指数で生じています。

　フォウト（Houts）[3]は、３週間のリラクセーション訓練を行い、週ごとに体温計によるバイオフィードバックを実施しています。研究の対象は11歳の男の子で、６歳の時から重い頭痛に罹っていました。１年間にわたる追跡研究を行っていますが、頭痛の頻度は僅かに残っている程度であることが明らかになっています。この結果は、大人の偏頭痛に有効であったこの方法は、子どもの偏頭痛の治療にも適用できることを示しています。

　オミゾ（Omizo）と共同研究者は、年齢は９歳から11歳までの運動過剰な障害のある男の子ども達にEMGバイオフィードバック（筋電計によるバイオフィードバックになります）とリラックス訓練を行い、記憶能力に及ぼす効果を検討しています。48名の子ども達を、先生達がコナース（Connors）行動評定尺度短縮版を用い評定し、実験群と二つの統制群に分けています。

　実験群の処置は、二つの側面（バイオフィードバックとリラクセーションの訓練）のある三つのセッションからなるEMGバイオフィードバックとなっています。統制群のEMG装置は機能しないようにしてありますから、バイオフィードバックまたはリラクセーション訓練を、統制群は実質的には受けないことにしてあります。

　この研究に参加した子ども達は、実験処置の前後の記銘課題――対連合リストの課題（ドルチ＜Dolch＞基本記憶リスト検査）と絵画の課題

――と再生課題（ピーボディ絵画語彙検査＜PPVT：Peabody Picture Vocabulary Test＞）による検査を受けています。

　その結果では、実験群の子ども達は統制群の子ども達と比べ、記銘課題である対連合リストの課題ではよい成績を上げています。また、筋肉リラクセーションもよくできています。一方、再生課題であるPPVTにおける成績に関しては、実験処置後のEMGの成績と対連合リストの成績の影響をコントロールしてみると（^註この統計処理で、EMGバイオフィードバックの結果が対連合リスト課題に及ぼす効果が除かれ、PPVTの成績の検討がより明確になります）、実験群の子ども達と統制群の子ども達の間には、統計的に意味のある差は認められない結果になっています。

　しかし、この実験で得られた測定値の散らばり方を示す分散による統計的な分析を行ってみると、本研究で検討されているすべての条件で、実験群と統制群の両群の間に統計的に意味のある差が見出されています。

　レイマー（Raymer）とポッペン（Poppen）[5]は、運動過剰についての複数の規準に沿う９歳から11歳までの男の子３名を対象に、行動リラクセーション訓練（BRT：behavioral relaxation training）を行い、10個の特殊なリラックスした行動を生み出す試みをしています。

　この訓練で変化が検討される要因（測定値または従属変数）には、行動リラクセーション尺度、前額部用の筋電計（EMG）、親用症候質問紙、自己報告などで得られるデータが含まれています。研究対象の子ども達に多重－調査計画を使用し、それに加えて、もたれ椅子とフレームのない変形自在の椅子（バックチェア）を子ども達に当てがい、この二種の椅子の間では交換できるようにしました。

　研究の結果では、オフィス場面で、BRTは高いレベルのリラックスした行動とEMGによる低いレベルの反応を生み出していますが、特に、これらの行動や反応は、バックチェアの使用と関連していました。親用症候質問紙における活動過剰の得点では、BRTで多少の減少が認めら

れています。

　この研究におけるBRTの後に、各子どもの家庭で母親によるBRTが続けられていますが、母親が親用症候質問紙で報告している運動過剰の症候得点に、減少の傾向が見られ、EMGに生じた反応でも、筋緊張のレベルが低下しています。そして、この効果は1か月の追跡調査でも維持されていました。

　カーネス（Karnes）、オェラー（Oehler）、ジョーンズ（Jones）の三者[6]は、37名の知的に優秀な小学校5年生と6年生を対象とし、筋電計（EMG）と児童用パーソナリティ質問紙（CPQ：Children's Personality Questionnaire）で測定値を得て、バイオフィードバックと緊張の間の関係について研究しています。

　その結果では、CPQで緊張を間接的に捉えた測定値とEMGによる測定値の間には、統計的に意味のある相関が認められることが明らかになっています。つまり、バイオフィードバック訓練の時期に最もリラックスした子ども達が、CPQにおける緊張度の要因で、最も緊張度が低い傾向を示していました。

　この結果とは対照的に、CPQにおけるリラックス－緊張の要因の測定値が小さくなるとEMGによる筋緊張の測定値が大きくなるという傾向もありました。これは、統計的に意味のある負の相関です。バイオフィードバック訓練期にリラックスできなかった子ども達は、CPQにおいて緊張度が高い様子を見せている訳です。この結果は、自分自身の緊張にあまり気付いていない子ども達には、バイオフィードバックの訓練は緊張を低めるのに有効であることを示しています。

　ここで報告します最後の研究では、前額部におけるバイオフィードバックの訓練が、行動の活動のレベルに問題がある子どもの行動に及ぼす影響が取り挙げられています。

　ホワード　フーグス（Howard Hughes）、デイヴィッド　ヘンリー（David Henry）、アニタ　フーグス（Anita Hughes）[7]は、このような問題

がある子ども達三名を対象に、一定の指導計画に基づき、二か月半にわたり毎日個別指導を行いました。それぞれの子どもは、算数の問題に取り組んでいますが、聴覚的フィードバックを与えられる時期には、前額部の筋肉の緊張の減少に対し強化されています（註筋電計EMGにより筋肉の緊張は測定され、フィードバックされます）。このフィードバックは、しだいに弱められていますが、筋肉における緊張の減少は維持されていました。

　これらの手続では、筋肉の緊張が増加した時よりも、減少した時に、強化を与える仕方が繰り返し与えられています。前額部のEMGのレベル、課題取り組みに要した時間の百分比、動きの多い活動の割合は、調査実施期間中に調べてあります。家庭における問題行動についての親による評定は毎日記録されています。

　研究の結果によれば、強化を伴うバイオフィードバックは、筋肉の緊張を高め、低める両者に有効でした。さらにこの効果は強化により維持されました。この事実から、筋肉の緊張と行動の活動のレベルとの間には、直接の関係があることが分かりました。学業成績は改善され、EMGで捉えられる活動の減少を伴い、問題行動ははっきりと少なくなっています。例外を除けば、ここで明らかにされた事実は持続して残っています。

　これらの結果は、前額部のEMGによるバイオフィードバックの訓練が、問題行動の活動のレベルが低下すること、学業課題に対する注意の強さが増加すること、問題行動が減少することに有効であることを示しています。

　本章を閉じるに当たり、少なくとも、早期において、バイオフィードバックの訓練を実践することが、この分野の専門に関する有資格者の指導を受け行われることには、大きな価値があることを再度述べておきたいと思います。しかし、もし、疾病の症候があれば、医師に相談することも大切です。最後になりましたが、本書で述べてきましたストレスを

減少させる技術は、適切な方法で使用すれば、さまざまな程度で有効であることを指摘し、擱筆します。

12月の誕生花　寒菊
花言葉　変わらぬ友情

原著の注

（文中の肩付番号で示す部分）

[１章]

1. Selye, Hans, *Stress Without Distress*. New York: New American Library, 1975, p. 17.

2. Walker, C. Eugene, *Learn to Relax: 13 Ways to Reduce Tension*. Englewood Cliffs, NJ: Prentice-Hall, Inc., 1975, p. 16.

3. Viscott, David, *The Language of Feelings*. New York: Arbor House, 1976, p. 93.

4. Thomas, William C., Avoiding Burnout: Hardiness As a Buffer in College Athletes. Reston, VA. *Research Quarterly for Exercise and Sport*, 69 Supplement, 1998, p. 116.

5. Small, Gary, *The Memory Bible*. New York: Hyperion, 2002, p. 77.

[２章]

1. Selye, Hans, *Stress Without Distress*. New York: New American Library, 1975, p. 17.

2. Cannon, Walter B., *The Wisdom of the Body*. New York: W.W. Norton, 1932, p. 23.

3. Posner, Israel and Leitner, Lewis, Eustress vs. Distress: Determination by Predictability and Controllability of the Stressor. *Stress, The Official Journal of the International Institute of Stress and Its Affiliates*, Summer 1981, p. 5.

4. Mikhail, Anis, Stress: A Psychological Connection. *The Journal of Human Stress*, June 1981, pp. 1, 33.

5. Holmes, T.H. and Rahe, R.H., The Social Readjustment Scale. *Journal of Psychosomatic Research*, November 1967, p. 12.

6. Lazarus, Richard, Little Hassles Can Be Hazardous to Your Health. *Psychology Today*, June 1981, p. 16.

7. Small Gary, *The Memory Bible*. New York: Hyperion, 2002, p. 64.

8. Bremner, J. Douglas, *Does Stress Damage the Brain? Understanding Trauma-Related Disorders from a Neurological Perspective.* New York: W.W. Norton, 2002, p. 12.

9. Yang, B. and Clum, G.A., Childhood Stress Leads to Later Suicidality Via Its Effect on Cognitive Functioning. *Suicide and Life-Threatening Behavior,* Fall 2000, p. 183.

[3章]

1. Zimmerman, Jean and Reavill, Gil, The Crying Game. *Working Woman,* March 2002, p. 54.

2. Small, Gary, *The Memory Bible.* New York, Hyperion, 2002, p. 66.

[5章]

1. Rosch, Paul J., Stress of Sex Abuse Weakens the Immune System. *Health and Stress* (Newsletter of the American Institute of Stress), 10, 1994, p. 6.

2. Gullotta, Thomas P., and Donohue, Karen D., Families, Relocation, and the Corporation. *New Directions for Mental Health Services,* December 1983, p. 15.

3. Godbey, Cathy, Mathematics Anxiety and the Undergraduate Student. *Research in Education,* June 1999, p. 89.

[6章]

1. Pelletier, Kenneth R., *Mind As Healer Mind As Slayer.* New York: Dell Publishing Company, 1977, p. 7.

2. Selye, Hans, *Stress Without Distress.* New York: New American Library, 1975, p. 24.

3. Piening, Suzanne, Family Stress in Diabetic Renal Failure. *Health and Social Work,* Spring 1984, p. 134.

4. Hollander, Jurgen and Florin, Irmela, Expressed Emotion and Airway

Conductance in Children with Bronchial Asthma. *Journal of Psychosomatic Research*, April 1982, p. 307.

5. Barbarin, Oscar A. and Chesler, Mark A., Coping As an Interpersonal Strategy: Families with Childhood Cancer. *Family Systems Medicine*, Fall 1984, p. 279.

6. Gallagher, James H., Beckman, Paula, and Cross, Arthur H., Families of Handicapped Children: Sources of Stress and Its Amelioration. *Exceptional Children*, September 1983, p. 407.

7. Wikler, Lynn, Haack, Jane, and Intagliata, James, Bearing the Burden Alone: Helping Divorced Mothers of Children with Developmental Disabilities. *Family Therapy Collection*, November 1984, p. 44.

8. Greenberg, Mark T., Family Stress and Child Competence: The Effects of Early Intervention for Families with Deaf Infants. *American Annals of the Deaf*, June 1983, p. 407.

9. Crnic, Keith A., Friedrich, William N., and Greenberg, Mark T., Adaptation of Families with Mentally Retarded Children: A Model of Stress, Coping, and Family Ecology. *American Journal of Mental Deficiency*, September 1983, p. 125.

10. Seshadri, Mala, Impact of a Mentally Handicapped Child on the Family. *Indian Journal of Clinical Psychology*, September 1983, p. 473.

11. Klingman, Arigdor, Mass Innoculation in a Community: The Effect of Primary Prevention of Stress Reactions. *American Journal of Community*, June 1985, p. 323.

12. Dollinger, Stephen J., O'Donnell, James P., and Staley, Arlinda A. Lightning-Strike Disaster: Effects on Children's Fears and Worries. *Journal of Consulting and Clinical Psychology*, December 1984, p. 1028.

13. Ordway, Janet E., A Home Burns: Stress in a Family. *Psychiatric Journal of the University of Ottawa*, September 1984, p. 127.

14. Bassin, Donna T., Wolfe, Karen M., and Thier, Adrienne, Children's Reactions to Psychiatric Hospitalization: Drawings and Storytelling As a Database. *The Arts*

in Psychotherapy, Spring 1983, p. 33.

15. Burgess, Ann W., Response Patterns in Children and Adolescents Exploited Through Sex Rings and Pornography. *American Journal of Psychiatry*, May 1984, p. 656.

［7章］

1. Small, Gary, *The Memory Bible*. New York: Hyperion, 2002. p. 158.

2. Brody, Jane, *Jane Brody's Nutrition Book*. New York: W.W. Norton and Company, 1981, p. 83.

3. Morse, Donald and Pollack, Robert, The Stress-Free Anti-Aging Diet, No. 3 in the series *Stress in Modern Society*, James H. Humphrey, Editor. New York: AMS Press, Inc., 1989, p. 129.

4. Palm, J. Daniel, *Diet Away Your Stress, Tension, and Anxiety*. New York: Doubleday and Co. Inc., 1976, p. 82.

5. Brownell, Kelly D. and Ludwig, David S., Fighting Obesity and the Food Lobby. *The Washington Post*, June 9, 2002, p. 21A.

6. Brown, David, Diabetic Children Suffer As Young Adults. *The Washington Post*, June 17, 2002, p. 19A.

［8章］

1. McQuade, Walter and Aikman, Ann, *Stress*. New York: E.P. Dutton and Co., 1974, p. 81.

2. Jencks, Beata, *Your Body Feedback at Its Best*. Chicago: Nelson-Hall, Inc., 1977, pp. 51, 172.

3. Walker, C. Eugene, *Learn to Relax: 13 Ways to Reduce Tension*. Englewood Cliffs, NJ: Prentice-Hall, Inc., 1975, p. 16.

4. Driscoll, Richard, Exertion Therapy. *Behavior Today*, April, 1975, p. 27.

原著の注 | 239

［9章］

1. The Mysteries of Sleep Continue to Baffle Scientists. *Health*, September 9, 1997, p. 10.

2. Streitfield, David, And So to Bed…but Not Necessarily to Sleep. *Health*, April 21, 1988, p. 6.

3. Small, Gary, *The Memory Bible*. New York: Hyperion, 2002, p. 77.

4. Vedantane, Shanker, Do We Really Need to Sleep? And Why. *Health*, May 2002, p. 1.

5. Rosch, Paul, J., Memory and Brain Function. *Health and Stress* (Newsletter of the American Institute of Stress), 6, 1996, p. 3.

6. Rosch, Paul J., Sleep and Your Heart. *Health and Stress* (Newsletter of the American Institute of Stress), 6, 1996, p. 3.

7. Anthony, William A., *The Art of Napping*. Burdett, NY: Larson Publications, 1997.

8. Help Kids Earn A's in Bed. *Parade*, September 1, 2002, p. 10.

［10章］

1. Benson, Herbert, *The Relaxation Response*. New York: William Morrow and Company, Inc., 1975, p. 7.

2. Jacobson, Edmund, *You Must Relax*, Fourth Edition. New York: McGraw-Hill, 1962, p. 23.

［11章］

1. Pelletier, Kenneth, *Mind As Healer Mind As Slayer*. New York: Dell Publishing Co., 1977, p. 7.

2. Woolfolk, Robert L. and Richardson, Frank C., *Stress, Survival and Society*. New York: New American Library, 1981, p. 68.

3. Hales, Diane and Hales, Robert, Exercising the Psyche. *Health*, June 5, 1985, p. 3.

4. Sethi, Amarjit, Meditation As an Intervention in Stress Reactivity, No. 12 in the series on *Stress in Modern Society*, James H. Humphrey, Editor. New York: AMS Press, Inc., 1989, p. 16.

5. Bloomfield, Harold H., *TM: Discovering Inner Energy and Overcoming Stress*. Boston: G.K. Hall, 1976, p. 7.

6. Gowan, John, The Facilitation of Creativity Through Meditation Procedures. *Journal of Creative Behavior*, December 1976, p. 156.

7. Rozman, Deborah, *Meditating with Children: A Workbook on New Age Educational Methods*. Boulder Creek, CA: University of the Trees, 1976, p. 49.

8. Murdock, Maureen H., Meditation with Young Children. *Journal of Transpersonal Psychology*, October 1980, p. 29.

9. Redfering, David L., Effects of Meditative-Relaxation Exercises on Non-Attending Behaviors of Behaviorally Disturbed Children. *Journal of Clinical Psychology*, October 1979, p. 126.

10. Kratter, Jonathan and Hogan, John D., The Uses of Meditation in the Treatment of Attention Deficit Disorders with Hyperactivity. *Research in Education*, December 1983, p. 12.

11. Ferguson, Phillip C., Transcendental Meditation and Its Potential Application in the Field of Special Education. *Journal of Special Education*, Summer 1976, p. 44.

[12章]

1. Brown, Barbara B., *New Mind New Body*. New York: Bantam Books, Inc., 1975, p. 5.

2. Carter, John L. and Russell, Harold, Use of Biofeedback Relaxation Procedures with Learning Disabled Children, in *Stress in Childhood*, James H. Humphrey, Editor. New York: AMS Press, Inc., 1984, p. 227.

3. Houts, Arthur C., Relaxation and Thermal Feedback Treatment of Child Migraine Headache: A Case Study. *American Journal of Clinical Biofeedback*,

原著の注 | 241

Fall/Winter 1982, p. 154.

4. Omizo, M.M., Cubberley, W.E., Semands, S.G., and Omizo, S.A., The Effects of Biofeedback and Relaxation Training on Memory Tasks Among Hyperactive Boys. *Exceptional Children,* March 1986, p. 56.

5. Raymer, R. and Poppen, R., Behavioral Relaxation Training with Hyperactive Children. *Biofeedback and Self Regulation,* February 1984, p. 259.

6. Karnes, Frances A., Oehler, Judy J., and Jones, Gary E., The Relationship Between Electromyograph Level and the Children's Personality Questionnaire As Measures of Tensions in Upper Elementary Gifted Students. *Journal of Clinical Psychology,* March 1985, p. 164.

7. Hughes, Howard, Henry, David, and Hughes, Anita, The Effects of Frontal EMG Biofeedback Training on the Behavior of Children with Activity-Level Problems. *Biofeedback and Self-Regulation,* May 1980, p. 207.

訳者あとがき

　本書『現代社会における子どものストレス』は、Childhood Stress in Contemporary Societyの全訳書です。原著は2004年にアメリカのハワース社（Haworth Press, inc）から出版されています。

　原著者のジェームス H. ハンフレィ（James H. Humphrey）博士（1911-2008）は、アメリカのメリーランド大学の名誉教授で、2004年現在アメリカストレス研究所の特別所員として活躍していました。

　ハンフレィ氏は、1980年代前半の時期には、ストレス研究の父として知られているハンス セリエ（Hans Selye）博士とストレスに関する共同研究に携わっています。また、ストレス関係を中心とした学術研究の功績により、多くの褒賞を受賞しています。

　特に、子どものストレスに関わる教育では、第一人者として高く評価されている碩学の教育者です。一方、生理学・心理学・教育学の視点を重視して、ストレスを専門分野とする学術雑誌の発刊を主導し、実証的な研究者として研究を推進するとともに、編集の仕事を担ってきています。

　最近の社会には、個人の生命の破滅に終わるかも知れない大きな事件が多発する動向がありますが、その背後には、不健康なストレスの問題が潜在している可能性が推測されます。このような時期に「現代社会における子どものストレス」という主題で、ハンフレィ氏により実践的専門書が世に問われたことは、実に時宜を得た成果であったと思われます。

　個人の日々の生活は、結局のところ、要求の満足を求めて生きる事態が継続する過程に他なりません。しかし、この要求は必ずしも円滑に満たされる訳ではありません。程度に差こそあれ、要求の満足が妨げられ

る要求不満をだれしも経験するのが現実です。

　このような事態では、質と量ともに、多様なストレスが心身に発生することは避けられません。しかし、ストレスが少なくない生活環境に日常的に晒されながらも、要求不満に対する耐性を着実に形成しつつ人生の路を辿って行けば、ストレスに適切に対応する能力が育まれてくることが期待されます。他方、ストレスへの対処に失敗し、生理的、心理的な緊張が緩和されることなく、不必要なストレスが増強する状況が長期にわたり持続すれば、身体や精神の良い健康が阻害され、生活適応が困難になります。

　これまでの研究の成果に拠ると、個人が自己の生きる可能性を堅実に顕現化する上で望ましくないストレスの根源は、すでに子どもの時期に生じていることが明らかにされています。原著では、ストレスとは何か、ストレスは子どもや大人の生活にいかに影響しているか、子どものストレスは大人のストレスとどのように異なっているか、子どもがストレスにどのように対処しているか、子どもがストレスを適切に克服しよりよく生きていくことを支援する上で、どのような有効な方策があるか、ストレスと生活の質（QOL）とはどのような関係にあるのか、などの重要な問題につき、子どもの成長に関わる仕事に責務を負っている人々に、詳しく、分かりやすく述べられています。

　子どもの発達臨床と教育実践の問題は、訳者が専門分野とする発達心理学に関連の深い課題と位置付けられます。このような発達心理学的な視点に立つとき、本原著は文字通り待望の一書であると思われました。

　原著は、不登校、引きこもり、虐待、暴力、非行など最近の子どもの諸問題を積極的に予防し、健全な人格の発達を助成するのに資する、実証的研究を踏まえ実践を志向した良書です。子どものストレスの特質と教育につき明確に論じています。いわゆる研究専門の理論の書とは異な

り、教育的にも意義が大きい実践的な研究・教育の書と言えます。ストレス教育の権威者でもあるハンフレイ氏による本原著を、できるものなら本邦に翻訳紹介し、多くの人々に一読して貰い、「現代社会における子どものストレス」の重要性に関する認識が深められることを願い、訳出の仕事を進めた次第です。

　本書は序章を含め13の章で構成されています。序章のまえがき（アメリカストレス研究所所長、ニューヨーク医科大学教授のポール J. ロシュ（Paul J. Rosch）博士による本原著出版に際しての寄稿文）では、心身の健康を脅かす現代のストレス社会の実態を問題の事例から指摘し、その改善を図り健康な生活を営むために、特に子どものストレスの問題が重視される必要性を強調しています。序章のはじめにでは、大人と対比して、子どものストレスの特質を発達的にアプローチするための最も基本的な視点を的確に述べています。

　本文に入ると、まず1章で、2章以後における話題を理解する上で欠かせない、ストレスに関わる用語を重点的に取り上げ、その専門的な内容につき要を得て説明しています。

　2章ではストレスの本質と特質につき、いたずらに専門的な理論に偏ることなく、ストレスの反応・分類・原因・影響など多様な側面から詳しく分かりやすく論じています。読者の範囲の広さについても留意し、ストレスに関する基礎的な一般性にも十分考慮を払っています。

　ところで、生きるための要求の満足に働く自他制御は必ず情動の反応を伴い、ストレスが発生する機会も少なくありません。したがって、ストレスと情動には密接な相互的関係があります。3章には、発達的な検討も含め、情動とその規定要因を巡って説明が進めてあります。

　原著者は、子どものストレスが大人のそれと異なる事実が見過ごされてきた経緯を踏まえ、子どもの時代のストレスに焦点を当てる必要性を

主張しています。そこで、4章に入っては、子どものストレスについて論ずるための基本的な前提として、子どもの自己理解を助ける観点にも留意し、子どもの心身の発達の諸相につき、ストレスの問題も合わせて述べています。

子どもの心身の健康な成長を支援・助成する上で、子どもの身近な生活環境である家庭と学校の働きが大きいところは言うまでもありません。また、これらの生活環境では、いろいろな要求の満足を巡ってさまざまなストレスを経験します。そこで、5章では、家庭と学校の環境的な特性と両者におけるストレスの特質につき、その関連性も含めて的確に説明しています。

次いで、6章においては、5章で説明をした家庭と学校の環境の要因も関与する子どもの主要な困難として、一般的・特殊的な疾病、発達障害、学習遅滞、心的外傷を取り上げ、これらの困難と相互的に関連しているストレスについて述べています。その際、実証的な資料も挙げています。

心身の発達や日常の適応生活、さらにその問題には、身体的な条件が基盤となり重要な働きをしていますが、そこには必然的にストレスの問題が存在しています。そこで、7章では、栄養の摂取やダイエットの要因について詳説するとともに、生理的な過程や機制に関して説明を加え、さらに、ストレスの関与につき検討を行っています。

一般に、生活環境には、心身の問題を誘発する危険が散在していますが、それを克服し生きていくには、健康な身体的条件が不可欠です。そして、適切性を備えた身体的な活動の実行は、健全な人格の積極的な形成を約束します。このような認識は原著者の一貫した基本的な姿勢です。そこで、8章においては、適切な筋肉運動に基づく身体的な活動の内容と実行・訓練の実際につき生理的レベルまで掘り下げ、ストレスへの対応も取り上げ、詳しく論じてあります。

心身の活動を繰り返せば疲労が蓄積しストレスになります。疲労からの回復は明日に生きる力を呼び込みます。9章では、疲労から回復する有効な手段として休息と睡眠を挙げ、その生理的、心理的な内容・過程と機制につき要よく説明しています。まさに神秘的な人の身体の働きが分かります。

10章から12章にわたっては、子どもの心身の発達と教育にマイナスなストレスを適度に減少させ、さらには排除するのに有効な方策を紹介しています。まず、10章では、身体の緊張の緩和に有益なリラクセーションの方法につき、実践的な内容と過程を介し、生理的な特質を語っています。この方法は、自己及び他者による使用が可能です。

次いで11章に移り、古くても新しい黙想によりストレスが解消する生理・心理的現象を示唆しています。黙想は瞑想とみなされる側面も備えており、心身の緊張を緩和させる上で有用な方法として、人が自分自身で活用できる、有望なストレス解消の対策であることが分かります。

12章は終章になりますが、近年、ストレス解消のための有効な技術と知られるようになってきているバイオフィードバックを取り上げて、その生理的・心理的なメカニズムを多くの実験・調査の成果で裏付け詳しく解説しています。

これらの技術は、いずれも実践的研究に拠る科学的なストレス対処のための方略であり、子どもにも十分適用される理論づけが行われています。勿論、その活用に際しては、子どもが抱えているストレスの程度や特質を十分考慮しなければなりません。しかし、ストレス対策としての有用性が高まってきている事実は、ストレス教育における灯を一層明るくするものだと期待してよいと思われます。ただし、これらの技術が、心理社会的な営みであるストレス教育においてより有効となるためには、社会の中の人々による社会的な支援が果たす役割を余すことなく銘

記すべきです。

　以上のような、原著の内容に関する概観を簡潔に要約しておきますと、広義のストレス教育を巡り、前半で「理論的な」視座に重点を置き、後半では、この理論に基づき「実際的な」実践を実証尊守のスタンスから述べているということになります。そこには「実際を支える理論・理論を生み出す実際」を重視する、実践的な子どもの教育・研究ではきわめて基本的で重要な精神が明確に反映していると言えましょう。

　なお、原著の翻訳に際しては、以下の諸点に留意しています。

① 　原著の記述については可能な限り忠実に邦語に移す。
② 　訳文の文脈を考慮し、場合によっては原語を意訳する。
③ 　原著の内容の理解を図るため、補説を訳文中の括弧内に文・句頭に註を付し示す場合もある。
④ 　訳文の表記には、原則として常用漢字表、現代かなづかいに従う。
⑤ 　本文の各章には訳者の視点から花と花ことばを、花の当該月と章の順に合わせ（１章には１月の花と花ことばなどを）二カ所ずつ挿入した。花ことばには、ストレスに適切に対応する「心情と行動」の意味が込めてある。）
⑥ 　原著者の意向に従い、読者として、親・保護者、教師、カウンセラー他、子どもの教育・臨床に関わる人々を想定する。
⑦ 　読者は⑥に限らずできるだけ多くの人々とする。
⑧ 　大学や市民講座などでも参考の図書としても活用されるよう、訳文の表記に心掛ける。

　末筆になりましたが、本訳書公刊については、訳者の意図を十分ご理

解いただき、多大なご支援を賜りました友野印刷株式会社 社長 友野昌平氏に対し、ここに厚くお礼申し上げます。また、本訳書の編集、出版進行の過程においては、邦訳書としての構成、訳出の調整、表記の修正、割り付けなどにつき、綿密な検討を加えていただいた、ふくろう出版編集部の亀山裕幸、西山尚毅両氏の他皆様には大変お世話になりました。本訳書擱筆に当たり心から感謝申し上げます。

　なお、本訳書が多くの人々の目にとまり、成長を遂げていく子どもたちのために役立つ一書になれば、望外の喜びです。多くの読者が、本訳書を手にされることを期待しています。

2016年8月

小林　芳郎

事項索引

[あ]

愛情 ……………………………………… 78
足とつま先 ………………………………… 174
脚を圧する ……………………………… 173, 174
頭、顔、舌、首の筋肉 ………… 194, 195
アデノシン ……………………………… 180
アドレナリン ……………………………… 12
アドレナル ………………………………… 12
"甘口"症候群 ……………………………… 135
アミノ酸 ………………………………… 130
アメリカ児童福祉連盟 ……………………… 95
アメリカ全国公認睡眠研究センター
………………………………………… 186
合わせて動こうごっこ、活動 ………… 89

[い]

怒り ……………………………………… 39, 40
椅子を押す ………………………………… 174
胃痛 ……………………………………… 136
一貫性を大切に、実行プログラム
………………………………………… 166, 167
遺伝、身体の型と ……………………… 159
移動、転勤移動と ……………………… 98, 99
イメージ ……………………………… 204-207

[う]

飢、と睡眠 ……………………………… 185

運動過剰な（障害のある男の）子ども

リラクセーションと— ………… 198
バイオフィードバックと—
………………………………………… 231, 232
運動知覚 ………………………………… 224
運動の発達 ………………………………… 66

[え]

栄養素 ……………………………… 128-130
　カロリー ……………………… 140, 141
　脂肪 ……………………………… 134, 135
　炭水化物 ……………………… 133, 134
　タンパク質 …………………… 130-133
　ビタミン ……………………………… 139
　水 ……………………………… 139, 140
　ミネラル ……………………… 136-138
栄養の摂取 ……………………… 128-150
　栄養素 ……………………… 128-142
　消化 ……………………………… 142, 143
エクトモーフ型 ………………… 158-160
エンドクリン ……………………………… 12
エンドモーフ型 ………………… 158-160

[お]

旺盛な身体活動 ………………………… 73
恐れ ……………………………………… 36-39
面白い ……………………………………… 212
親による無視 ……………………………… 45

［か］

回収 ･････････････････････････････ 171

ガイドライン、情動の発達 ･･････ 51-53

回避行動、とリラクセーション ････ 200

顔の表情 ･･････････････････････････ 113

鏡ごっこ（Mirror）、活動 ･････････ 89

学習障害のある子ども ･･･････ 119, 120

　　リラクセーションと― ･････199, 200

学習性の緊張 ･･････････････････････ 5

学習性無力感 ･････････････････････ 101

学習遅滞者、とストレス ･･････ 117-121

学習遅滞症候 ･･･････････････ 117, 118

学習的スキルで学習が遅滞 ･･･････ 118

過少補償、移動転勤と ･････････････ 99

"過剰ストレス" ･･･････････････････ 190

過剰な満足 ･･･････････････････････ 72

過剰補償、転勤移動と ･････････････ 99

下肢、リラクシングする ･････ 197, 198

家族、のストレス ･･･････････････ 93-95

　　児童虐待 ･･･････････････････ 95, 96

　　離婚 ･････････････････････ 96-98

　　生活の変化 ･･････････････ 98, 99

　　きょうだい（兄姉・弟妹）のストレス

　　　　　　　　　　　　　　 99, 100

家族関係、情動性と ･･････････････ 45

価値が変化すること ･･････････････ 62

学校外のプログラム ･････････････ 175

学校の授業で失敗 ･･･････････････ vi

学校のストレス ･･････････････ 100, 101

　　学校に対する適応と― ･･････ 102-104

―と競争 ･･････････････････ 104, 105

教育課程における― ･･･････ 101, 102

テストの― ･･････････････ 107, 108

三つのR（読み・書き・算数）

　　　　　　　　　　 106, 107

学校のプログラム、適切性 ･･････ 171-175

活動性のプログラム ･･････････ 166-168

活動、ボディ イメージ

　　身体タグごっこ ･･････････････ 91

　　ビジイ ビーごっこ ･･････････ 86, 87

　　サークル変わりごっこ ･････ 90, 91

　　みんなで行こうごっこ ･･････ 87-89

　　鏡ごっこ ･･･････････････････ 89

　　合わせて動こうごっこ ･････ 89, 90

家庭、におけるストレス ･･･････ 93-95

　　子どもの虐待 ･･･････････ 95, 96

　　離婚 ･････････････････ 96-98

　　生命の変化 ･･･････････ 98, 99

　　きょうだい（兄弟・姉妹）････ 99, 100

可動式ビデオ・ユニット ･･･････････ i

カフェイン、と睡眠 ･･････････････ 186

壁を圧する ･･･････････････････ 173

仮眠 ･････････････････････ 186-188

仮眠室 ･････････････････････････ 187

カルシウム ･･････････････････ 136, 137

カロリー ･･･････････････････ 140-142

眼球 ･･･････････････････････････ 74

環境、と情動の発達 ･･･････････ 53-58

事項索引 | 251

[き]

記憶、と睡眠 …………………… 183, 184

『聞こえない声』 ……………………… vi

機能的な学習遅滞者 ………………… 118

機能不全的な行動 …………………… 16

虐待、のストレス ……………… 95, 96

9歳児

　日々の困難 …………………… 27, 28

　情動の要求 ……………………… 49

急性疲労 ……………………… 177, 178

休息 …………………………………… 179

　―にふさわしい睡眠 ……… 185, 186

急速な眼球運動（REM）…………… 184

教育用の文献の索引 ………………… 4

協応 ………………………………… 164

　―の欠けている ………………… 73

競技、競争 ……………… 75, 104, 105

教室における実行 …………… 172-175

胸腺 ……………………………… 12, 13

業績、他者の ……………………… 55

きょうだい（兄姉・弟妹）のストレス

……………………………… 99, 100

興味、子どもの ………………… 76

協力的な行動 ……………………… 42

キリスト教的な黙想について ……… 211

緊急ストレス ……………………… 21

筋骨緊張型 ………………………… 158

緊張 ……………………………… 3-6, 54

緊張―リラクセーションの循環

……………………………… 192, 193

筋電計 ……………………………… 224

筋肉

　―の緊張 ………………………… 106

　―の耐久性 ……………………… 154

　―の強さ ………………………… 154

　―、リラックス ………… 194-198

筋力 ………………………………… 164

[く]

空間 ………………………………… 163

グリコーゲン …………………… 133, 134

グルコース ……………………… 133, 134

[け]

軽快さ ……………………………… 164

計画的な思考と非計画的な思考

……………………………… 211, 212

警告反応 …………………………… 12

継続ストレス ……………………… 21

ゲーム化、リラクセーション …… 202-204

血圧 ………………………………… 14

[こ]

好奇心 ……………………………… 74

攻撃 …………………………… 40-43

　リラクセーションと― ………… 199

公式の一日の摂取量（RDIs）……… 138

酵素 ………………………………… 130

構造要素 …………………………… 137

行動リラクセーション訓練（BRT）

………………………… 231

行動をまねる

大人（教師）の— ……………… 42

テレビ番組の— …………… iii-v

5歳児

日々の困難 …………………… 27

情動の要求 …………………… 47

個人差 ………………………………… 54

孤独感 ……………………………… vi

子ども

—と情動 ……… 情動の項目を参照

—と身体的適切性 ………… 170-175

—とストレス … ストレスの項目を参照

—とストレスの影響 ………… 29, 30

—とバイオフィードバック

………………………… 228-234

—と肥満 …………………… 150-152

—とリラクセーション ……… 198-207

—の虐待のストレス ………… 95, 96

—の自己の理解 …………… 81-91

—の食習慣 ………………… 148-150

—の睡眠の習慣 …………… 186-188

—の発達 … 子ども、発達の項目を参照

—の日々の困難、年齢範囲 …… 27, 28

—の要求 …………………… 76-81

黙想と— ………………… 217-220

コナース行動評定尺度短縮版 ……… 230

好ましくないストレス ……………… 18

コミュニケーション、言語的 ……… xiii

コルチコイド ……………………… 12

コルチゾール ……………………… 29

コレステロール ………………… 145, 146

困難、日々の ………………… 27, 28

コンピテンス ……………………… 63

コンフリクト ……………………… 33

混乱 ……………………………… 123

［さ］

サイモン・セイズ …………… 202-204

サークル変わりごっこ、活動 …… 90, 91

最高の呼吸の速さ（PEFR） ……… 113

寒い環境、と睡眠 ………… 185, 186

3R（読み・書き・算数）、ストレスと

………………………… 106, 107

［し］

塩 ……………………………… 138

時間 ……………………………… 163

—を割り当てる ……………… xii

自我要求 ………………………… 62

試行錯誤 ………………………… 55

自己—関心 …………………… 61-64

自己実現 ………………………… 52

自己主張的な行動 ………………… 42, 43

自己受容—促進性の実行 ……… 163, 164

自己、についての子どもの理解 …… 81-91

自殺行動 ………………………… 29

視床下部 ………………………… 12

自信、が欠ける …………………… 63

事項索引 | 253

自尊感情 ························· 29, 30, 62

視知覚 ······························ 224

躾 ·································· 82

実行 ··············· 身体的適切性を参照

　　自己受容－促進性の— ······· 163, 164

　　等尺性の— ····················· 165

　　等張性の— ····················· 165

　　—とストレスの減少 ········ 168–170

嫉妬 ······························· 43

疾病

　　ストレスが関連している— ···· 28, 29

　　—（病理的側面） ··········· 110, 111

　　—、ストレスと子ども ······ 110–114

児童用状態特性不安質問紙法（STAIC）

　　·························· 122

児童用パーソナリティ質問紙（CPQ）

　　·························· 232

"自分が思う自分が自分だ"という段階

　　·························· 73

"自分ができることが自分"という段階

　　·························· 72

脂肪 ······················· 134, 135

社会的

　　—な環境、情動と ·················· 45

　　—な孤立 ······················· vi

　　—なストレス ················ 23, 24

　　—な発達 ···················· 68, 69

　　—な標準 ···················· 62, 63

　　—な要求 ···················· 78, 79

"自由遊び" ························· 171

11歳児

　　日々の困難 ······················ 28

　　情動の要求 ······················ 50

住居の火事 ····················· 123, 124

10代の自殺 ·························· vi

10代の妊娠率、アメリカの ············ vi

集団治療法 ·························· 116

集中・専念 ·························· 209

柔軟性 ····························· 164

12歳児

　　日々の困難 ······················ 28

　　情動の要求 ······················ 51

10歳児

　　日々の困難 ··················· 27, 28

　　情動の要求 ··················· 49, 50

循環—呼吸の耐久性 ·················· 155

"純粋型"身体 ······················ 159

準備、転勤移動と ················ 98, 99

消化 ····················· 128, 142, 143

　　—組織 ·························· 142

上肢、リラックスすること ············ 196

情動 ······························ 6, 7

　　子どもの時期の—についての大人の観察

　　·························· 58, 59

　　子どもの—の強さ ················ 36

　　ストレスと— ···················· 31

　　—性 ······················ 34–36

　　—に影響する要因 ··········· 44–46

　　—的な未成熟 ···················· 33

　　—に対する影響 ············· 44–46

—の喚起と反応 …………… 36-44
—の成熟 ………………………… 33
—の発生と反応 ………………… 35
—の発達 …………………… 69, 70
　—に対する考え方 ………51-53
　—のガイドライン ………51-53
　—の機会 ………………… 53-55
　—の反応 ………………… 35, 36
　—の要求 ………………… 79, 80
　年齢別の— ……………… 47-51
食事が下手 ……………… 149, 150
触知覚 ………………………… 224
植物、とアミノ酸 ……… 130-132
食欲、の減少 …………… 148, 149
所属 …………………………… 78
自律性 ………………………… 72, 73
尻を上げる …………………… 174
深筋肉リラクセーション ……… 189
神経性の消化不良症 ……… 143, 144
神経伝達物質 ………………… 127
心臓、と睡眠 ………………… 184
身体
　—各部の型 …………… 160-162
　—タグごっこ、活動性 ………… 91
　—的基地 …………………… 153
　—的制御 …………………… 68
　—的適切性
　　………… 153, 155-158, 実行も参照
　　子どもと— ……………… 170-175
　　身体の型 …………… 158-160

身体の部分の型 ………… 160-162
　—的なストレス ……………… 21, 22
　—的な発達 ……………… 67, 68
　—的な要求 …………………… 78
　—の型 …………………… 158-160
心的外傷、とストレス ……… 121-125
心配 …………………………… 39
　—過剰な親 …………………… 45
心拍、速い …………………… 14
心理的
　—緊張 ………………………… 5, 6
　—な障害 …………………… 111
　—なストレス ……………… 22, 23
　—な問題、行動と ………… 58, 59

[す]

推進 …………………………… 171
睡眠 …………………… 179-186
　子どもの— …………… 186-188
　—不足 ………………… 180-182
数学 …………………………… 106
“数学が不安になる” ………………… 107
“数学を放棄する” ………………… 107
ストレス
　家族における— ……………93-100
　学校における— ……… 100-108
　“—食い” ………………… 127, 128
　社会的な— ……………… 23, 24
　消化と— ……………… 143, 144
　身体的な— ………………… 21, 22

心理的な— ……………………… 22, 23

睡眠と— …………………… 184, 185

—と学習遅滞者 …………… 117-121

—と疾病 …………………… 110-114

—と心的外傷 ……………… 121-125

—と発達障害 ……………… 114-117

—と黙想 ……………… 黙想を参照

—とリラクセーション

　………… リラクセーションを参照

—に対処、子どもと大人 ……… ix, x

—に対する反応 …………… 14-17

—による脳の損傷 ………………… 29

—の意味 …………………… 1-10

—の影響 …………………… 28-30

"—の研究の父" …………………… viii

—の原因 …………………… 24-28

望ましい— …………………… 17-21

望ましくない— ……………… 17-21

—モデル、セリエ氏の— …… 12-14

—を減らす実行 …………… 174, 175

—をもたらす出来事 ………… 24, 25

頭脳緊張型 …………………… 158

スロソン知能検査 ……………… 229

生得的な学習遅滞者 ………………… 118

生理的な反応 ……………………… 14, 15

生理的緊張 ……………………… 5, 6

積極的な強化 ………………… 166, 168

摂取 ……………………… 128, 129

折衷 ……………………… 103

セリエ、ハンス ……… 人名索引を参照

　　ストレスの意味 ……………… 3, 4

　　—と好ましいストレス ……… 17, 18

　　—と疾病、ストレスと ……… 112

　　ストレスモデル …………… 12-14

セロトニン …………………… 130

繊維 ……………………… 133

全国コレステロール教育プログラム

　…………………………… 145

漸進的リラクセーション …… 190, 193, 198

全体的な発達 ………………… 66-71

蠕動運動 …………………… 143

[そ]

相互有用性 ………………… 63, 78

"走者はよい感情を抱くものだ" ……… 169

創造的なリラクセーション ……… 201, 202

[せ]

生活の変化、とストレス ………… 98, 99

制御ができること ……………… 19

成功、できる機会 ……………… 54

成熟 ……………………… 32

精神的な実行 ……………… 204-207

[た]

ダイエット ………………… 144-147

耐久性、筋肉の ……………… 154, 155

耐性の範囲 ………………… 33, 34

他殺 ……………………… vi

戦うあるいは回避する反応 ……… 15, 168

"ダチョウ"の振り …………………… 37
脱水症状 …………………………… 139
炭水化物 ……………………… 133, 134
タンパク質 …………………… 130-133

[ち]

知覚 ………………………………… 223
力 …………………………………… 163
蓄積疲労 …………………………… 178
知的な発達 ……………………… 70, 71
知的な要求 ……………………… 80, 81
知能、情動と ……………………… 45
チャレンジッド、ラベル …………… 110
聴知覚 ……………………………… 223
チロシン …………………………… 130

[つ]

強さ、筋肉の ……………………… 154

[て]

抵抗 …………………………… 12-14
"テスト恐怖" ……………………… 107
テスト不安 ………………… 107, 108
鉄 …………………………………… 136
手で押す …………………………… 173
手と頭を圧する …………………… 173
テレビ放送 …………………………… i
テレビ放送の内容への陶酔 ………… iii
テロリストによる攻撃（2001年9月11日）
………………………………… 121

手を引く …………………………… 173
転勤移動 ……………………… 98, 99

[と]

瞳孔が拡張 ………………………… 14
等尺性、筋肉の耐久性
……………… 154, 155, 165, 173-175
等張性、筋肉の耐久性
……………… 154, 155, 165, 173-175
道徳性の発達 ……………………… 66
糖尿病 ……………………………… 151
胴の筋肉、リラックスする …… 195, 196
動物の肉 …………………………… 132
トーヌス …………………………… 192
ドーパミン ………………………… 130
特徴が薄れてきている ……………… v
　　子どもの時代の― ……………… v
"特別に優れたストレス対処者" …… 65
トランスセンデンタルな黙想（TM）
………………………………… 212-217
"取り入れ"の段階 ………………… 71
ドルチ基本記憶リスト検査 ………… 230

[な]

内臓緊張型 ……………………… 158, 159
流れ ………………………………… 163
泣くこと …………………………… 37
ナトリウム ………………………… 138
7歳児
　　日々の困難 …………………… 27

情動の要求 ‥‥‥‥‥‥‥‥‥‥‥‥ 48

[に]

握りこぶしをしっかり握る ‥‥‥‥‥ 174
握る ‥‥‥‥‥‥‥‥‥‥‥‥‥‥‥‥‥ 174

[ね]

"眠りを学習している" ‥‥‥‥‥‥‥ 226
年齢水準
　情動的な要求 ‥‥‥‥‥‥‥‥ 46-51
　日々の困難 ‥‥‥‥‥‥‥‥‥‥‥ 27

[の]

脳下垂体 ‥‥‥‥‥‥‥‥‥‥‥‥‥‥ 12
脳の機能、と睡眠 ‥‥‥‥‥‥‥‥‥ 183
脳波形 ‥‥‥‥‥‥‥‥‥‥‥‥‥‥‥ 225
ノーレピネフリン ‥‥‥‥‥‥‥‥‥ 130
望ましくないストレス ‥‥‥‥‥ 17-21
喉、"かたまりがある" ‥‥‥‥‥ 14, 15

[は]

パーソナリティ、の身体的な側面
　‥‥‥‥‥‥‥‥‥‥‥‥‥‥ 155-155
ハーディネス ‥‥‥‥‥‥‥‥‥‥‥ 8, 9
バーンアウト ‥‥‥‥‥‥‥‥‥‥‥ 8, 9
バイオフィードバック
　筋電計（EMG）‥‥‥‥‥‥ 224, 225
　─訓練（BFT）‥‥‥‥‥‥‥‥ 222
　子どもにおける─の使用 ‥‥ 228-234
　─の意味 ‥‥‥‥‥‥‥‥‥ 222-224

脳波計（EEG）‥‥‥‥‥‥‥‥ 225, 226
皮膚電気反応計（GSR）‥‥‥‥ 227, 228
フィードバック体温計 ‥‥‥‥‥‥ 225
灰成分 ‥‥‥‥‥‥‥‥‥‥‥‥‥‥ 136
排泄のしつけ ‥‥‥‥‥‥‥‥‥ 72, 73
白日夢 ‥‥‥‥‥‥‥‥‥‥‥‥‥‥ 58
発汗 ‥‥‥‥‥‥‥‥‥‥‥‥‥‥‥ 14
8歳児
　日々の困難 ‥‥‥‥‥‥‥‥‥‥‥ 27
　情動の要求 ‥‥‥‥‥‥‥‥‥ 48, 49
発達、子どもの ‥‥‥‥‥‥‥‥ 61-65
　情動的な─ ‥‥‥‥‥‥‥‥ 69, 70
　社会的な─ ‥‥‥‥‥‥‥‥ 68, 69
　身体的な─ ‥‥‥‥‥‥‥‥ 67, 68
　全体的な─ ‥‥‥‥‥‥‥‥ 66-71
　知的な─ ‥‥‥‥‥‥‥‥‥ 70, 71
　─の段階 ‥‥‥‥‥‥‥‥‥ 71-76
発達障害、とストレス ‥‥‥‥ 114-117
母親、と学習障害のある子ども ‥‥ 121
バランス ‥‥‥‥‥‥‥‥‥‥‥‥‥ 164
反対の行動 ‥‥‥‥‥‥‥‥‥‥‥‥ 16
ハンディキャップド、ラベル ‥‥‥ 110

[ひ]

ピーボディ絵画語彙検査（PPVT）‥‥ 231
非学習性の緊張 ‥‥‥‥‥‥‥‥‥ 5, 6
光－照射（LS）条件 ‥‥‥‥‥‥‥ 122
引き下がること、恐れと ‥‥‥‥‥‥ 37
ビジイ ビー、活動性 ‥‥‥‥‥ 86, 87
ビタミン ‥‥‥‥‥‥‥‥‥‥‥‥‥ 139

日々の困難 …………………… 26

皮膚電気反応計（GSR）…………… 227

疲弊 …………………………… 12

肥満、子どもの ………………… 150-152

病院への入院（HZ）…………… 124

疲労 ………………… 44, 45, 177-179

貧血症 ………………………… 131

頻度、実行プログラム ………… 166, 167

［ふ］

ファーストフード ………………… 151

不安 ………………… 7, 8, 101, 102

フィードバック体温計 ……………… 225

副腎皮質刺激ホルモン …………… 11, 12

腹部、"張りつめる" ……………… 14

不健康 ………………………… 45

舞台で強く脅えること ……………… 22

不飽和脂肪 ……………………… 135

不眠症 …………………… 182, 184, 185

フラストレーション ……………… 33

フルクトーゼ …………………… 147, 148

分離不安 ………………………… 72, 103

［へ］

米国科学アカデミー（NAS）…… 134, 135

別居 ………………………… 96-98

別離 ………………………… 96-98

偏頭痛 ………………………… 230

便秘 …………………………… 136

［ほ］

方略的な黙想 …………………… 211, 212

飽和脂肪 ………………………… 135

他の人達のためにすること ………… xiii

歩行技術 ………………………… 171

保護過剰な親 …………………… 45

補助的な技術 …………………… 171

ボディ イメージ ………………… 83-86

　　活動性 ……………………… 83-91

ホルモン ………………………… 12

［ま］

"マス（math：数学）不安" …… 106, 107

慢性疲労 ………………………… 178

［み］

『味覚の生理学』（1825）…………… 127

水 …………………………… 139, 140

未成熟、情動的な ……………… 33

南アフリカ、テレビジョン放送禁止 …… ii

ミネラル ………………………… 136-138

ミルク ………………………… 131, 132

みんなで行こうごっこ、活動性 …… 87-89

［む］

無関心な態度 …………………… 24

［め］

明白な行動 ……………………… 16, 17

免疫組織の異常な働き ……………… 112

メソモーフ ……………………… 158-160

［も］

黙想 …………………… 190, 208-210

　キリスト教的な— ……………… 211

　子どもにおける— ……… 217-220

　—的に走ること ………………… 211

　トランスセンデンタルな（TM）—

　　……………………… 212, 213

　—の仕方 …………………… 214-217

　方略的な— ………………… 211, 212

［よ］

要求、子どもの ……………… 76, 77

　社会的な— ………………… 78, 79

　情動的な— ………………… 79, 80

　身体的な— ……………………… 78

　知的な— ………………… 80, 81

要求水準 …………………………… 45

ヨウ素 ……………………………… 136

抑うつ …………………………… 9, 123

よくないコーピング ……………… 101

予測ができること ………………… 19

予防接種、地域 ……………… 121, 122

読み …………………………… 106, 107

［ら］

ラクトース（乳糖）アレルギー ……… 143

ラベル …………………………… 110

［り］

リフレッシュメント ………………… 191

リラクセーション ……………… 189-193

　子どもと— ………………… 198-201

　漸進的な— ………… 190, 193-198

　—反応 ………………… 189, 190

［れ］

レイプトラウマ症候群 ……………… 125

レクリエーション ………………… 191

［ろ］

6歳児

　日々の困難 ……………………… 27

　情動の要求 ………………… 47, 48

人名索引

[あ]

アイクマン，アン（Aikman, Ann）······························· 169

アレン，リチャード（Allen, Richard）······················· 180

アンソニイ，ウィリアム A.（Anthony, William A.）··················· 187

[い]

インタグリアタ，ジェームス（Intagliata, James）··················· 115

[う]

ウィクラー，リン（Wikler, Lynn）··························· 115

ウォーカー，オイゲン C.（Walker, Eugene C.）················· 7, 169

ウォルフェ，カレン M.（Wolfe, Karen M.）··················· 124

[お]

オードウエイ，ジャネ E.（Ordway, Janet E.）················· 123

オードンネル，ジェームス P.（O'Donnell, James P.）··············· 122

オミゾ，M. M.（Omizo, M. M.）··························· 230

[か]

カーター，ジョン L.（Carter, John L.）····················· 229

ガラガー，ジェームス H.（Gallagher, James H.）················· 115

[き]

キャノン，ウォルター B.（Cannon, Walter B.）················· 15

[く]

クラッター，ジョナサン（Kratter, Jonathan）················· 219

グリーンバーグ，マーク T.（Greenberg, Mark T.）············· 116, 120

人名索引 | 261

クリングマン，アリゴドー（Klingman, Arigdor）·································· 121

クルニック，ケイス A.（Crnic. Keith A.）·································· 120

クロス，アーサー H.（Cross, Arthur H.）·································· 115

[こ]

ゴーワン，ジョン（Gowan, John）·································· 218

[し]

シェアー，アドリーン（Thier, Adrienne）·································· 124

ジェンクス，ビータ（Jencks, Beata）·································· 169

[す]

スタレイ，アーリンダ A.（Staley, Arlinda A.）·································· 122

スモール，ガリイ（Small, Gary）·································· 127

[せ]

セエシャドリ，マーラ（Seshadri, Mala）·································· 120

セシ，アマージット S.（Sethi, Amarjit S.）·································· 211

セリエ，ハンス（Selye, Hans）·································· viii

[ち]

チェスラー，マーク A.（Chesler, Mark A.）·································· 113

[と]

トーマス，ウィリアム C.（Thomas, Williams C.）·································· 8

ドリスコール，リチャード（Driscoll, Richard）·································· 170

ドリンガー ステファン J.（Dollinger, Stephen J.）·································· 122

[は]

バーシン，ドンナ T.（Bassin, Donna T.）·································· 124

バーゼス，アン W.（Burgess, Ann W.）················· 125

バーバリン，オスカー A.（Barbarin, Oscar A.）··············· 113

ハック，ジェン（Haack, Jane）··················· 115

ハルス，ダイアン（Hales, Diane）··················· 211

ハルス，ロバート（Hales, Robert）··················· 211

パルム，ダニール J.（Palm, Daniel J.）················· 147

［ひ］

ピーニング，スザンヌ（Piening, Suzanne）·················· 112

［ふ］

ファーグソン，フィリップ C.（Ferguson, Phillip C.）·················· 210

フーグス，アニタ（Hughes, Anita）··················· 232

フーグス，ホワード（Hughes, Howard）·················· 232

フォウト，アーサー C.（Houts, Arthur C.）·················· 230

ブラウン，バーバラ（Brown, Barbara）··················· 222

フリードリッヒ，ウイリアム N.（Friedrich, William N.）·················· 120

ブリラート サヴァリン，アンセルム（Brillat-Savarin, Anthelme）·············· 127

ブレムナー，ダグラス J.（Bremner, Douglas J.）················· 29

ブロウデイ，ジェーン（Brody, Jane）··················· 128

ブロウネル，ケリー（Brownell, Kelly）·················· 151

フローリン，イルメラ（Florin, Irmela）·················· 113

［へ］

ベックマン，ポウラ（Beckman, Paula）··················· 115

ペレティア，ケネス R.（Pelletier, Kenneth R.）················· 111, 208

ベンソン，ハーバート（Benson, Herbert）·················· 189

ヘンリー，デイヴィッド（Henry, David）·················· 232

人名索引 | 263

[ほ]

ホーガン，ジョン D.（Hogan, John D.）··· 219

ホームズ，T. H.（Holmes, T. H.）··· 25

ポスナー，イスラエル（Posner, Israel）·· 18

ポッペン，R.（Poppen, R.）··· 231

ポラック，ロバート（Pollack, Robert）·· 144, 148

ホランダー，ユウゲン（Hollander, Jurgen）··· 113

[ま]

マードック，モウリーン H.（Murdock, Maureen H.）·· 218

マイケイル，アニス（Mikhail, Anis）·· 23

マックォーデ，ウォルター（McQuade, Walter）·· 169

[も]

モース，ドナルド（Morse, Donald）··· 144, 148

[や]

ヤコブソン，エドムンド（Jacobson, Edmund）·· 193

[よ]

ヨギ，マハリシ マヘス（Yogi, Maharishi Mahesh）·· 213

[ら]

ラーヘ，R. H.（Rahe, R. H.）··· 25

ライトナー，レヴィス（Leitner, Lewis）·· 19

ラザラス，リチャード（Lazarus, Richard）··· 25

ラッセル，ハロルド（Russell, Harold）··· 229

[り]

リチャードソン，フランク（Richardson, Frank）··· 209

リンチ, ジェームス（Lynch, James）································· vi

[る]
ルドウィッグ, デイヴィッド（Ludwig, David）································ 151

[れ]
レイマー, R.（Raymer, R.）································ 231
レッドファリング, デイヴィッド L.（Redfering, David L.）···························· 218

[ろ]
ロズマン, デボラー（Rozman, Deborah）································ 218

［著者紹介］

ジェームス H. ハンフレイ（James H. Humphrey, 1911-2008）

　メリーランド大学名誉教授、アメリカストレス研究所特別研究員、教育学博士。

　ストレス教育の権威者。ストレスに関する研究と教育では学界で高く評価されている。ストレスと情緒・ストレスとスポーツによる子どもの発達・大学教育におけるストレス・ストレスと心身の障害・栄養の摂取とストレスなど専門分野における著書論文多数。

［訳者紹介］

小林　芳郎（Yoshiro Kobayashi, 1935-）

　大阪教育大学名誉教授、関西福祉科学大学名誉教授、大阪総合保育大学名誉教授。

　著書には『幼児から青年までの心理学〈共著〉』（福村出版、1969年）、『発達臨床心理学』〈共著〉』（朝倉書店、1981年）、『子どもと親と教師が育つ48話』（ふくろう出版、2015年）など。訳書には『子どもの認知機能の発達─知覚と理解』（P. ブライアント著、協同出版、1977年）、『知覚の発達心理学Ⅰ、Ⅱ』（E. J. ギブソン著、田研出版、1983年）、『教室で自尊感情を高める─人格の成長と学力の向上をめざして』（D. ローレンス著、田研出版、2008年）など。他著訳書多数。

JCOPY 〈㈳出版者著作権管理機構 委託出版物〉

本書の無断複写（電子化を含む）は著作権法上での例外を除き禁じられています。本書をコピーされる場合は、そのつど事前に㈳出版者著作権管理機構（電話 03-3513-6969、FAX 03-3513-6979、e-mail: info@jcopy.or.jp）の許諾を得てください。
また本書を代行業者等の第三者に依頼してスキャンやデジタル化することは、たとえ個人や家庭内での利用であっても著作権法上認められておりません。

現代社会における子どものストレス

2016 年 11 月 10 日　初版発行

著　者　ジェームス H. ハンフレイ

訳　者　小林　芳郎

発　行　ふくろう出版
　　　　〒700-0035　岡山市北区高柳西町 1-23
　　　　　　　　　　友野印刷ビル
　　　　TEL：086-255-2181
　　　　FAX：086-255-6324
　　　　http://www.296.jp
　　　　e-mail：info@296.jp
　　　　振替　01310-8-95147

印刷・製本　友野印刷株式会社
ISBN978-4-86186-679-1 C3037
ⒸYoshiro Kobayashi 2016

定価はカバーに表示してあります。乱丁・落丁はお取り替えいたします。

文中写真Ⓒ北脇　榮次 2016